現代日本經濟治理

日本金融体系转型研究

刘云·著

时事出版社
北京

万物循道 溯本求源
格物致知 难得育玩心
　　　2023金素于西荣阁

目 录
CONTENTS

绪论 // 1

第一章　间接金融本位、利率规制与经济增长 // 17

　　第一节　政策金融、利率规制与经济复兴 // 17

　　第二节　利率规制与高速增长 // 30

　　第三节　利率自由化与不稳定增长 // 43

第二章　间接金融到直接金融的发展与转变 // 58

　　第一节　间接金融体系的起源 // 58

　　第二节　重化学工业化战略、产业政策与间接金融体系 // 69

　　第三节　金融大变革——直接金融的发展 // 76

　　第四节　雷曼冲击后的金融扩张 // 85

第三章　银行业转型与证券市场发展 // 96

　　第一节　银行业的转型 // 97

　　第二节　证券市场的发展 // 111

第四章　金融体系转型效率的制度分析　//　139

　　第一节　效率波动、效率损失与制度变迁　//　139

　　第二节　金融体系效率提升的约束条件　//　153

　　第三节　市场机制、系统功能与制度效率　//　162

第五章　金融体系转型效率的实证分析　//　172

　　第一节　银行业转型效率检验　//　172

　　第二节　证券市场转型效率检验　//　194

绪　　论

金融结构是一个复杂的系统，反映的是金融资源调动和配置的关系。金融体系的好坏集中反映在金融体系的运行效率上，低效率的金融体系不仅会影响经济健康，还会威胁金融货币系统稳定。作为经济社会体系内相对独立的系统，日本金融体系以提高效率为动因前提，随着技术进步、经济水平变化等外在制约条件的变化，以及金融体系内宏微观等内生因素的变动，其内涵和外延都在发生变化，从而使自身效率逐渐提升。

一、金融体系转型与制度深化

伴随着金融全球化的发展，经济金融化和金融自由化不断兴起，金融作为现代经济核心的观点已经深入人心，社会对金融体系的认识已经超越了货币中性的最初阶段，从维克塞尔、熊彼特到托宾，经济学界对金融转型的研究不断深入。在金融发展理论和实证研究领域，从1969年戈德史密斯的金融结构理论，到1973年麦金农的金融抑制理论和肖的金融深化理论，再到1986年罗默的内生增长理论以及1993年莱文的实证研究，使我们对金融体系的认识不断深化。金融结构耦合了金融体系内各个要素，是金融体系最重要的组成部分，各种金融工具和金融机构的形式、性质及其相对规模共同构成一国金融结构的特征。金融结构为金融机构以及金融工具的相对规模，是各种金融要素有机联系的整体，包含着各种金融要素间质的联系和量的关系。从横向上它是金融主体、客体、形式、工具、价格及市场的有机整体，从纵向上则是微观基础、中观市场和宏观管理的有机整体。

现代金融体系经历了金属货币到信用货币、有形货币再到无形货币的过程，货币由流通领域渗透到与生产相关的各个领域，金融体系成为经济增长的重要推动力和经济社会的资源配置核心。日本金融体系的转型与宏观和微观都存在联系，具有自身演化特性，效率的发挥取决于多种因素。金融与经济之间具有外生、相容、内生等多种关系，同时在一定程度上也越来越独立和超越于经济，呈现出复杂运行态势。日本金融体系的约束来自于两个方面：经济环境是金融体系效率发挥的外部约束条件，经济水平对金融体系效率的发挥有很大影响；金融体系的制度结构为内部约束条件，金融体系结构是否合理关系到整个金融体系效率的高低。这两者共同作用，促进日本金融体系效率与经济发展之间的耦合。从效率的角度研究日本金融体系转型，可以更快地厘清从间接金融到直接金融转型的客观规律。

日本的金融体系起源于二战前，辉煌于二战后，变革于20世纪70年代中期。日本的战后型金融体系，是通过20世纪20年代金融危机后金融体系的剧烈变动和战争时期的先行试验，经战后复兴期的一系列改革调整，于50年代中期形成的。其基本特征是：公私金融机构并存；对内与对外金融、长期与短期金融、银行与非银行金融机构业务（银行与信托、银行与证券）分离；间接金融优势；系列贷款与主银行制；以官定利率、银行准备金、窗口指导、协调融资、国债与财政投融资计划等为政策手段，政府对金融业严密监控等。二战后形成的这种金融体系，在完成由后发展经济向工业化经济转变的历史任务后，随着日本国内外形势的变化而不再适应新的经济环境，面临变革压力。

据此，日本利率政策以20世纪70年代中期为分界线，大致可分为两个阶段：一是二战后初期到20世纪70年代中期，以主要利率形成机制的严格规制为基本特征；二是20世纪70年代中期后，以利率规制逐步放开，实现利率自由化为基本特征。利率政策经历了由规制到自由，由低利率到高利率再到低利率的过程。铃木淑夫认为20世纪70年代中期之前，日本在官方贴现率、短期货币市场利率、债券市场收益率、银行放贷利率和银行存款利率中，除短期货币市场利率具有较高的伸缩性外，其他四种利率机制都相对比较僵硬，整个日本利率体系存在着"二元结构"，这一结构促使日本的利率体系建立在非均衡水平上，价格机制失去了应有作用，出现了资金市场过度需求的局面。日本长期以来存在两种利率体系：一是银行同业市场利率，包括活期贷款利率、票据贴现率、有条件回购协议的债券利率和二级市场上的收益率；二是与客户交易有关的利率，其变动受到诸多限制。前者为利用利率均衡机制平衡资金供求的市场结构，后者为限制性的低利率政策结构。长期低利率政策对金融市场的扭曲积累到一定程度开始爆发，使日本进入20世纪70年代之后面临着利率自由化的压力，金融体系需通过合理的自由化步骤来改变和释放压力。

制度调整是一个复杂的动态过程，它是制度创立、变更和伴随时间变化被打破的方式，表现为低效率的制度被高效率的制度所替代、转换和交易，是制度从均衡到非均衡再到均衡的动态过程。哈耶克曾把理性主义分为两种类型：一是建构理性主义，认为人类理性能够把握所有的具体的细节，具有至高无上的特点，可以通过理性控制下的契约实现社会制度和经济秩序的建构，抑制一切可能出现的非理性现象，从而可以有效地控制社会进程，达到完美规划社会的目的；二是演进理性主义，认为理性是有限的，包括语言、法律、道德等的社会实在是通过累积进化而来，而不是预先设计的结果。参考哈耶克的分类，制度转型似乎也可以分为理性建构主义和理性演进主义两种类型。前者以完成从理性构建到认知演化转变之前的诺斯早期为代表，他认为制度演化与国家理论、产权理论、意识形态等相关，其研究重点为制度理论：描述一个体制中激励个人和集团的产权理论；界定实施产权的国家理论；影响人们对客观存在的变化不同反应的意识形态理论，这种理论解释为何人们对现实有不同的理解，国家为产权制度的有效性提供了制度安排，国家强制性的制度转换降低了交易成本，提升了制度效益。后者起源于斯密的制度演化思想：政府规划看似复杂和出于人为设计，但几乎都不是政治智慧和人为设计的结果；社会存在自发秩序，即人类活动中由试错过程、赢者生存以及累积性发展而演化成的社会制度，包括内生秩序、自组织秩序、自我生长秩序和多元中心秩序。日本金融体系制度转型同样也遵循了理性演进主义的规律，日本政府复杂的金融规制以及金融改革都是作为金融体系内部一个主体所必然产生的，其与经济社会众多微观主体共同作用实现了金融体系效率的不断提升。

金融体系不仅涉及金融工具、金融机构和金融市场等金融业内部要素之间的相互作用，还与经济体系、宏观制度等存在着密切的联系。金融工具组成金融资产，金融资产在金融机构间和金融市场中进行买卖和流通，金融体系为实体经济重要组成，具有很强的经济外部性，这之间的相互影响决定了金融体系的效率高低。金融体系的目的就是降低交易成本、转移风险、提高资源配置效率。20世纪80年代以罗默和卢卡斯为代表的内生增长理论的形成，以及迪布维格与道格拉斯等的开创性研究，使20世纪90年代的金融发展理论学者从效用函数入手建立了各种具有微观基础条件的理论模型，他们在模型中引入了诸如不确定性（偏好冲击、流动性冲击）、不对称信息（逆向选择、道德风险）和监督成本（有成本的状态证实）之类与完全竞争相悖的因素，对金融中介体和金融市场的形成做出了规范意义上的解释。

从日本金融体系转型来看，金融体系不仅是经济社会的核心，而且与社会经济的微观体系相联系。当今时代，金融体系拥有自身演化特性，具有与经济紧密联系的现实一面，也具有不再现实的一面。金融与经济之间具有外生、相容、内生等多种关系，其自身在一定程度上也越来越独立和超越于经济，呈现出复杂运行的态势。本书通过多维角度研究日本金融体系转型，揭示了日本从间接金融到直接金融转型的历史脉络和规律，深入探究了金融体系的效率问题。一是以利率为主线，对利率与间接金融本位、经济增长之间的联系进行了总结和分析，剖析了日本战后利率规制和自由化对间接金融体系和经济增长的影响。二是抓住战前统制经济、战后重化学工业化和20世纪90年代后金融大变革这三个重要时期，对从间接金融到直接金融的转型进行了探讨。三是以案例方式对银行中介和证券市场的变化进行了分析。四是从制度视角对日本金融体系转型的效率波动、约束条件、市场机制、体系功能、制度选择等进行了演绎推理。五是对日本金融体系转型进行了实证检验，认为转型后间接金融和直接金融两方面的体系效率都得到了提升。

二、金融体系转型与金融效率

效率在经济学上指的是投入与产出之间的关系，即如何有效配置资源。金融效率是金融的运作能力大小，作为经济效率的一部分，金融效率主要是金融资源在有限条件下如何提高储蓄和投资的转化效率，金融机构内部如何通过科学管理提高效益等，其高低决定了金融产生作用的成本以及作用力强弱，决定了整个经济的效率水平。

金融体系转型与金融结构改善所表现出来的金融效率提升密切相关。麦金农和肖提出，政府应改善金融体系中的货币供应条件、提高资本的实际收益率、加速货币积累，这就是金融结构优化的调整过程。20世纪90年代后，经济学界将金融结构划分为银行主导型和金融市场主导型。艾伦和盖尔系统分析了两种类型金融体系的优缺点和生成机制。银行主导论认为银行主导型金融体系，即金融中介和企业间的密切联系有助于减轻信息不对称带来的道德风险和逆向选择，提高金融效率，从而有助于实现资源的有效配置，降低管理风险，更有利于推动经济长期增长。与之相反，经济学界提出了如下问题：第一，主导银行可能利用内部信息抽取信息租金，降低资本形成效率；第二，主导银行倾向规避风险，不利于技术创新；第三，主导银行有可能形成金融寡头，不利于经济长期增长；第四，主导银行缺乏提升处理信息方面能力的动力。市场主导论认为金融市场主导型金融体系在激励参与者获取信息、加强对企业的监控、提高风险管理水平、促进资本流动等方面起着重要作用，更利于对连续创新型的公司进行支持，可以降低金融中介的无效率。同样，经济学界也提出了如下问题：第一，金融市场存在信息外部性，缺少搜集分析信息的激励，影响到资源分配效率；第二，金融市场存在企业控制问题，内外信息不对称，市场监控作用下降；第三，金融市场缺乏对逆境的容忍性和适应性。

在第一次石油危机以及实行浮动汇率制度之后，日本银行主导型金融体系不断进行渐进式变革，以期实现金融系统稳定和经济增长。日本金融体系转型源于高速增长结束后的第一次石油危机以及采用浮动汇率制度。这使日本经济增长面临技术变化和环境变化：第一，由于低增长和金融市场长短期资产利率自由化，出现了大规模的政府债券自由流动，涉及一级市场、中长期政府债券市场、回购市场等；第二，出于在经济低增长、低收入增长、自有资本提高和个人资本积累的情况下降低生产成本的需要，企业和个人对浮动利率的敏感性得到提高；第三，1980年外汇和外贸法律的修改引入了资本自由交易原则，使浮动汇率下的日本国内外金融市场得以整合，产生了新激励机制；第四，新技术特别是电脑系统的出现，使投资组合管理的效率得到提升，降低了管理成本。20世纪70年代后期，日本金融体系已逐步而稳定地开放。1984年，日本政府放松日元对美元利率的规制；1993年，除小额和活期银行存款利率外的存款利率自由化；1994年，存款利率规制被解除。这一系列政策调整使日本金融的效率得到改善。20世纪70年代末开始，日本大公司的银行借贷稳步下降，债券发行量相应增加，特别是20世纪80年代后半期可转换债券的大量发行，占公司债券的一半以上，日本企业融资渠道开始证券化。债券激增促进了公司治理改善，提高了金融市场的经济效率。

经济学对金融效率的早期研究集中于金融市场信息。20世纪50年代后期，萨缪尔森重新发现巴舍利耶有效市场理论的价值，改变了以往经济学理论认为金融市场是有效率的并不能获取超额利润的观点。之后法玛在萨缪尔森和罗伯茨研究基础上提出有效市场理论，把市场分为弱式有效、半强式有效和强式有效三类，认为价格能够完全反映全部可供利用信息时的市场为有效的，市场可以对信息做出及时、合理反应。20世纪80年代后，经济学家开始从非对称信息和交易费用的角度来考察金融效率。格罗斯曼和斯蒂格利茨提出，现实中存在未知情噪声交易者可以用来解释效率和信息间的悖论，信息有效只是市场效率的一部分，充分竞争和有效金融市场中的资源配置也无法达到帕累托最优，如果市场交易量减少是和单纯噪声交易者数量减少相关，价格的信息含量会抵消流动性影响，并不降低市场效率。在此基础上，微观金融结构理论开始关注市场微观结构的功能。20世纪90年代后，经济学家开始用混沌理论研究金融效率。彼得斯在混沌理论基础上提出分形市场假说，认为新信息与部分投资者水平有关而与其他投资者水平不相关，处于相同水平的投资者会采取不同方式处理新信息，这样某一投资水平产生的市场恐慌就可被其他投资水平吸收。

实际上，银行主导型和金融市场主导型两种金融体系结构比较复杂，其效率的高低没有简单的答案，金融体系的效率依赖于国家机构、价值观、历史经验等特别的情况。费克尔和佩苏特采用随机生产前沿方法评估了经济合作与发展组织成员国金融服务部门的技术效率，把总增加值、扣除间接税作为一个国家金融服务行业的产出，把金融服务和资本作为一个国家金融服务行业的投入，发现日本拥有最高效的金融服务效率。通过金融体系转型，包括大银行在内的各种规模的日本银行都存在规模收益递增。福山和赤木测算，93%的日本银行存在非规模报酬不变，当中81%存在规模收益递增，中小规模银行多数存在规模收益递增，大银行一般也存在规模收益递增。玛利、博乌、菲利普对1993—1999年日本代表性银行进行CAMELS评级，考察了资本充足率、资产和管理质量、盈利能力及流动资金的状况，利用数据包络分析（DEA）量化计算银行管理质量，显示转型后的日本银行业效率高于国际平均效率水平。

三、日本金融体系转型研究思考

经济转型所涉及的大规模制度变迁，属于人类所能想到的最复杂的经济和社会过程。金融转型的客观趋势、动力和特征很容易被复杂的经济现象掩盖。自从1969年戈德史密斯开创性地研究了金融发展和经济增长之间的关系后，围绕金融体系和经济增长之间关系的争论就没有停止过，卢卡斯就认为经济学家过分强调金融这一因素对经济增长的作用。金融体系与经济水平相互制约和相互依赖，它们不是孤立存在的，金融体系效率的优化是经济增长的基础，两者之间存在着客观的但非必然的联系。

通过对日本金融体系的长期观察，产生如下思考。

首先，20世纪70年代中期以后，日本金融改革没有促进经济增长，但是21世纪初的金融危机却没有对日本经济造成严重冲击，甚至在大规模量化宽松政策刺激下实现了"安倍经济学"下的金融市场繁荣。

美国次贷危机引发席卷全球的金融危机，对众多发达国家的实体经济产生了巨大影响。这一危机打破了美国直接金融体系的不灭神话，促使人们开始考虑以美国为代表的直接金融体系架构是否能够避免金融危机的冲击，是否能够真正有助于经济的长期增长，是否能够在长期内提高所有社会个体的福利水平。在此基础上，人们开始重新思考金融体系模式。

为美国直接金融模式的未来担忧之时，人们发现次贷危机之下的日本金融体系并没有受到太大冲击。金融危机发生后，与欧美其他发达国家相比，日本金融机构所受影响较小，未发生因为直接受到次贷危机影响所导致的金融市场秩序混乱。2008年9月，日本三菱日联金融集团与摩根士丹利达成大规模出资收购协议，日本野村控股集团成功收购雷曼兄弟在亚太地区的整个业务，这是从20世纪90年代以来日本金融机构对美国大型投资银行的首次收购以及救助。在此之前，日本的金融机构一直面临改革压力，日本的金融体系一直以美国金融制度为蓝本进行自由化变革。自日本经济增长的神话破灭以来，人们把日本经济不景气的原因归结于"主银行制为核心的间接金融体系"带来的金融扭曲，认为这一扭曲影响到实体经济增长。同时，日本一直致力于金融体系改革，希望能够建立有效的金融制度体系。但在经济不景气背景下，日本金融体系改革总被认为没有达到预期的改革目标，其制度变革的效果一直受到怀疑。

任何社会经济的发展都是由政治、经济、体制、技术、人文等众多要素合力推动，在古典经济学中土地、资本和劳动被看作经济增长的三个要素，现代经济增长理论则加入了规模经济、资源配置、技术、知识等新的要素，金融体系是推动经济发展众多因素中的一环。那么，日本金融体系到底是好还是坏？从动态的角度来看，日本金融体系转型是否是一个前进的过程？从日本经济不景气和金融危机下的表现看，我们会得到两种不同的答案。如果拘泥于以金融体系对经济增长的作用来衡量金融体系的好坏，那么将难以抽出清晰的主线。这就需要我们把评价金融体系本身好坏的标准与经济增长区别开来。在现代经济中，金融体系的地位越来越突出，作用不断增加，其独立性也得到了进一步发展，我们可以通过对效率的测量来考察金融体系的好坏。金融制度效率的标准是怎样的？金融体系如何实现金融资源配置的最优状态？制约金融体系效率的内生和外生因素是什么？这些都是解答日本金融体系转型是否更有效的关键。

其次，日本金融体系转型的动力、机制和约束是什么。

日本金融体系转型的动力一直是经济学研究的重点。伴随着经济快速增长的结束，日本金融体系面临改革，对于推动金融改革的因素学术界存在多种说法，包括美国压力、金融国际化、国债大量发行等。田所昌幸认为，日本金融体系转型的动力来自于美国压力，日本国内政府和私人之间存在着复杂的利益关系组合，难以出现推动金融体系转型的主导力量。罗森布卢特认为，1973年石油危机使日本企业可以通过海外金融市场筹集资金，不再依靠国内银行融资，日本国内金融机构不得不进行改变。青木昌彦、户矢哲朗、驿贤太郎认为，大量发行的国债促使日本政府放开金融规制。

金融体系转型具有自发性，制度演进的机制具有重叠嵌入以及相互捆绑的特征，在渐进中存在突变，是一个长期复杂的选择过程。日本金融体系转型源于制度内各个阶层对原有间接金融体系适用性的怀疑，进入20世纪70年代后以低利率政策为代表的金融规制确实存在着效率损失，这也是日本金融体系转型的起因。日本金融体系的表现受到经济周期的影响，制度效率存在周期波动，这是由于金融体系同外部经济环境之间耦合的紧密程度会发生变动。所以，从表层的原因来看，日本金融体系之所以会发生转变，其原因在于制度效率周期波动下效率低谷产生的变革压力。

日本金融体系转型的主体是政府还是企业一直是争论的焦点。青木昌彦把政府视作一种"政治域"的参与主体，是一个具有自己的动机和抱负的由个人组成的组织。在"政治域"博弈中，政府作为内生的参与主体，代表了一整套的协调连贯的机制，任何政策制定的结果都可以被理解为"由政府、政治家、私人等参与主体互动决定的"，政府行为会受到有限信息处理能力的制约，而不是一个附着于经济体系之上的，负责解决协调失灵问题的，外在的、中立的全能机构。政府的动因受到其制度及其与民间部门之间相互作用的影响，市场不完备、信息不对称、有限理性以及有限知识等原因，使协调失灵广泛存在。把政府、金融机构、市场等因素作为日本金融体系转型的内生因素，政府在金融体系转型中的地位与金融机构、市场相一致，金融制度具有内生性，表现为自我维持、自我实施和不断再生产，金融制度会以一种"自我实施"的方式制约金融制度参与者的互动策略，并且会反过来在金融制度参与者适应其连续变化着的环境而产生实际决策的过程中被持续生产出来，个体参与者不仅会受制于金融制度也会受益于金融制度。经济活动的复杂性要求能够建立起有效利用企业和消费者拥有的信息，从而进行资源分配的经济制度机构，金融制度即为客观化的具有显著特征的一种均衡状态，在这一点上金融制度可以表现为制度化的、明确的、符号的形式，例如协议、成文法等，只有当参与者相信某种具体的表现形式时，其才能够成为金融制度。金融制度的内生性表明其不能因为政治和法律的设计而发生随意的改变，政治和法律的设计是内生于金融体系之中的。

日本金融体系的约束来自于"经济环境"这一外部约束条件和"金融体系制度结构"这一内部约束条件，两者共同作用促进日本金融体系效率与经济发展之间的耦合。金融体系必须与经济水平相一致，金融效率的发挥取决于多种因素的共同作用，其所处的经济水平对金融体系效率的发挥有很大影响。金融体系的主要组成部分为投融资体系，金融效率的好坏体现为投融资体系的效率情况，所以金融体系结构是否合理关系到整个金融体系效率的高低。日本为了避免金融危机的爆发，通过建立金融体系的高效率多层次风险分担机制将原来由银行承担的风险转移到社会，在传统间接金融体系的基础上，通过吸取直接金融体系的优势构建了介于间接金融和直接金融之间的金融体系，有学者称其为"市场型"间接金融体系。

再次，日本金融体系转型的本质属性及其理论和现实意义。

经济学的价值在于创新的研究框架、对以前成果的吸收和扬弃、严密的推理逻辑、对现实的合理解释等，同时经济学的研究应该能够指导实践。科学、全面、创新地认识日本金融体系转型问题，探究日本金融制度变革的本质属性，有助于提升对金融体系的认知，进而更好理解金融体系对资源配置效率的作用。

二战后的日本金融体系经历了一个较长变化时期，且伴随着经济恢复、高速增长、长期萧条，进行了多次持续、全面和深刻的变革。采用模型验证，从经济学角度对日本金融体系的复杂变化过程进行总结和归纳，探寻金融体系本身的效率规律，实现对金融体系研究的模型化和理论化。日本金融体系是一个多层次、多角度的复杂系统，无论是内涵还是外延都非常丰富，能够把日本金融体系分解为直接金融和间接金融两部分加以考虑，并设定起主导作用的代表性指标，在此基础上实现制度分析和实证检验的结合，可以实现对日本金融体系转型更深层次的把握。

日本金融制度效率的改善和提高是优化资源配置、实现金融体系稳定的重要基础。完善的金融体系有助于资源配置效率的提高，金融体系转型的动力则源自于改变金融体系低效率的意愿，金融政策的实施需要厘清金融体系转型本身的特征以及政府在其中扮演的角色。对金融体系转型的研究，有助于认识日本金融体系的实际情况并借鉴经验教训，明晰金融体系效率这一金融宏观政策目标，以及金融政策实现这一目标所采取的步骤和力度，为金融稳定和经济发展提供基础支持。

经济发展表现为总量增长和结构变化，日本金融体系如何作用于经济发展是研究重点。正确认识金融体系转型内在因素中市场微观结构的作用和政府宏观结构的作用之间的关系，影响到政府在金融体系演化中的地位及其有效行为的界定，也影响到对金融体系转型的路径认识。金融体系与经济紧密相连，在日本金融体系转型和实体经济发展出现背离的情况下分析金融体系的效率，为搞清日本金融制度演化的内生、外生因素以及金融体系的效率高低提供了依据，有助于探究金融可持续发展的有效途径。

四、日本金融体系转型研究脉络

本书以日本金融体系转型为主线，对日本金融体系的效率以及转型的起因、内部因素和外部约束进行了探讨。

第一章以利率为主线，对其与间接金融本位、经济增长之间的联系进行了总结和分析，把二战后日本金融体系转型分为"战后初期经济复兴""20世纪70年代初期以前高速增长""20世纪70年代中期后不稳定增长"三个阶段。二战后日本政府建立了一整套完整的政策金融体系，并通过该体制引导民间产业资本流向重点产业，以推动产业政策的顺利实施和经济赶超目标的实现，为日本经济迅速发展作出巨大贡献，这一体系对日本间接金融本位的形成产生了巨大影响。1953—1973年为日本经济高速增长时期，日本政府实行高出口和高投资政策，鼓励并促进企业扩大设备投资，增加重化学工业的产量，从而实现经济高速增长，这一时期日本形成了以利率规制为特点的间接金融体系。从20世纪70年代中期开始，日本实施利率自由化，希望建立以中央银行确定基准利率为核心、以货币市场利率为中介、由货币资金的供求状况决定存贷利率的决定机制。

第二章对日本间接金融体系的发展进行了研究。从"战时统制经济""1955年重化学工业化""1997年金融大变革"三个重要阶段探讨日本间接金融体系的萌芽、发展及变革。日本间接金融体系萌芽于战时统制经济，在战争为主导的时期日本政府逐渐建立了包括日本银行、日本兴业银行、战时金融公库及六大普通银行在内的间接军需金融体系，奠定了二战后日本间接金融体系的基础，密切了银行和企业之间的关联。同时，微观企业资本结构也发生了相应的变化，二战前以直接金融融资为主的资本结构伴随着日本政府战时所主导的财政、金融体系构建以及政府对直接金融市场的统制，逐渐向间接金融融资的资本结构转化。二战后为了恢复经济，日本政府选择了规模经济利益大、吸收就业人口能力强、资本密集型的重化学工业化战略，通过金融规制建立了以主银行为核心的间接金融体系，以对重化学工业进行扶植，对经济的快速发展起了巨大的推动作用。随着20世纪80年代日本经济步入新阶段，金融体系转型被提上日程。1996年11月，时任日本首相桥本龙太郎提出对日本的金融制度进行大改革，促进了日本直接金融的发展，为日本金融体系注入了活力。

第三章以案例的方式对日本金融体系内银行业和证券市场的转变进行了更进一步地展开论述。二战后日本间接金融体系的繁荣建立在利率规制的基础上，并形成了日本独有的护航舰模式。实行利率规制是为了避免日本银行业通过过度竞争来争夺存款，进而损害日本银行业的整体稳定经营，破坏日本金融体系的稳定供给。为了在战后促进经济的快速恢复和重新发展，日本政府大力发展以政府为主导的间接金融体系，建立专业化的银行制度，通过温和的金融约束手段，采用超额贷款、超额借款、人为低利率等政策手段，向急需大量资金的企业部门提供了大量贷款，使日本经济快速发展。之后日本的主银行制度进行了变革，在变革的过程中日本银行业的生产力得到了释放，银行的效率得到了提高，推动了日本金融体系整体效率的提升。长久以来，日本金融体系内的直接金融一直处于相对弱小的地位，资本市场不发达，其所面临的首要问题是建立完善的证券市场运行体系和交易体系，提高证券的流动性，减少证券市场的波动性，提高证券市场的透明度，建立完善的信用交易体系，日本证券市场虽然在日本金融体系中所占比重低于银行业，但是其效率是不断优化的，为日本金融体系效率改善提供了基础。

第四章对日本金融体系转型进行了制度分析，分别在效率波动、约束条件、市场机制、体系功能、制度选择等方面进行了探讨和演绎推理。日本金融体系的改革和演进来源于制度内各个阶层对原有间接金融体系适用性的怀疑，即认为原有间接金融体系存在效率低下的问题。日本金融体系的表现并不仅仅取决于金融体系本身的制度效率，从更长时间轴来看，日本金融体系的表现受到经济周期影响，制度效率存在周期波动，这是由于金融体系同外部经济环境之间耦合的紧密程度会发生变动。日本金融体系的效率包括微观效率和宏观效率，这构成了金融效率的两个层面，宏观效率受到宏观主体为了提高金融体系效率而采取的措施的影响，微观效率则取决于微观主体应对政策所采取的措施。在市场性和适应性以及微观性和宏观性的长期共同影响下，日本金融体系通过转型获得了较高的效率水平。

第五章对日本金融体系转型进行了实证检验，分别采用随机前沿参数分析法（SFA）等方法来验证日本银行中介的效率变化，采用有效性检验、流动性检验来验证日本证券市场的效率变化。银行的效率主要被用于衡量政府既定政策的有效性，包括放松金融规制、改变金融市场结构、矫正金融市场缺陷、提高金融市场集中度等。发达的金融结构对经济增长有促进作用，在资金一定的情况下，金融效率越高，资金的使用效率越高，金融制度越发达。银行是提供间接金融服务的金融机构，其能否最大地动员储蓄，并完成合理有效的投资，按照收益最大化的原则提供资本和获取收益，对经济发展具有重要意义。对日本证券市场制度效率的研究涵盖了对其信息处理的效率、制度变迁与改革对市场的影响效率、市场的自我调节和恢复能力等方面，这不仅包括传统证券市场效率研究中所面临的微观问题，也包括证券市场所面临的宏观结构问题，涉及制度经济学和动力学等多个学科。从验证结果来看，日本金融体系无论是银行业还是证券市场，其制度的效率都是在不断提升的，并不与实体经济的增长存在直接因果联系。

参考文献

01. 白钦先等：《金融可持续发展研究导论》，中国金融出版社2001年版。

02. ［美］道格拉斯·C.诺思著，陈郁、罗华平等译：《经济史中的结构与变迁》，上海三联书店、上海人民出版社1994年版。

03. ［美］富兰克林·艾伦、道格拉斯·盖尔著，王晋斌、朱春燕、丁新娅、胡雅梅等译：《比较金融系统》，中国人民大学出版社2002年版。

04. ［英］弗里德利希·冯·哈耶克著，邓正来等译：《法律、立法与自由（第一卷）》，中国大百科全书出版社2000年版。

05. ［美］雷蒙德·W.戈德史密斯著，周朔、郝金城、肖远企、谢德麟译：《金融结构与金融发展》，上海三联书店、上海人民出版社1994年版。

06. ［日］铃木淑夫著，徐笑波、姚钢、苏丁译：《现代日本金融论》，上海三联书店1991年版。

07. ［日］青木昌彦、金滢基、奥野－藤原正宽主编，张春霖等译：《政府在东亚经济发展中的作用：比较制度分析》，中国经济出版社1998年版。

08. ［比］热若尔·罗兰著，张帆、潘佐红译：《转型与经济学》，北京大学出版社2002年版。

09. 王兆星：《中国金融结构论》，中国金融出版社1991年版。

10. 郑蔚：《日本"传统型"向"市场型"间接金融转化的经济分析》，《现代日本经济》2010年第4期。

11. 岡崎哲二・奥野正寬編、『現代日本経済システムの源流』、日本経済新聞社1993年版。

12. 戸矢哲朗、『金融ビックバンの政治経済学：金融と公共政策策定における制度変化』、東洋経済新報社2003年版。

13. 青木昌彦、『比較制度分析に向けて』、NTT出版2003年版。

14. 田所昌幸、「ある外圧の事例研究：日米円・ドル交渉の政治学的考察」、『姫路法学』1986年第1期。

15. 驛賢太郎、「中期割引国債の政策形成過程：制度変化の政治経済学的分析」、『神戸法学』2004年第3期。

16. Paul H. Cootner, "The Random Character of Stock Market Prices," Cambridge Mass, MIT Press, 1964.

17. Cillian G. Garcia, Thomas F. Cargill, "Financial Reform in the 1980s," Hoover Institution Press, 1985.

18. Eugene F. Fama, "Efficient Capital Markets: A Review of Theory and Empirical Work," Journal of Finance, Vol. 25, 1970.

19. Fecher F., Pestieau P., "Efficiency and Competition in OECD Financial Services," In Harold O. Fried, C. A. Knox Lovell, Shelton S. Schmidt eds., "The Measurement of Productive Efficiency: Techniques and Applications," Oxford University Press, 1993.

20. Fukuyama, Hirofumi, "Technical and Scale Efficiency of Japanese Commercial Banks: A Non-Parametric Approach," Applied Economics, Vol. 25, 1993.

21. Grossman S. J., Joseph E. Stiglitz, "On the Impossibility of Informationally Efficient Markets," American Economic Review, 1980.

22. Lucas R., "On the Mechanics of Economic Development," Journal of Monetary Economics, Vol. 22, 1998.

23. Rosenbluth, Frances McCall, "Financial Politics in Contemporary Japan," Cornell University Press, 1989.

24. Yoshio Suzuki, Hiroshi Yomo, "Financial Innovation and Monetary Policy: Asia and the West: Proceedings of the Second International Conference held by the Institute for Monetary and Economic Studies of the Bank of Japan," University of Tokyo Press, 1986.

第一章　间接金融本位、利率规制与经济增长

日本的战后型金融体系是20世纪50年代中期形成的。在20世纪五六十年代的日本经济赶超期，其作为一种适合日本国情的体系，有效地支撑了日本经济稳定和高速增长。"由于法律的强制性使其成为最后的手段，那么（政府）不论忍耐到何种程度，只要能够通过行政指导达到这一发展阶段的（政策性目的），那么这一政策便是成功的。"进入20世纪70年代，伴随内外经济环境显著变化，日本一直安稳运营的金融体系受到冲击。国内，随着经济实力增强，虽然长期以来困扰日本的外汇资金与内部资金供给不足问题得到改善，但是仍然面临资本泡沫和通货膨胀的双重压力。国际上，主要发达国家经济增速明显放慢，美国经济地位下降，不得不将美元固定汇率制度变为浮动汇率制度，使布雷顿森林体系发生动摇；石油危机动摇了原有的国际价格体系，世界主要国家经济进入萧条期。在此环境下，日本金融体系面临转型压力。以20世纪70年代中期作为分界线，日本利率政策可以大致分为两个阶段：战后初期到20世纪70年代中期，以主要利率形成机制的严格规制为基本特征；20世纪70年代中期以后，以利率规制逐步放开实现利率自由化为基本特征。

第一节　政策金融、利率规制与经济复兴

1945年8月15日，日本战败宣布投降，由于战时经济体系已崩溃，新的经济体系尚未建立，日本国内经济陷入"混乱与虚脱"的状态。

根据家永三郎的统计，日本因战争死亡的人数为 310 万，900 多万人因战争流离失所，近 36% 的社会财富毁于战火。战后初期日本面临严峻的经济局面：第一，生产力受到严重破坏，由于二战中盟军对日本的大范围空袭，其主要城市的生产设备、房屋等受到毁灭性破坏，与 1938 年（战前生产高峰期）相比，工矿业的生产能力下降 47%，纤维纺织业的生产能力下降 94%；第二，军需型产业结构转型困难，二战时生产装甲车等军用品的工厂关停；第三，社会生活基础设施被破坏，与生产生活相关的交通业、流通业、通信业等设施无法正常运行；第四，粮食等物资匮乏，与 1938 年相比，农业的生产能力下降 40%，大米产量为 587 万吨，比 1936 年下降 42%；第五，失业问题严重，日本国内失业者加上国外战场复员军人和无业者，人数达到 1300 万；第六，物资匮乏与恶性通货膨胀并存，战后大量补贴的发放与生产力被破坏的共同作用加剧了需求旺盛与供给减少之间的矛盾，1945 年通货膨胀率为 51.1%，1946 年则达到了 364.5%。虽然战后驻日盟军司令部实施了金融自由化的政策，但是并没有取得良好效果，从而不得不重新回到间接金融规制的道路上。战后日本间接金融本位受到战后初期政策金融的影响，在低利率的作用下，政策性金融机构对于日本经济复兴起到了积极作用。

一、战后初期的经济复兴

二战结束后，日本政府提出经济自由化的规划，原则上撤销战时经济统制方式，逐步向平时体制过渡，通过对战时价格统制的废除，战时统制经济结束，而与之相伴随的就是 1946—1949 年的恶性通货膨胀。

恶性通货膨胀主要由以下五个因素造成：第一，战争对生产力的破坏，使物资商品的供应严重短缺；第二，临时军费大幅增加，包括针对军人的复员费和针对军需企业的补偿，来源包括向日本银行的借款和由日本银行承购的 10 年期以上的"特别国库债券"；第三，支付给驻日盟军的经费，从 1946 年 9 月份开始支付驻日盟军 8 亿日元，以后逐月支付，驻日盟军在日本购买大量建设材料用于修建军事设施，促使物价

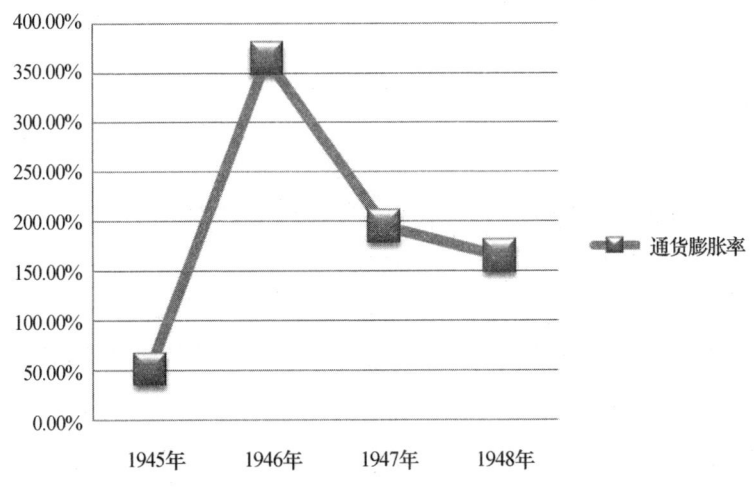

图 1-1　日本战后初期的通货膨胀率

高涨；第四，日本银行贷款数量增加，① 从 1945 年 8 月到 1946 年 3 月实施"金融紧急措施"之前，日本银行为金融机构提供的贷款每月增加 20 亿—30 亿日元，截至 1946 年初，普通银行的贷款总额为 773 亿日元，其中无担保贷款比例为 77%；第五，国民对存款支取数量的增加，由于生活开支增加以及规避贬值风险的需求，银行吸收存款数剧减，个人支取存款数剧增。上述五点原因，造成日本国内货币流通量剧增。

为了应对恶性通货膨胀，1946—1949 年，日本政府采取了紧缩银根、提高物资供给能力、抑制社会总需求等政策，使通货膨胀得到基本控制。一是金融紧缩政策。1946 年 2 月，日本政府正式公布《金融紧急措施令》以及《日本银行券存入令》，主要内容为强制在银行存款，要求金融机构的现有存款一律冻结，限制提取。银行冻结的全部旧日元作为"冻结存款"而不再流通，有限额地兑换为新日元。薪金职员每

---

① 日本宣布投降后，大藏省公布了"金融机关产业资金贷款方针"，提出：贷款资金是为确保战时产业向和平产业转换；保障企业工资、退职金的支付；抑止军工企业贷款；企业无法偿还到期贷款可延期。金融机构对企业的贷款迅猛增长。

人仅发给500新日元，多余部分以"冻结存款"方式存入银行，无固定收入者提取存款额度也受到限制。与此同时，日本政府颁布了经济危机紧急对策，包括：《粮食紧急措施令》《修订粮食管理法实施令》，强制征购粮食；《隐匿物资紧急措施令》，强行征购、统销民间特定物资；《物价统制令》，规范了煤炭、大米等基础生活物资价格；《国民生活用品统制令》《紧急就业对策大纲》，对失业人员和生活困难者采取救济以及紧急就业政策。金融紧缩政策在治理通货膨胀上取得一定成效，短期内减少了市场上流通的货币量。二是倾斜生产方式。1947—1948年，日本政府采用有泽广巳的建议，实施倾斜生产，优先煤炭和钢铁产业，提高生产力。从长期来看，倾斜生产对经济复兴产生了促进作用。三是抑制总需求。1948年12月，针对日本通货膨胀的恶化，美国政府提出"稳定日本经济九原则"。1949年，美国底特律银行董事长道奇根据该原则制定出稳定经济的政策——"道奇路线"：废止"经济复兴金融公库"制度，在金融方面抑制总需求；紧缩预算，抑制政府支出，间接控制货币供应量。抑制总需求政策取得了良好的效果。针对恶性通货膨胀的治理，奠定了1955年之后日本经济高速发展的金融体系基础，保障了社会货币金融体系适应经济发展的需求。

二战后初期，在以美国为首的驻日盟军司令部主导下，日本进行了一系列改革，涉及政治、经济、教育等社会各个方面。经济改革包括农地改革、劳动改革和解散财阀，被称为"三大经济改革"。

农地改革为日本经济改革第一步。1945年11月，日本政府颁布《农地调整法改正方案》（第一次农地改革）；1946年9月，提出第二次农地改革方案。农地改革主要包括以下两点：第一，规定国家征购离村地主全部出租地以及在村地主1町步（北海道为4町步，1町步约合0.01平方千米）以上的出租地，由政府出让给佃户；第二，政府按照全国平均水平价格收购农地，旱田每0.001平方千米450日元，水田760日元。根据上述方案，日本政府从1947年开始征地，于1950年基本结束。通过农地改革，日本确立了自耕农体制，自耕农在总农产中的比重占到88%，耕地占到90%，并且把农产土地规模限制在0.03平方千米以内。

为避免二战时工人的一切权利被剥夺这一现象重现，日本政府于1945—1947年先后颁布了《劳动组合法》（1945）、《劳动关系调整法》（1946）、《劳动标准法》（1947）等，成立了劳动委员会负责斡旋劳资双方，规定了最低工资和男女同工同酬，实行八小时工作制，禁止强制劳动。在《劳动组合法》颁布之后的3个月里，工会会员数量从38万人增加到300万人。这一系列法令在当时全世界范围也是相当进步的，对劳资关系正常化以及之后经济的发展起到了重要作用。

财阀是日本在德川幕府末期形成的特有垄断集团。为打破垄断，建立现代金融和工商业秩序，消灭日本发动战争的能力，日本从1946—1947年对财阀集团进行解散和整顿，颁布了《经济力过度集中排除法》（1946）和《禁止垄断法》（1947），对股票持有、重要社员兼任、企业合并都进行了限制。主要包括：解散财阀家族总公司的核心——控股公司；排除家族财阀对企业的控制；分散股份所有权；避免经济过度集中，拆分大型企业。解散财阀使企业经营权与所有权分离，打破了原有金字塔式的方式，但是大金融机构并未受到太大影响，成为以后主银行制的基础，而经济的发展在很大程度上与类似于主银行制这样的金融体系的创新有关。

"三大经济改革"使日本从战时统制经济转变为市场经济，提高了农业生产力，释放了农村消费力，理顺了劳资关系，打破了垄断，建立了合适的金融制度。由于资本积累使实物投资在金融层面上得以实现，为之后的经济增长奠定了基础。

二、战后初期的政策金融

日本战后初期的间接金融体系是以日本政策性金融机构的活动和功能为基础，即政策金融。政策金融相对于民间商业金融，"政策性"是其唯一本质属性，属于政府通过设立政策性金融机构，利用金融手段干预经济的行为，属于"看得见的手"。二战后日本政府根据经济发展需要建立了一系列政策性金融机构，运用政府提供的资金和通过金融手段筹集的社会资金参与金融活动，配合民间金融机构完善产业融资，支持国家产业政策的实施和经济发展目标的实现。日本的政策金融从战后初期到经济高速增长的过程中，由于其承担了民间力所不及的金融功能，为经济发展作出了巨大贡献。政策金融积极有效的活动，补充完善了特定领域内的民间融资，健全了国民经济金融体系的整体功能，对日本经济重建起到巨大推动作用。

从广义财政投融资制度看，日本政策金融最早起源于1869年创设的国库公积金制度。1875年，日本在全国设立了为数众多的驿递寮，开始办理邮递存款业务，之后大藏省获得运用邮政储蓄资金的权利。1885年大藏省设立存款部，其资金主要来源为邮政存款，主要限于购买国债。1890年之后，大藏省存款部以低利率向地方公共团体和农林水产业提供融资，其资金逐渐倾向于为产业基础建设等特定政策目标提供长期资金而设立的特殊金融机构，这些金融机构可通过发行金融债券①来筹集资金。此后，日本经济向战时统制经济转变，存款部资金通过多家政策性金融机构为战争提供资金。日本战败给存款部的资产造成了重大损失。

二战后初期，战前形成的财政投融资体制被废除，存款部资产被清理，日本兴业银行、劝业银行等政策性金融机构被废止。战后日本生产水平大幅度下降，日常生活用品严重缺乏，通货膨胀严重。为避免经济危机，复兴濒临崩溃的经济，日本政府决定优先发展生产，并采取特别政策以满足经济复兴的资金需求。由于日本兴业银行受到驻日盟军司令部的制约，需要设立新的复兴金融机构。新金融机构的资金筹措采取了由政府全额出资形式，以发行复兴金融债券的方法来填补资本金中未交付部分，但是由于民间金融机构资金短缺，无力认购复兴金融债券，复兴金融机构只能依靠日本银行的信用支持。② 根据1946年10月《复兴

---

① 由于大藏省存款部向这些金融债券的还本付息提供保证，实际上形成了将国民存款用于长期产业投资的格局。

② 日本复兴金融公库原则上由政府出资，但是政府出资部分到位迟缓，还受到财政预算限制，因此资金筹集手段主要是发行日本复兴金融债券，以日本银行承销和贴现方式进行。日本复兴金融公库成立当年，日本银行就持有了日本复兴金融债券发行额的93.3%，此后每年持有率都在70%以上。

金融公库法》，日本于 1947 年 1 月以日本兴业银行复兴金融部为主体成立了日本复兴金融公库，开始实施日本战后政策金融。该金融公库在复兴金融委员会监督下，负责为政府优先生产政策提供资金业务，时间为 3 年，其 100 亿日元的资本金由政府全额出资，融资对象被限定在"促进经济复兴""难以从其他金融机构获得融资"范围，即集中向在倾斜生产方式中被视为重点产业的部门提供融资，特别是煤炭、钢铁等重要基础产业。也就是说，日本复兴金融公库被定位为从金融方面支持倾斜生产方式的倾斜式金融的实施机构。日本复兴金融公库作为向基础产业提供资金的融资机构，通过向重点产业集中分配资金，打通了以煤炭生产为中心的生产瓶颈，在资金方面为经济复兴发挥了一定作用。日本复兴金融公库 1949 年 3 月的贷款总额为 2951 亿日元，未偿贷款余额为 1320 亿日元，占所有金融机构未偿贷款余额的 23.3%，资本投资占所有金融机构资本投资的 74%。日本复兴金融公库 84% 的资金用于煤炭、钢铁、化肥、电力、远洋运输等行业的股本投资，16% 用于这些行业的流动资金贷款，占所有金融机构向这些行业融资总额的 44%，同时日本复兴金融公库为不能享受政府价格补贴的企业提供流动资金，使得工业生产得以迅速恢复和发展。但是日本银行不具备认购巨额债券的能力，只能扩大信用、增发纸币，信用规模曾一度失控，日本复兴金融公库使当时已经降低的通货膨胀率再度上升。

根据"稳定日本经济九原则"，驻日盟军司令部开始实行"道奇路线"。按照"稳定日本经济九原则"以及 1949 年"综合均衡预算规定"，日本于 1949 年 3 月停止了日本复兴金融公库的新增融资，而由专门成立的美国援助日本物资配套资金特别会计对工业进行贷款。1951 年 3 月，日本颁布了《资金运用部资金法》和《资金运用部特别会计法》，将大藏省存款部改组为资金运用部，这标志着战后日本财政投融资体制的核心——资金运用部制度——诞生。1952 年日本复兴金融公库解散，其所有债务由日本开发银行承担。1953 年，在美国援助日本物资配套资金特别会计的基础上新设了产业投资特别会计，这笔资金也成为财政投融资的资金来源。1953 年，日本开始制订"财政投融资计划"，该计划的资金来源包括：以邮政储蓄和年金公积金为核心的资金运用部资金、简易生命保险资金、产业投资特别会计、政府保证债以及政府保证借款。资金运用部这一制度的最大意义在于其将国家所管理的资金进行"一元化"统一管理。1953 年，财政投融资总额的 1/2 以上投向各产业领域，总额的 1/3 以上提供给了日本开发银行和电源开发株式会社，财政投融资成为以国家经济社会发展为中心、保护和扶持产业的重要方针政策。

为使经济由严重通货膨胀转向稳定增长，日本政府设立了一批政策性金融机构，包括国民金融公库、住宅金融公库、日本进出口银行、日本开发银行等。

表1-1 日本1945—1953年设立的政策性金融机构

名称	成立时间	主要业务
农林渔业金融公库	1945 年	提供农林渔业生产贷款
复兴金融公库	1947 年	向煤炭、钢铁等重点产业提供贷款
国民金融公库	1949 年	为中心企业和个人发放贷款
日本进出口银行	1950 年	为进出口企业提供出口信贷和进口信贷
住宅金融公库	1950 年	向个人提供低利率的住宅贷款
北海道东北开发公库	1950 年	为开发北海道和东北地区的企业提供贷款
日本开发银行	1951 年	为私营大企业设备投资提供贷款和信贷担保
中小企业金融公库	1953 年	为中小企业提供设备投资贷款和周转贷款

日本倾斜生产方式主要针对大企业，中小企业并未包括在内。中小企业资金极度困难，1948 年 3 月的融资限制进一步加剧了中小企业的资金紧张局面。为此，日本 1949 年 5 月颁布了《国民金融公库法》，1949 年 6 月设立了国民金融公库，由大藏大臣主管。《国民金融公库法》的设立是为了向难以从银行及其他一般金融机构得到融资的广大国民提供必要的事业资金，即该公库是作为一家补充性金融机构设立的。

《国民金融公库法》规定，向"谋生及教育"提供小额事业贷款，前者指"有独立开展事业意愿，有可行的事业计划，但是难以从银行及其他一般金融机构得到融资"的谋生者，后者指"难以从银行及其他一般金融机构得到融资的受教育（高中、中专、大学及其他类似教育机构）者或其家庭"。

二战后初期日本陷入住房极度紧缺的状态。1945—1948 年日本新建住宅 200 万户，80% 由民间资金完成，公营住宅每年仅为 4 万—5 万户，低收入阶层住房不足问题严峻。由于灾害和资金不足等问题，民间住房建设大幅减少，而一般金融机构不可能为住房建设提供必要的长期低息资金。为此，1950 年 5 月日本颁布了《住宅金融公库法》，1950 年 6 月设立了住宅金融公库，由大藏大臣和建设大臣共同主管。住宅金融公库的设立是为了在国民大众向银行和其他金融机构借款较困难时，提供住房建设、住房用地的购买与平整所需资本，以及通过住房建设资金、住房用地购置资金贷款来缓解住房困难。住宅金融公库资金来源包括由一般会计和特别会计、美国援助日本物资配套资金特别会计、住房融资保险基金投资组成的资本金；政府借款，包括资金运用部和简易保险年金借款；住房用地债券。其中，对居民的住房贷款占资金运用一半以上，个人住房贷款中一般住房贷款有较大优惠，偿还期为 18—35 年，融资比例达所需资金的 75%—80%。

为促进对外贸易、补贴一般金融机构开展进出口及海外投融资活动，1950 年 12 月日本依照《日本进出口银行法》设立了日本进出口银行，由大藏大臣主管。设立日本进出口银行的原因包括：一是依据"道奇路线"的方针，振兴出口成为重建日本经济的关键；二是 1950 年前后东南亚各国走向工业化，对日本成套设备的需求增加，这也与日本产业结构的重工业化和化学工业化合拍，从产业结构升级的角度来看，促进这些设备的出口也变得十分必要；三是出口（特别是成套设备出口）要求能够为生产部门提供半年以上的长期融资，而当时的民间金融机构无法满足这一要求。日本进出口银行设立之初仅限于出口融资，之后为确保海外物资长期稳定供给，1952 年增设进口融资业务；为充分利用民间金融机构资金以及推动外资引进，1953年设立海外投资金融和海外事业金融业务，1957年设立开发事业金融业务。

日本开发银行是日本政府最大的长期信贷金融机构，职能是"从事长期资金供给，以促进经济重建及产业开发，补充并奖励民间金融机构从事金融活动"。日本开发银行是根据日本政府1951年3月颁布的《日本开发银行法》于同年4月成立的，由大藏大臣主管。二战后，日本的银行存款、个人存款占长期存款中的比重仅为战前的10%，日本开发银行在推行政策金融、促进产业政策实施、推动经济恢复和高速增长上发挥了突出作用。设立日本开发银行的原因包括：一是复兴金融公库的新融资业务被停止，但是原属复兴金融公库的产业融资对日本经济复兴意义巨大，单靠产业自我积累和民间金融难以达到经济复兴的预期效果，由政府出面组建类似日本复兴金融公库的产业金融机构很有必要；二是民间金融机构贷款形式上以短期融资为主，但是实际上通过债务期限错配方式实现了长期融资，长期融资比重相当大，出现超额放款长期化现象，对民间金融机构和产业界都是极大负担，为使民间金融机构重回短期融资业务，有必要建立专门性的长期金融机构；三是随着美国对日援助的配套保证资金逐渐减少，需要有一个新的金融机构对回收的本息进行有效再投资。《日本开发银行法》必须坚持三项基本原则：一是政策性原则，必须配合国家经济政策；二是补完性原则，向企业提供长期资金贷是弥补民间金融机构不足，不是和民间金融机构竞争，不得经营民间金融机构能够并且愿意经营的业务，业务一般为资金需求量大、收益较低的基础产业和基础设施，以及技术、市场风险较高的领域；三是有偿性原则，即自主经营，独立核算，资金自求平衡，和民间金融机构相近。战后经济恢复过程中，日本开发银行向影响国民经济长远发展且对其他产业发展存在较大制约的薄弱产业发放了大量优惠贷款，对整个经济的复兴起了积极作用，为日本经济进入高速增长奠定了基础。

农林渔业相比工业和商业易受自然环境影响，经营不稳定且投资效率低。由于原料为农产品和水产品，食品产业易受供求关系变动影响，且多为中小企业，面临的风险较大。农林渔业金融公库是根据日本政府

1952年12月颁布的《农林渔业金融公库法》于次年4月成立的，由大藏大臣和农林大臣共同主管，目的是在农林系统金融机构之外提供长期低息资金作为补充融资。农林渔业金融公库设立的原因包括：一是向农林渔业者提供提高生产力所必需的长期低息资金；二是向食品制造、加工及流通企业提供确保原材料稳定供应所必需的长期低息资金。

1953年8月，日本政府根据《中小企业金融公库法》设立了中小企业金融公库，由大藏大臣和通产大臣共同主管。中小企业金融公库设立的目的是向中小企业提供开展经营所必需的、一般金融机构难覆盖的长期资金，从而振兴中小企业。中小企业金融公库根据《小规模企业者等设备引入资金助成法》向设备出租机构提供长期资金贷款；根据《中小企业投资育成公司法》向中小企业投资育成公司提供长期资金贷款；通过贷款和承购新发公司债等，向中小企业提供长期、稳定的设备资金及运转资金；提供咨询、证券化、信用保险等业务支持以促进中小企业发展。

三、政策金融、利率规制与经济复兴

二战后，日本政府建立了一整套完整的政策性金融体系，并通过该体制引导民间产业资本流向重点产业，推动了产业政策的顺利实施和经济赶超目标的实现，为日本经济的迅速发展作出了巨大贡献。

为恢复生产及振兴经济，日本政府根据有泽广巳教授的建议实施了针对煤炭和钢铁产业的倾斜生产方式，于1947年设立日本复兴金融公库向重点产业部门提供低息贷款。尽管日本复兴金融公库存在时间不长，但是与价格补贴、物资配给政策一起，推动了以倾斜生产方式为核心的复兴产业政策顺利实施。20世纪40年代末至50年代初，日本政府还实施了以钢铁、煤炭、电力、造船为重点的产业合理化政策。根据该政策，日本政府鼓励企业对重点产业的生产设备、生产技术进行现代化改造。但由于经济发展阶段的局限性，日本政府和企业内部的资本较少，例如1950—1962年企业自有资本率仅为33%。为满足重点产业设备的投资需求，日本政府先后建立了日本进出口银行和日本开发银行，

专门负责提供产业发展所需长期资金，以弥补民间金融机构长期资金不足。另外，为促进地区经济发展、改善生活环境，日本政府又陆续建立了6家金融公库，从而形成了战后初期"2银行+6公库"的政策性金融机构体系。①

日本低利率规制政策的出发点是要压制战后初期物价轮番上涨的恶性通货膨胀。战后初期，日本的经济发展战略是不断扩大设备投资，发展高收入弹性产业的出口。但是企业自有资本率低，投资资金主要依靠外部筹措。为降低企业资金筹措成本，加快设备投资，进而不断提升出口竞争力，日本政府于1947年颁布《临时利率调整法》，实施严厉的利率规制措施，人为压低利率。为弥补官方利率过低导致的资金分配失控，日本银行实行了高利率适用制度，依据各金融机构资产负债情况计算出贷款基准额度，额度内贷款适用官方利率，超过额度的部分采用惩罚性利率。1947年之前的短期贷款利率由银行协商决定，后因与1947年《禁止垄断法》抵触而被废除。政策金融为日本战后复兴提供了低息融资，按照平均贷出资金利率由小到大排列分别为信用金库＜相互银行＜地方银行＜地方银行。

日本政策金融的运行分三个阶段。一是编制计划阶段。每年七八月，各个省厅根据经济发展需要和企业资金需求编制下一年度政策金融预算草案，并交给大藏省；大藏省根据预算收入和各省厅资金需求，从财政和金融角度对草案进行全面审议，并确定大藏省原案；原案经内阁会议讨论通过后作为政策金融预算计划提交国会审议，国会审议批准后该政策金融计划编制即告完成。政策金融计划包括资金筹措计划与资金运用计划。二是筹措资金阶段。大藏省根据已被批准的政策融资计划从资本市场筹措资金。资金主要来源包括：大藏省资金运用部以委托保管

---

① 随着政策金融不断完善，日本政策金融体系逐渐发展为三部分：一是政策金融融资体系，由2家银行、10家金融公库、1家基金组成，主要对特定领域企业提供贷款；二是政策金融投资体系，由36家公团和事业团组成，带有较强社会福利色彩，投资对象多为内部会员；三是筹资机构——邮政局，大藏省将邮政储蓄和国民年金、福利年金收入等集中到资金运用部，按计划把这些资金的约一半转贷给政策性金融机构，成为政策性金融机构的主要资金来源。

形式从邮政储蓄、国民年金和厚生年金部门吸收的资金,这是政策金融主要资金来源;政府经营的人寿保险公司收取的保险费;从国家一般会计预算中下拨的资金;如果吸收的资金不能满足预算支出需求,则发行国债、政府担保债券以弥补资金缺口。三是运用资金阶段。大藏省依据政策金融计划将一部分资金分配给政策金融投资部门,由它们对国营、公营事业提供投资,另一部分资金通过政策金融融资机构贷给企业。

政策金融对二战后初期日本的经济复兴具有重要作用。一是补充民间金融机构贷款不足,弥补金融市场失灵。民间金融机构非常重视贷款的安全性和收益。初创企业发展前景不明朗,融资风险较大;中小企业在市场竞争中处于不利地位,融资风险也较大;基础产业投资规模大,回收期限长。这些企业很难直接从民间金融机构获取贷款。由政策性金融机构提供贷款有利于解决产业发展的资金需求。例如,煤炭业贷款占日本复兴金融公库贷款总额的比例从1947年的35%升至1948年的38%,1949年4月煤炭业的设备资金净借入额的98%来自日本复兴金融公库。此外,由政策性金融机构向风险大、回收期长的产业进行直接或间接信用担保,可增强民间金融机构向这些产业提供融资的安全感和信心。二是引导民间资本的投融资方向。受资金总量所限,政策性金融机构直接向企业提供融资的规模有限,对产业发展的促进更多体现在对民间资本的引导和带动上。政策性金融机构先向重点产业提供融资,民间资本在政策性金融机构诱导下不断流向政策支持的重点产业,从而在资金上保证了产业政策的顺利实施。

以低利率为导向的政策金融体系成为日本战后间接金融本位的起源,在促进经济复兴方面起到积极作用。通过明确的结构性分工,以法律形式明确各方的投融资领域,避免了业务交叉、重复所造成的盲目竞争和浪费,从而有利于政策金融整体效益的提高。日本政策金融具有补完和引导功能,保证了民间金融机构不愿介入和无能力介入领域或行业的资金需求。日本政策金融奉行"补而不包"的方针,企业只要能够从民间金融机构借得资金,政府就不提供贷款,只有民间金融机构无法承受的,政府才承担起来,而且只是提供部分资金。政府绝不包揽任一行业的投资，这样就不会因政府低利率资金而影响民间金融机构的竞争活力。政策金融的这种补充作用健全了社会金融体系的整体功能，使得社会各领域的生产能够平衡发展，降低发生社会动荡和经济危机的风险。

第二节 利率规制与高速增长

高速增长期是指20世纪50年代中期至70年代初期，日本国内生产总值快速增长的20年。这一时期，日本通过发挥后发优势、充分吸收全球科学技术成果和改革国内经济体制，创造了20年的长期高速增长奇迹，于1968年成为资本主义世界第二大经济体。

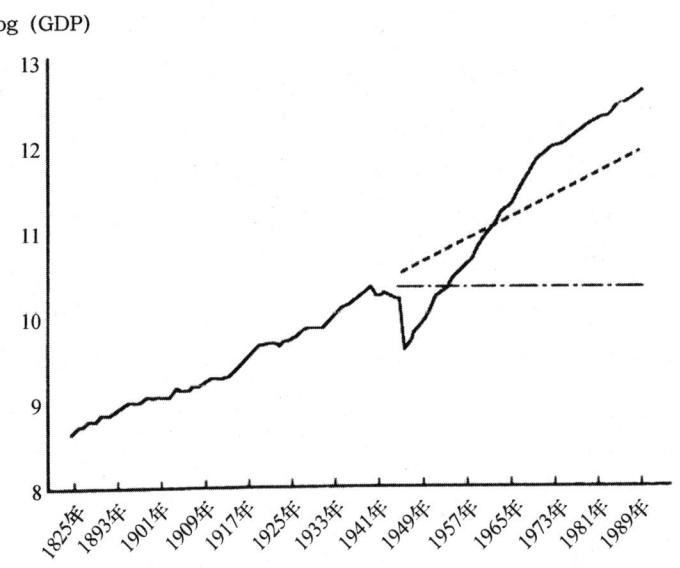

图1-2 1825—1989年日本国内生产总值
（以1980年物价水平为基准）增长情况

1953—1973年日本实行高出口和高投资政策，鼓励企业扩大设备投资，增加重工业和化学工业产量，扶植出口，以促进国内生产发展。高速增长时期的低利率政策带来超额贷款，对资金流向改变起到了积极作用：一是促进社会资金向需要大量资金的大型出口企业配置，提供了高效能货币供给满足生产需要；二是利率规制条件下，企业能够以较低成本获取大量资金，面临的贷款利率风险较低，推动了设备投资；三是弥补了平衡财政体系下的财政投资不足，在货币政策不完善情况下向社会提供足额信贷资金。但是，这一基于规制低利率基础上的超贷金融体系也给日本经济带来不利影响。实行信贷配给制度，忽视了价格机制，造成资金配置失衡。利率作为资金的使用价格被人为压低，使得社会对资金的需求程度远远大于供给，政府不得不对资金的使用实行分配。日本企业中规模较大、以出口为导向、设备投资积极、与政府和金融机构存在密切联系的企业可以优先获取资金分配。

一、20世纪70年代初期前的高速增长

经过10年恢复和调整，日本国民经济以及工农业生产等主要经济指标已恢复或超过战前水平。1955年开始，日本经济进入了高速增长时期。1956年7月，日本经济企划厅发表白皮书《日本经济成长与近代化》，其中指出："现在日本已经不是战后……我们面临一个新的时代，恢复调整阶段已经结束，今后高速增长的动力将是现代化。"截至1972年，日本共出现四次主要的高速发展期：1954—1957年神武景气、1958—1961年岩户景气、1962—1964年奥运景气、1965—1970年伊奘诺景气，年均实际增长率达9.3%。

1954—1957年，日本年均国内生产总值增长率为7.65%，被称为神武景气。这一时期的经济增长主要是由民间企业设备投资带动。为彻底改造国内工业技术，日本政府于1956年颁布了《机械工业振兴临时措施法》，通过行政手段和金融财政手段强制企业加速设备更新升级，以执行政府制定的企业技术标准。之后，政府又围绕《机械工业振兴临时措施法》制定了92部相关法令。在此基础上，日本出现技术革新浪潮，企业积极谋求发展，产业间相互影响的范围和程度都是空前的，众多新兴产业随之涌现。消费品方面，1958年电视机产量为100万台，是1954年产量的300多倍，家用电器进入大规模批量生产阶段；纤维

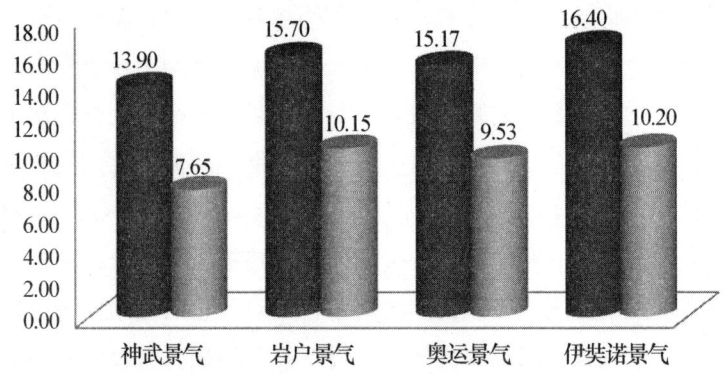

图1-3 日本高速增长期的年均国内生产总值增长率（以1990年为基期）

化工方面，1957年尼龙和维纶的产量分别为2.5万千克和1.5万千克，是1954年的2倍多；钢铁方面，引进了大型高炉和顶吹转炉等，实现了轧钢现代化；能源方面，制订了"电力五年计划"，以石油代替煤炭发电，火力发电实现大规模化和自动化。1957年受外汇短缺制约，日本国际收支恶化，不得不采取紧缩政策来进行调整，导致经济增长出现短暂停滞，神武景气结束。

伴随政府一系列刺激政策，1958—1961年日本年均国内生产总值增长率为10.15%，称为岩户景气。这一时期延续了神武景气的设备投资热情，民间设备投资从1.9万亿日元上升到4.2万亿日元，占国民支出的比重也由13.6%上升至21.3%。设备投资扩大带来联动杠杆效益，经济增长扩张至经济各个方面，出现了"投资带动投资"的情景。在此之前，1957—1958年发生了战后第一次同期性经济危机，日本国内产品过剩、工业产量大幅下降、企业倒闭、股指下跌、失业人数剧增，经济面临消费革命呼之欲出和经济危机频发的对立现象，政府不得不紧缩财政金融，官定利息率在1957年3月、5月分别提高0.37%、0.73%，加剧了银根紧缩和市场预期紧张，使商品滞销更趋严重。

高速增长理论代表人物下村治①认为，经济增长的条件包括供给能力和需求能力，经济的发展就是由设备投资积累所引起的。根据下村治的理论，1960年日本政府颁布"国民收入倍增计划"。该计划分为总论、政府公共部门的计划、民间部门的预测与诱导政策、未来国民生活状况四部分，提出：国内生产总值增加一倍，1970年增至26万亿日元，通过增加就业实现完全就业，大幅提高国民生活水平；实施过程中，必须缩小农业与非农业，大企业与中小企业，不同地区、不同阶层之间在生活上和收入上的差距，使国民经济和国民生活得到均衡发展；五大配套措施包括农业现代化、中小企业现代化、落后地区发展、配套产业发展和重新研究公共投资按地区分配、积极发展对外贸易和推进国际合作。"国民收入倍增计划"颁布后，日本政府积极采取措施提高农民、工人的购买力：提高农产品收购价格；按照地区与产业不同，将劳动者分为若干集团，每个集团统一最低工资标准，提高工人工资。岩户景气时期，日本国内消费水平在生产大幅增长的基础上得到了显著提高，但到1962年其在美国要求下实行贸易自由化政策，日本的国际收支再次转为赤字，经济陷入新萧条。

为应对1962年出现的经济萧条，日本政府从1962年3月开始采取了一系列以稳定物价为核心的政策，包括：货币财政紧缩，提高农业、中小企业、商业劳动生产率，执行《禁止垄断法》，加快贸易自由化等。此时正值日本东京成功申办第18届夏季奥林匹克运动会，日本再次采取宽松的货币财政政策，增加财政支出用于奥运场馆和社会基础设施建设，形成了1962—1964年的奥运景气。日本为准备第18届夏季奥林匹克运动会而投入的资金在当时是创纪录的，高达1万亿日元，在当时约合30亿美元。这当中，用于比赛设施和奥运村建设160亿日元、运营费60亿日元、道路建设等为825亿日元，其余资金用于突击完成东海道新干线、首都高速公路、东京高架单轨电力、东京地铁及交通网

---

① 下村治利用资本产出系数和进口依存度对国内外供给能力进行了计量分析，论证了日本的高速增长潜力，其提出的高速增长理论构成了日本以生产力为核心的发展理念。

的整备。1962—1964 年，日本实际国内生产总值增长率分别达到 7%、10.4%、13.2%，1964 年日本加入经济合作与发展组织，成为发达国家一员，同时建成每小时时速超 200 千米的新干线。由于是奥运特需经济，景气持续时间非常短暂，奥运会结束后很快出现萧条，被称为"昭和 40 年萧条"。

1965 年开始，日本政府采取优先发展大企业的战略，降低法人税，同时放弃长期实施的偏保守的财政均衡政策，采用凯恩斯主义赤字财政政策，于 1965 年 7 月发行赤字国债，日本经济的高速增长由设备投资主导型转向了国家财政主导型。在此基础上，1965—1970 年的 57 个月期间，日本再次出现经济快速增长，年均增长率达 11.8%，被称为伊奘诺景气。整个 20 世纪 60 年代被称为"黄金时代"。景气产生的原因包括：公债大量发行，1965 年 2 月美国介入越南战争带来的特需经济，汽车、空调、彩电等个人消费品开始普及，设备投资增长。这一时期，随着出口规模大幅增加，外贸顺差快速增长，日本的国际收支变为顺差。1966—1970 年，其贸易顺差分别为 22.75 亿美元、11.60 亿美元、25.29 亿美元、36.99 亿美元、39.63 亿美元。1968 年，日本以年均 11.5% 的增长率完成了"国民收入倍增计划"，远远超过了计划的 7.2% 的增长率，国内生产总值超过联邦德国，仅次于美国，成为世界第二大经济体。

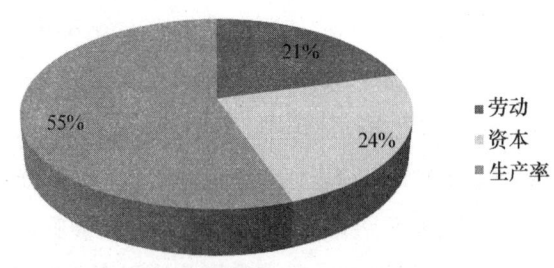

图 1-4　高速增长期日本国内生产总值各项要素占比

通过20年高速增长，日本经济实现质的飞跃，劳动力充分就业，国际收支由赤字变为黑字，农业实现机械化，这一成就与该期的金融制度密不可分。高速增长时期，日本企业的资金主要来自外部，占比约为60%。外部资金中，通过股票发行和公司债券等直接融资方式来获取资金的比重远小于通过银行借款方式，表现为间接融资方式。政府通过利率规制把存款利率固定在很低的水平，严格的外汇规制和较高的居民储蓄率[①]保证企业以低成本获取资金，推动经济快速增长。

二、20世纪70年代中期前的利率规制

战后经济复兴时期，日本政府需要重点抑制恶性通货膨胀并推动经济复兴。其货币政策是配合"道奇路线"超平衡预算所采取的金融缓和政策，措施包括：一是从超平衡预算盈余中吸收资金，贷给民间银行；二是在公开市场上买进国债，扩大货币供给量；三是设立政策性金融机构，提供长期低息贷款。通过上述金融政策，日本以平稳的通胀政策中和了因压缩财政极可能带来的通货紧缩，稳定了经济增长，也为日本由统制经济向市场经济过渡创造了宏观条件。

日本战后出现了恶性通货膨胀。为抑制通货膨胀，日本开始实施"道奇路线"，包括超平衡预算、360日元兑换1美元单一汇率。1945—1951年，日本批发物价上涨了98倍。针对如此严峻的经济形势，日本政府不肯提高公定利率，原因在于"政府通过大量发行债券等扩大财政赤字方式弥补战争损失，公定利率提高将导致政府债券价值降低"。日本银行不得不采取变通方法，即高利率适用制度这一惩罚性利率制度。与此同时，日本政府于1947年12月颁布《临时利率调整法》，规定民间银行存贷款利率、邮政储蓄利率等都要依照公定利率确定上限，任何金融机构都必须按照公布的上限或采取与公定利率挂钩的方式自主限制，不得突破。通过高利率适用制度，日本金融业的利率只能在一个非

---

① 据日本银行《国际比较统计（1975）》，1955年居民储蓄率：日本13.4%、美国5.8%、英国1.0%、联邦德国13.4%；1973年居民储蓄率：日本20.5%、美国8.0%、英国7.1%、联邦德国14.0%。

常狭小的范围内变动。这种以公定利率为中心的利率体系，为之后实行人为的低利率政策奠定了基础。高利率适用制度使通货膨胀在1949年得到控制，但同时也使日本经济陷入严重萎缩。1949年到1950年上半年，日本银行增加贷款，通过购入长期国债、复兴金融债券来减轻经济萎缩压力。1950年6月爆发的抗美援朝战争，刺激了特需产品的生产和出口，1950—1951年工矿业生产同比增长了40%—50%，刚刚趋于稳定的物价再次攀高，货币供应量以年均30%的增幅不断扩大。为此，日本银行于1950年12月和1951年3月分两次强化了高利率适用制度，1951年10月提高了再贴现利率并停止买入操作。伴随抗美援朝战争结束和日本银行采取紧缩银根措施，日本进出口价格暴跌，大批企业倒闭，日本银行不得不放宽规制措施。1952年初在个人消费扩大的带动下，经济再次出现上升趋势。日本政府在1952年的补充预算中增加了财政投融资额，发行特别减税国债，增发电力公司债等政府担保债券。同时降低了日本开发银行、日本进出口银行的贷款利率，并于1952年10月依照《临时利率调整法》调低了民间银行贷款利率的上限。随着经济形势好转以及物价上升，因抗美援朝战争特需而勉强维持平衡的国际收支再次转为赤字，外汇储备大幅减少。为解决这一问题，日本银行于1953年9月开始强化窗口指导，并于1953年10月、1954年1月和1954年3月三次强化高利率适用制度，以降低利率对进口需求的影响。

经济高速增长时期，日本政府采用人为的低利率政策。一是利率抑制，强制规定各种利率水平，包括存款利率、贷款利率、公共企业债利率等，将利率限制在市场供求关系决定的均衡利率之下。为保障执行，日本银行对各金融机构实行优惠政策。二是资金分配，人为分配资金配给。一方面，通过优惠贷款利率实现，即给予基础工业企业和进出口企业低利率贷款；另一方面，采取给予企业发行债券优惠，实质是间接的资金分配优惠。例如，由于新发公司债的价格受日本银行监管，城市银行不得不以高于市场价格购入公司债，日本银行实际上发挥了为债券担保的作用，这些行业的公司就可以低成本筹措资金。由利率抑制和资金

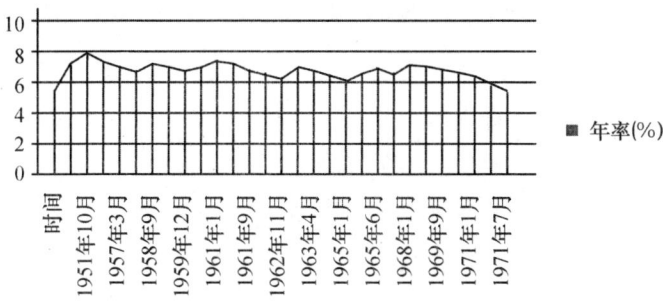

图 1-5　战后初期到 20 世纪 70 年代初期日本再贴现利率变动情况

分配构成的利率政策符合日本战后的经济现实，成为长期的金融政策之一。在高速增长后半个阶段，为配合经济体制转型，日本在继续执行人为的低利率政策的同时，还鼓励政府与民间机构开展储蓄活动——作为高级设备投资的资金来源。此外，货币政策与财政政策配合较好，支持了产业政策的实施。1955 年，日本开启了长达 19 年的年均增长率 10% 的"奇迹的高速增长"周期。1959—1970 年，日本的实际国内生产总值达到 10.4%—13.5%，这与政府采取的货币政策息息相关。

日本国际收支在 1954 年转为顺差，顺差在 1955 年紧缩政策和世界经济上行的带动下不断扩大。1955 年 8 月，日本银行将公定利率由 5.84% 提高到 7.30%，并于 1955 年和 1957 年两次修改了高利率适用制度——缩小使用范围，至 1962 年 11 月正式废除这一惩罚性的利率制度，恢复公定利率作为日本银行调节资金供求的主要手段。由于国际收支顺差和农产品收购，民间资本流动性显著增加，1956 年年中超贷现象暂时消失，金融市场银行间拆借利率不断下降。在此背景下，日本银行以金融缓和为目的采取了一系列金融正常化的措施。1955 年 8 月，日本银行大幅提升与民间银行利率严重背离的再贴现利率，并恢复高利率适用制度作为再贴现利率操作补充手段，结束了短期证券市场发行利率与现实背离的情况。1957 年由于经济增长过快，电力、钢铁等重要行业发展出现瓶颈，造成外汇危机，国际收支转为大幅赤字。为此，日本银行于1957年3月和5月两次提高再贴现利率，同时提高民间银行贷款率上限，这些紧缩措施使民间银行的贷款增速放缓，物价下降、投资减少、进口降低，国际收支于1957年10月转为顺差。1958年6月、9月和1959年2月，日本银行分三次降低再贴现利率和调低民间银行贷款利率。

1959年2月，日本银行设立了新的标准利率制度，确定以标准利率作为民间银行的贷款利率基准，与再贴现利率联动。在1959年出口增长和设备投资增加的带动下，1959年上半年日本物价水平再次上升，日本银行于当年9月第一次实施存款准备金制度、12月再次提高再贴现利率。1960年年中工矿业生产增速降低，同年8月日本银行再次降低再贴现利率。1960年8月，为防止财政资金季节性回笼所带来的社会资金紧张，日本银行先后5次买入民间银行持有的政府担保债券。

日本进入神武景气后，日本银行不再随投资增快和物价上升而降低利率，而是于1961年1月将再贴现利率降低1.2个百分点。这造成1961年国际收支大幅赤字，同年4月日本银行强化窗口指导，并于7月和9月两次提高再贴现利率，加强高利率适用制度和存款准备金制度。1962年日本国际收支恢复顺差，同年10月和11月日本银行两次降低再贴现利率，并于10月采用新的金融调节方式，以改变金融机构对央行的过度依赖。新的金融调节方式包括：由债券买卖操作替代央行贷款，提供经济增长所需现金；规定了央行贷款较多的10家城市银行的贷款限额，原则上不允许超贷。同时，日本银行调整了贷款限度调节额，希望城市银行能够适当自主掌握自身贷款。1963年3月和4月，日本再次降低再贴现利率，造成1963年下半年物价高涨，日本银行不得不于同年12月提高存款准备金率，并于1964年1月再次启用窗口指导。1964年3月，日本银行将再贴现利率提高，在强化窗口指导的同时进行公开债券买卖。1964年末日本经济出现较大滑坡，日本银行于1964年12月，1965年1月、4月、5月四次降低再贴现利率。为弥补1965年度财政赤字，日本政府开始发行长期特别国债。

伊奘诺景气结束，日本国际收支在内外经济发展都面临困境的时候再次恶化，日本银行于1967年9月提高再贴现利率，实行窗口指导。随着国内形势好转，日本银行于1968年8月解除了紧缩政策。1969年2月日本物价开始恶化，日本银行于当年9月提高了再贴现利率以及存款准备金率。1970年经济平稳下来后，日本银行于当年10月调低再贴现利率，解除了紧缩令。1971年美国尼克松政府实施新经济政策，致使日元兑美元大幅贬值，日元兑美元汇率升至308日元兑换1美元，此举对日本经济影响严重——被日本称为"尼克松冲击"，日本银行为规避日元升值负面影响，于1971年12月和1972年6月再次降低再贴现利率，并引入针对非居民日元存款的高准备金制度。

三、利率规制与高速增长

1953—1973年为日本经济高速增长期。这一时期，日本银行配合国家经济高速增长，结合国内外经济情况，把货币政策最终目标定位在物价稳定、国际收支平衡和供求平衡三个方面。这三方面互为条件：维持国际收支平衡和供求平衡就可以基本稳定物价；保持物价稳定和供求平衡，就可以基本维持国际收支平衡。日本银行在指导思想上确定了上述三个政策目标，但在具体执行货币政策时将国际收支平衡作为首要目标，进而采取紧缩或缓和的货币政策。1955—1972年，日本银行实行了6次紧缩和7次缓和，除最后一次外都是为了解决国际收支不平衡而采取的。这一时期日本银行的政策手段主要是：官定利率（再贴现利率）政策、放款限额适用制度和窗口指导。放款限额适用制度是对城市银行的央行借款规定一定限额，原则上不能超过，超过时按高于官定利率的年利率计收利息，属于惩罚性加息。窗口指导属于道义劝告或行政指导性质的政策手段，即日本银行通过业务关系对城市银行的资金运用、放款计划进行指导，特别是在信用紧缩时对民间银行的放款额度进行限制，实际上是在低利率政策下对有限信贷资金用统制性较强的政策手段进行分配和管理。

日本高速增长期实行的低利率政策，并非通常意义上为了刺激经济、放松银根而降低利率的政策，而是将利率压到低于反映资金实际供

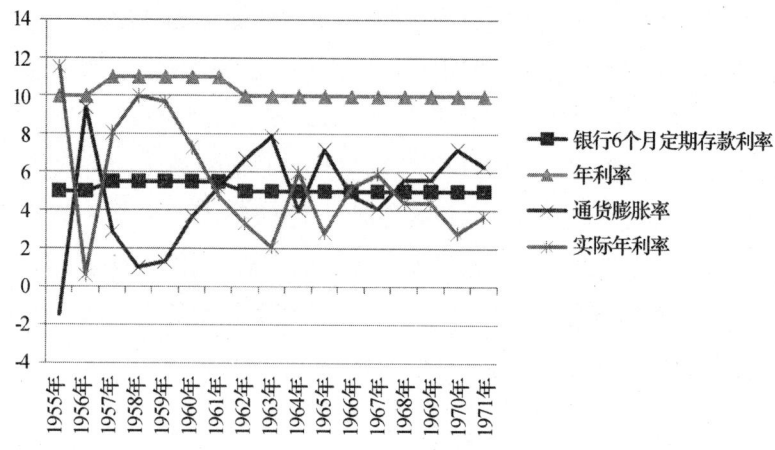

图1-6 日本高速增长期的通货膨胀率及利率（%）

求水平的均衡利率以下，通过信用配给解决低利率扭曲带来的资金供求不平衡的一种政策，被称为人为的低利率政策。主要利率包括：日本银行再贴现利率、民间银行存款利率和贷款利率、短期金融市场利率、债券发行利率等。这些利率被归为三大类：一是政策利率，分为商业票据贴现利率、以国债或其他指定债券为担保的贷款利率和其他担保贷款利率，高速增长期的政策利率主要指日本银行再贴现利率，由日本银行根据政策判断而决定；二是限制利率，包括长期优惠利率、短期优惠利率、存款利率、债券发行利率等，由利率相关方在供求基础上通过多种途径确定；三是自由利率，包括银行间拆借利率、可转让存款利率、债券流通利率等，由各种市场资金供求状况决定，高速增长期的自由利率主要指银行间拆借利率。

1960年伴随岩户景气，日本国内资金需求猛增，日本银行废除高利率适用制度并开始实行贷款限额制度，通过限制贷款数量和提高利率来增加银行借款成本，避免银行通过支付更高成本获得超贷。根据1947年《临时利率调整法》，银行存款利率由日本银行制定、大藏省颁布，一切存款利率不可以超过日本银行制定的最高限度。存款利率变更先由大藏省大臣向日本银行政策委员会提出提议，日本银行政策委员会在接到提议后向利率调整审议会咨询①，利率调整审议会审议具体的最高限度，大藏省根据审议决议颁布实施，日本银行根据大藏省公告对各类存款利率做出具体规定。除中小金融机构存款利率略高于银行存款利率外，各类金融机构严格执行同类存款同一利率。限制存款利率为低利率政策的实施创造了条件，维持了战后日本金融秩序，保障了各类金融机构的生存。

1958年，政策调整为银行协会根据《临时利率调整法》规定协商决定最高贷款利率，各银行再自主决定贷款利率。1959年，日本模仿美国短期优惠贷款利率制度建立标准利率制度，与官方利率挂钩，指导银行贷款利率。实际操作中，各银行短期贷款利率依据全国银行协会的会长银行利率制定。长期贷款利率不存在最高限度，不属于《临时利率调整法》适用范围，主要由信托银行和长期信用银行等金融机构协商确定。同日本银行再贴现利率相比，长期贷款利率同国债、金融债、公司债等长期债券发行利率有更密切的关系。为适应利率自由化，1969年日本银行根据《临时利率调整法》规定的最高限额设置指导线，以控制存款利率。贷款利率由《临时利率调整法》规定最高限度，日本短期贷款分为银行贷款以及非银行金融机构贷款两种，前者包括票据贴现和一般贷款。

债券市场利率包括国债、地方政府债、政府担保债、金融债和公司债。战后日本奉行平衡财政原则，法律规定不能依靠国债弥补财政赤字。然而，1965年的经济萧条迫使日本政府发行赤字国债，至1975年开始大规模发行，走上依靠国债维持财政的道路。鉴于战时及战后初期的恶性通货膨胀教训，日本政府规定不能由银行承购国债，必须由市场消化。但是，为防止财政负担过重，国债利息往往低于同期其他证券的利息，市场认购国债消极，政府不得不采取硬性派购的办法，除一小部

---

① 利率调整审议会依据《临时利率调整法》设置，由15人组成，包括：大藏省银行局局长、日本银行副总裁、经济企划厅调整局局长、产业界代表3人、金融界代表7人、相关专家2人。

分由资金运用部认购外，绝大部分由银行、保险、证券公司组成国债辛迪加来认购。由于民间银行一直处于超贷状态，资金紧张时会抛售国债，进而引发国债价格下跌、流通利率上升。为防止此类事件，保证国债顺利发行，日本政府禁止民间银行持有的国债上市流通，一年后作为公开市场操作的对象购回。个人持有的国债可按证券交易所的价格出售给证券公司，保险公司持有的国债按交易所价格2%浮动范围出售给证券公司，日本银行再以交易所价格通过公开市场操作回购。但是，1975年赤字国债大量发行后，日本银行回购率大幅下跌，大量国债滞留民间金融机构造成资金状况恶化。大藏省不得不发行可在市场上出售的一年期以上国债。这造成大量国债抛售，国债价格下跌和流通利率上升，导致流通利率高于发行利率的倒挂现象产生。

地方政府债分为公募债和定向募集债两种。公募债由地方政府指定的以金融机构为主的辛迪加认购，定向募集债则由地方金融机构包销。地方政府债发行条件由大藏省和地方政府协商决定，其利率通常处于政府担保债和公司债之间。政府担保债是公社、公团、公库等政府系统企业发行的债券，由金融机构组成的辛迪加认购。其利率由主管大臣和大藏大臣依据国债的利率情况协商决定。金融债券的发行仅限于从事长期信用业务和其他特殊金融业务的六家金融机构，即日本兴业银行、日本长期信用银行、日本债券银行、东京银行、农村金融公库和商工组合中央金库。原则上，金融债券的发行条件由各发行机构自行决定，但通常需要与大藏省和日本银行协商，进而根据当时其他债券的情况做出决定。公司债的发行根据企业财务状况进行评级，共分四个等级：AA级、A级、BB级和B级。战后日本企业发行债券实行担保原则，由此大大缩减了有资格发行公司债企业的数量，导致公司债数量比国债少得多。电力公司债在公司债中占压倒性多数。

战后经济高速增长期，日本银行通过限制利率的货币政策对物价稳定、国际收支平衡和供求平衡这三个目标进行宏观管理，前期取得了良好效果。但是随着经济总量快速增长以及国内外形势变化，限制利率已不太适合经济发展需求。

第三节　利率自由化与不稳定增长

经过 20 多年快速增长，进入 20 世纪 70 年代的日本经济潜伏着巨大危机。一方面，国内城市人口过密、公害增加、物价快速上涨等严重影响到城市居民生活；另一方面，农村出现过疏化渐趋荒废。国际上，1965 年开始日本对美贸易顺差快速增加，外汇储备从 1970 年的 44 亿美元上升到 1971 年的 154 亿美元，被美国认为是造成国际经济不均衡的重要原因之一，并被要求开放国内市场；同年 8 月布雷顿森林体系瓦解，日本在"尼克松冲击"影响下被迫实行浮动汇率制，日元兑美元汇率从 360 日元兑换 1 美元升至 308 日元兑换 1 美元，出口面临升值带来的压力。

一、20 世纪 70 年代中期后的不稳定增长

随着经济发展以及城市化，人口及资源日益向大城市集中，城市与农村、内经与外经严重不均衡。整个 20 世纪 70 年代，日本实施了不成功的"日本列岛改造计划"、经历了两次石油危机，经济进入不稳定增长期。

（一）"日本列岛改造计划"与地产泡沫

为克服日元升值带来的经济萧条，同时改变国内城市疏密不均、工业布局不合理等发展不均衡的情况，田中角荣提出了"日本列岛改造计划"。

1972 年 6 月，作为竞选纲领，田中角荣正式提出日本列岛改造构想。同月，日刊工业新闻社出版《日本列岛改造论》一书。田中内阁成立后，以日本列岛改造构想为指导，对"新全国综合开发计划"进行调整和修订，建立起更大规模的"新全国综合开发计划"——"日本列岛改造计划"。"日本列岛改造计划"把 1985 年作为目标年，计划年均增长率超过 10%，在 1970 年国内生产总值和工业生产总值基础上提高 3 倍，粗钢产量、工业用地、工业用水提高 1 倍，以积极财政政策

和税收政策为保证。"日本列岛改造计划"涉及政治、经济、交通、通信、科学教育等各个方面，重点解决以下三个方面问题：工业重新布局；改造旧城市，新建 25 万人口城市；建设交通和通信网络，用新干线联通全国，新建 9000 千米新干线（1973 年为 700 千米）、10000 千米高速公路、7500 千米输油管道。三者相互联系、密不可分，工业重新布局是核心，城市、交通和通信网络建设是杠杆。

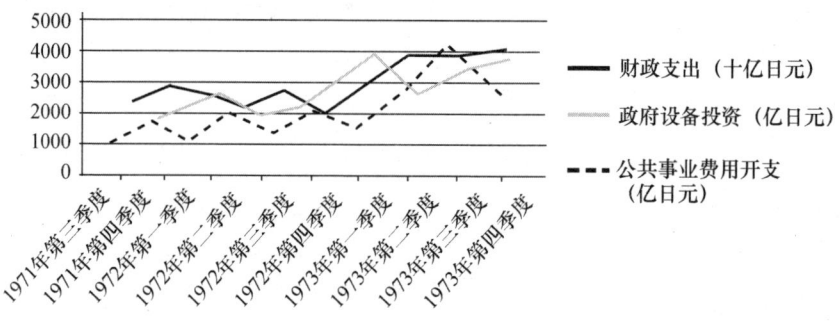

图 1-7　1971—1973 年日本财政支出

为刺激经济，日本 1970 年开始扩大货币供应、降低利率，1970 年 10 月 20 日至 1971 年 12 月 18 日，日本银行 4 次降息，官定利率从 6% 降至 4.75%。同时，政府扩大设备投资和财政支出，1973 年达 14.2 万亿日元，同比增加 24.6%。伴随"日本列岛改造计划"，大规模财政预算助长了社会投机，银行向社会大量提供贷款，货币流通量过剩，股市和地产等资产的价格快速膨胀。日经指数从 1970 年 12 月的 1987 日元涨至 1973 年 1 月的 5256 日元；城市土地指数 1971—1975 年上涨 1.93 倍；消费物价指数 1971—1975 年上涨 72.4%。20 世纪 70 年代初支持"日本列岛改造计划"的环境已经发生变化，加上世界性的通货膨胀与石油危机，该计划最终走向失败。

（二）两次石油危机的冲击

大量国外廉价石油为日本 20 世纪 50—70 年代的高速发展提供了能

源和原料,形成了依靠进口石油为基础的重化学工业结构。日本20世纪50年代、60年代以及1973年的石油依存度分别为20%、60%和80%。

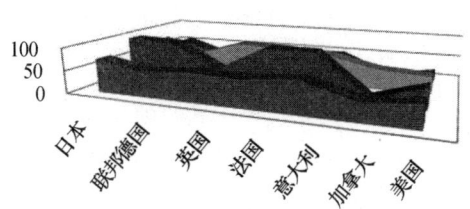

	日本	联邦德国	英国	法国	意大利	加拿大	美国
■全部能源中石油依存度	73.5	54.7	64.1	59.9	70.3	39.7	48.9
■石油进口依存度	99.8	96.6	43.3	99	98.5	12.9	45.7
■石油进口对中东依存度	78.5	48.9	80.6	76.9	68.5	44.7	38.5
■全部能源对中东依存度	57.6	25.3	16.5	45.6	47.3	2.3	18.6

图1-8　1978年日本能源依存度(%)

在这样的能源格局下,日本经历了石油大幅提价的两次石油危机。石油输出国组织于1973年末、1979—1980年夏两次采取提高石油价格的联合行动:第一次,从每桶2.48美元涨到11.65美元;第二次,从每桶12.92美元涨到31.47美元。日本购买石油的费用在国际支出中所占比重在20世纪60年代后期不过12%—13%,1973年为15.7%,1974年猛升至30.4%,1980年达37.5%。两次石油危机对日本经济造成巨大影响:第一次伴随严重通货膨胀,被称为"狂乱物价";第二次促使日本改变国内产业结构。

1973年10月,石油输出国组织于维也纳召开会议,商定将石油价格从每桶3.01美元提升为5.11美元,石油输出国组织阿拉伯成员国宣布停止向美国和荷兰出口石油。当年12月开始,包括日本在内的西方国家陷入生产过剩和严重通货膨胀,日本经济在物价飙升和由此引起的国内原材料恐慌下爆发了战后最严重的一次危机。第一次石油危机中，日本主要出现以下问题：

一是企业倒闭，生产锐减，失业人数上升。日本所需能源的76.5%来自石油，99.7%的石油依靠进口，进口石油的78%来自中东。1974年日本石油进口量同比减少8248.7万桶，但由于每桶石油价格上涨了227.9%，进口额增加3倍多。日本石油储备量仅为50天，石油供给减少意味着企业生存受到致命威胁，进而减少产量；企业经营成本急剧上涨，国内外竞争力下降；社会所需能源极度短缺，逐步失去长期以来的低成本、高产出、高出口竞争优势。第一次石油危机在石油供给价格和供给量两方面威胁到企业生存，大量企业倒闭。1974年11681家企业倒闭，负债总额16490亿日元，同比分别增加42.4%和133.8%。与1973年11月相比，1975年2月工矿业生产指数下降20.6%。1974年纤维生产、造船订单、新建住宅、汽车产量分别同比下降27.9%、68.1%、30.9%和9.8%。同时，失业人数创历史新高。

二是物价暴涨，库存增加，个人消费停滞，私人投资减少。物价连续达到两位数通货膨胀，致使库存猛增、市场萎缩。1973年10月开始，批发物价指数同比上涨率连续突破20%，甚至在1974年1—9月连续超过30%。1974年1—6月，包含燃料在内的生产资料价格同比上涨率连续超过40%。1974年12月，企业商品库存指数达到169.7，同比上涨45%，其中棉纱库存同比上涨205%、彩电库存急增至200万台。1973年第四季度，消费品零售物价指数同比上涨16.5%，1974年同比上涨率连续4个季度超过24%，部分生活必需消费品价格成倍上涨，致使家庭实际消费能力大幅下降。由于市场萎缩和产能过剩，1974年民间设备投资同比下降19.8%。

三是外汇大量外流，国际收支恶化，企业外汇短缺。石油和其他初级产品价格快速上涨，1974年日本贸易数量指数同比下降5.4%，进口价格指数同比增加83.8%，进口外汇支出为621亿美元。企业用在石油进口上的外汇支出成倍增加，1971年为30亿美元，1973年为60亿美元，1974年为189亿美元。1974年仅进口石油这一项，企业就多支出

第一章 间接金融本位、利率规制与经济增长　047

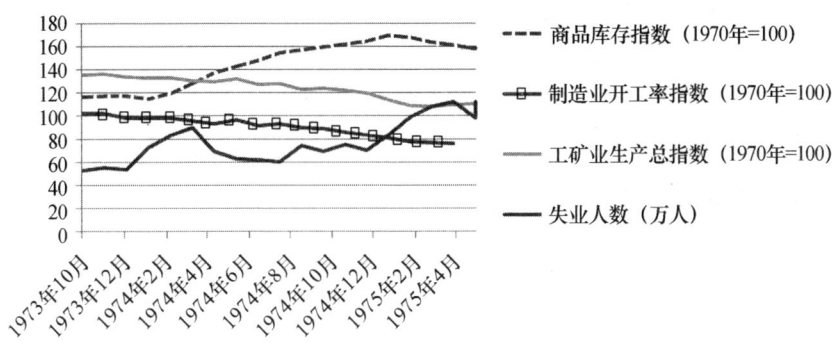

图 1-9　第一次石油危机中的日本经济指标变动

外汇 120 亿美元。外汇支出大量增加使国际收支连续大幅逆差，1973 年逆差 101 亿美元，1974 年逆差 68 亿美元。1974 年 3 月底，日本外汇储备跌至 124.3 亿美元，同比下降 31.4%。

受石油危机影响，日本经济出现战后首次负增长，1974 年国内生产总值下跌 0.5%，经济陷入低速发展。为克服危机和缓解通货膨胀压力，福田赳夫叫停"日本列岛改造计划"并实行价格规制，1973 年 4 月至 1974 年 3 月四次加息，将再贴现利率从 4.5% 调至 9.0%，五次提高银行存款准备金率，1975 年开始大量发行国债，开发节能技术和新能源。经过第一次石油危机，1975 年日本企业自有资本率得到较大幅度提升。1978 年底伊朗发生伊斯兰革命，并引发 1979 年伊朗人质事件和 1980 年两伊战争。石油价格从 1979 年开始暴涨，诱发西方主要工业国经济衰退。第二次石油危机使刚刚从第一次石油危机中恢复过来的世界经济再次陷入通货膨胀，失业人数增加，国际收支恶化。

第一次石油危机后，日本采取的减量经营、抑制通货膨胀、节能减排、增加财政支出等措施，使企业生产成本下降：劳动力成本下降 27.8%，财务成本下降 26.9%，库存成本下降 8.9%，石油消耗下降 21.5%。加上日元贬值和官定利率下调，出口带动国内经济，民间设备投资热情被激发，1978 年工业产值创历史新高。第二次石油危机后，日本经济虽然受到冲击，优势出现短期波动，但没有出现连续6个月的下降，1979年、1980年、1981年和1982年的实际增长率分别为7.30%、4.70%、0.95%和0.35%。与其他西方国家相比，日本商品得益于节能方面的优异性能，国际竞争力在这次危机中大大增强。以汽车工业为例，日本汽车产量在第二次石油危机中连续突破1000万辆和1100万辆，1981年占全球产量的比例升至30%，其中出口占54.1%，出口量突破600万辆。

经历两次石油危机，日本大力发展高精尖产业，提高传统产业技术水平，产业结构转向知识密集型，经济保持3.6%左右的中速增长，一直持续到1985年签署"广场协议"。

二、20世纪70年代中期后的利率自由化

二战后到20世纪70年代中期，日本一直实行严格的高利率适用制度，采用人为低利率政策，以弥补国内资本及外汇不足。随着20世纪70年代国内外形势变化，特别是到20世纪80年代后期，资本市场参与者的多样化使日本金融体系中资金分配不均衡的问题更突出，严格的利率规制已经不再适应经济发展需要。

20世纪70年代中期，首先从国债利率自由化开始，日本逐步实现利率自由化。1977年4月，大藏省批准民间银行承购的国债可在持有一段时间后上市出售。1994年10月，利率规制全部放开，基本实现利率自由化。这一过程大致经历了以下四个阶段：

一是国债发行利率和交易利率自由化。1974年经济增速放慢，经济结构和资金供需结构也有了很大改变，战后初期形成的以"四叠半"（意为狭窄）为主要特征的利率规制体系已不适应这种经济现状。为刺激经济增长，财政支出日渐增加，政府成为当时社会资金最主要的需求方，初步具备培育和深化非间接金融中介市场的条件。为弥补财政赤字，日本政府于1975年通过非公开市场发行赤字国债，大多由银行、证券等金融机构以明显低于市场的利率认购，不能通过公开市场转让。随着国债膨胀，民间金融机构面临资金压力，不断呼吁放开国债的市场

销售，终于在 1977 年得到政府首肯，国债流通市场开始扩大。其后政府又以流通市场利率为参考制定国债发行利率，1978 年起以招标方式发行中期国债。

二是丰富短期金融市场交易品种。利率限制主要集中于银行存贷市场和货币市场，短期市场利率是金融自由化难点。1978 年 4 月，日本允许银行间拆借利率更有弹性，这主要是由于新增贷款利率可以从银行间拆借利率中分离出来。6 月，允许银行间票据买卖利率自由化。这样，率先实现银行间的市场利率自由化。在增加市场交易品种方面，日本银行首先选择了大额可转让存单。20 世纪 70 年代之后，日本相继开发了一些新型国债，如贴现国债（1977 年）、中期国债（1978 年）、变动利率超长期国债（1983 年）、短期国债（1986 年）等。1987 年 11 月，日本创设商业票据市场。以这一系列自由化政策为背景，都市银行、地方银行在银行间拆借市场和票据市场筹措购买国债的资金，用以购买快速膨胀的国债。至此，日本货币市场的结构基本形成。1989 年 9 月的货币市场构成如下：银行间拆借和票据占 36.8%，大额可转让存单占 25.7%，商业票据占 14.3%，短期贴现国债占 4.3%，短期政府债券占 7.6%，债券回购占 6.3%。

三是交易品种小额化，将自由利率从大额交易导入小额交易。在拓展市场交易品种和扩大市场交易规模的基础上，日本成功实现银行间市场、中长期债券市场、短期市场大额交易品种市场化。利率自由化最终要放开普通存贷款利率的规制，如何实现已完成利率自由化市场与未完成利率自由化的普通存贷款市场的对接是关键。为此，日本政府逐渐降低已完成利率自由化市场交易品种的交易单位，并逐步扩大范围，最终全部取消利率规制。在这一过程中，日本逐级降低了大额可转让存单的发行单位，减少了大额定期存单的起始存入额，并引入与大额可转让存单市场利率联动的定期存款。存款利率市场化的同时，贷款利率也逐渐市场化。1989 年 1 月，三菱银行引入一种短期优惠贷款利率，改变之前在官定利率基础上加一个小幅利差的做法，转而在筹取资金的基础利率之上加一个百分点作为贷款利率。筹取资金的基础利率是对四种资金来源利率——流动性存款、定期存款、可转让存款和银行间市场拆借资金——加权平均得到的。后两种是自由市场利率资金，随着后两种资金权重增加，贷款利率自由化的程度也相应提高。

四是以法律形式确认。1991年7月，日本银行停止实施窗口指导；1993年6月，定期存款利率实现自由化；1993年10月，流动性存款利率完成自由化；1994年10月，利率完全自由化，标志着日本金融自由化基本完成。

20世纪90年代，日本政府结束利率规制，采用再贴现利率、银行间拆借利率等宏观货币调控工具实现货币政策目标，直到陷入零利率流动性陷阱。为恢复经济及扩大内需，1991年7月日本银行开始实施扩张性货币政策，将再贴现利率从6%下调至5.5%。经过5次大幅度下调，1993年2月，再贴现利率降为2.5%。1993年9月至1995年再贴现利率维持在1.75%。日本经济由于日元升值陷入停滞，日本银行1995年4—9月4次下调再贴现利率，从1.75%降至0.5%，之后长期维持在0.5%。通过调整再贴现利率已无法实现对实体经济的货币调控，再加上货币乘数急剧降低，日本银行于1996年开始使用银行间拆借利率作为货币政策中间目标，通过改变银行间拆借市场的资金流动性来实现，再贴现利率只有在向破产金融机构提供贷款时才使用。经过多次下调，1998年9月银行间拆借利率降至0.25%。当时的低利率政策并没有达到增加银行贷款、带动投资最终刺激经济的作用，货币政策濒临"流动性陷阱"边缘。1999年2月，日本银行采取量化宽松政策应对不良债权和经济停滞，将银行间拆借利率降至0.15%，同年3月再降至0.03%，扣除中介机构佣金后的实际利率为0。日本银行开始实行零利率政策，希望通过零利率政策向金融机构提供信用，增强其短期资金需求，减少惜贷行为。2000年8月伴随经济形势好转，日本银行解除零利率政策，在10年泡沫经济后首次提高利率，将银行间拆借利率提高至0.25%，保持再贴现利率0.5%不变。

2001年日本经济再度恶化，日经指数跌破13000日元，物价指数降为-0.7，企业设备投资大幅减少，金融机构自有资本损失严重，

2002年国内生产总值下跌0.3%。为克服通货紧缩、刺激内需，日本银行2001年2月9日将再贴现利率由0.5%下调至0.35%，货币政策不得不重回零利率政策。与此同时，日本银行开始实施一种新的短期资金抵押贷款政策——伦巴德贷款政策，在金融机构担保范围内，只要金融机构向日本银行提出贷款申请，日本银行便无条件按再贴现利率批准。2月28日，日本银行将银行间拆借利率和再贴现利率各下调0.1个百分点，前者降至0.15%，后者降至0.25%。3月19日，日本银行决定采取更加宽松的货币政策：货币政策中间目标由银行间拆借利率改为货币供应量——金融机构在日本银行的活期存款余额，由4万亿日元增至5万亿日元；通货膨胀持续稳定保持0%以上增长；必要时可增加从二级市场回购长期国债的规模。2006年3月，日本银行引入新的货币政策框架，货币政策中间目标由货币供应量改回银行间拆借利率，终止了长达5年的量化宽松政策。日本银行将银行间拆借利率暂时维持在零水平附近，根据经济和物价情况逐渐回收金融系统中的超额资金，用几个月时间将金融机构在日本银行的活期存款余额从30万亿—35万亿日元降至6万亿日元左右。同时，日本银行宣布设立0%—2%通货膨胀目标的货币政策参考区间。

利率自由化使日本政府破除了阻碍利率机制发挥作用的限制因素。通过取消利率规制，利率可以由市场资金供求状况决定；放松各类金融机构进入不同金融市场的限制，外国资本和金融机构更方便进入日本的金融市场；放宽国内资本向海外扩张的限制，日本企业可以大规模向海外投资。可以说，日本通过利率自由化实现了资本市场和金融管理的国际化、融资方式和技术的现代化、金融工具和金融产品的多样化。但是，零利率政策的流动性陷阱以及货币政策失效也给日本经济带来了负面影响。

三、利率自由化与不稳定增长

日本从20世纪70年代中期实施利率自由化的目的，就是建立一个以中央银行基准利率为核心、以货币市场利率为中介、由货币资金供求状况决定的存贷利率机制。

在实施利率自由化的过程中,日本不是简单放开利率规制,也没有将已有的流动性存款和定期存款利率市场化,而是在此过程中通过增加具有自由化性质的存贷款品种来实现。存款方面,推出大额可转让存单、市场利率联动型存款、小额市场利率联动型存款;债券方面,将金融债的票面利率和贷款信托的预期红利率与新存款品种联系;贷款方面,采取以银行平均融资利率决定短期优惠贷款利率的新办法,并通过不断降低新品种限额、缩短放款期限、增加品种等方式扩大新存贷款品种的市场份额,通过规模的扩大提高存贷款利率的自由化程度。

采取循序渐进式的改革,利率自由化转型时间相对较长。先国债然后其他品种,先银行间然后银行与客户间,先大额存款然后小额存款,使得利率自由化转型时间相对较长,从 1977 年决定放开国债利率到 1994 年基本完成,远远长于德国(3 年)和美国(6 年)。这一过程中,日本政府充分考虑了中小金融机构的利益。中小金融机构基础薄弱、自由竞争力量小、难以与大金融机构抗衡,放松利率都要控制在中小金融机构的承受范围内,不能对其正常经营产生较大的冲击。

日本 1994 年实现的利率自由化还不是完全的自由化,例如 3 年期小额市场利率联动型存款利率是以长期国债的名义利率为基准,其余是以大额可转让存单加权平均利率为基准,且还有档次距离,如 2 年期以下小额市场利率联动型存款利率不能超过 3 年期小额市场利率联动型存款利率。其目的就是建立一个以中央银行基准利率为核心、以货币市场利率为中介、由货币资金供求状况决定的存贷利率机制。

日本银行自 1978 年开始实施依据季度预测的货币供应量控制,直到 20 世纪 80 年代中期都十分有效,表明在实施浮动汇率制度以后调控货币供应量对于抑制日本 20 世纪 70 年代初的通货膨胀有重要作用。进入 20 世纪 80 年代中期,日本政府放松了货币政策。伴随金融创新扩大和金融规制放松,货币供应量偏离了国内生产总值增长的均衡水平,出现加速供应态势,形成了正的实际货币缺口。充足的市场流动性使投资者冒险投资于证券和房地产市场,引发资产泡沫。伴随 20 世纪 90 年代泡沫经济破灭，日本潜在增长率由5%左右下降到1%，政府开始实行零利率政策和量化宽松政策以避免发生通货紧缩。一方面，零利率政策向社会提供充足资金，使短期利率接近零，借此影响市场预期，引导中长期利率下降，降低企业借贷成本以及债务负担，扩大投资和支持经济增长；另一方面，通过向金融机构注入公共资金，向金融市场提供更大的流动性。零利率政策对经济复苏起到一定作用：日本经济于1999年初停止下滑，此后进入缓慢增长，2000年前两个季度出口量分别增加38.8%和9.0%，投资也有明显增长。同时也带来一定副作用：使利率没有再度下调以刺激经济增长的空间；货币需求的利率弹性无限大，造成流动性陷阱，降低了量化宽松政策的有效性。

利率自由化使日本实现了资本市场和金融管理的国际化、融资方式和技术的现代化、金融工具和金融产品的多样化，但是零利率政策和量化宽松政策也给日本经济复苏带来了不利影响。从历史规律来看，安倍晋三2012年启动的量化宽松政策对经济复苏有一定积极作用，但货币政策饮鸩止渴的做法，可能对实体经济的复苏作用不大，且安倍晋三之后的内阁很难从量化宽松政策中全身而退。

参考文献

01. ［日］奥村宏著，金明善译：《日本六大企业集团》，辽宁人民出版社1981年版。

02. 陈作章：《日本货币政策问题研究》，复旦大学出版社2005年版。

03. 董杰：《奥运会对举办城市经济的影响》，经济科学出版社2004年版。

04. ［日］东乡重兴、川原义仁编，安四洋、赵险峰译：《日本银行——历史·职能·货币政策》，中国物价出版社1993年版。

05. ［日］关谷俊作著，金洪云译：《日本的农地制度》，生活·读书·新知三联书店2004年版。

06. 黄泽民：《日本金融制度论》，华东师范大学出版社2001年版。

07. ［日］内野达郎著，赵毅、李守贞、李春勤译：《战后日本经济史》，新华出版社 1982 年版。

08. 日本·通商产业省通商产业政策史编纂委员会编，中国·日本通商产业政策史编译委员会译：《日本通商产业政策史 第 8 卷》，中国青年出版社 1995 年版。

09. [日] 矢野恒太纪念会编，司楚、訾瞭祖译：《日本 100 年》，时事出版社 1984 年版。

10. 孙执中：《荣衰论——战后日本经济史（1945~2004）》，人民出版社 2006 年版。

11. 阎坤：《日本金融研究》，经济管理出版社 1996 年版。

12. 杨栋梁：《日本后发型资本主义经济政策研究》，中华书局 2007 年版。

13. 余昺鹏：《日本经济论》，吉林大学出版社 1989 年版。

14. 张季风主编：《日本经济概论》，中国社会科学出版社 2009 年版。

15. 中国社会科学院工业经济研究所、日本总合研究所编：《现代日本经济事典》，中国社会科学出版社、日本总研出版股份公司 1982 年版。

16. 白成琦：《石油危机、通货膨胀的双重打击与日本企业对策——日本历史经验对我国的启示》，《中国工业经济研究》1991 年第 2 期。

17. 狄群：《日本结束量化宽松货币政策的影响分析》，《国际金融研究》2006 年第 5 期。

18. 郭士信：《石油危机与日本的对策》，《河北大学学报（哲学社会科学版）》1984 年第 3 期。

19. 金柏松、足奚：《日本国民收入倍增计划和启示》，《观察与思考》2010 年第 7 期。

20. 兰健、陈秀丽：《日本利率自由化的特点及效果分析——兼论对我国利率自由化的启示》，《国际贸易问题》2002 年第 10 期。

21. 李文光：《战后日本货币政策剖析》，《日本问题》1985 年第 2 期。

22. 李晓：《苦涩的"独立宣言"——从日本银行的利率调整看日本的金融制度改革》，《国际经济评论》2001 年第 Z3 期。

23. 李玉潭、袁英华：《日本政策金融改革的进展及其意义》，《现代日本经济》2006 年第 6 期。

24. 刘义：《战后日本政策金融体制研究》，《湖南财经高等专科学校学报》2009 年第 2 期。

25. 刘义、卢山、李守波：《日本政策金融体制及其借鉴》，《科技创业月刊》

2009 年第 4 期。

26. 刘在卿、杨云英：《日本开发银行简况与作用》，《上海金融》1995 年第 2 期。

27. 秦嗣毅：《日本货币金融政策的演变》，《现代日本经济》2003 年第 1 期。

28. 宋小梅：《泡沫经济破灭以来的日本货币政策》，《南方金融》2002 年第 7 期。

29. 童适平：《高速增长时期日本的利率政策》，《亚太经济》1995 年第 1 期。

30. 翁东玲：《日本政策金融体系探析与借鉴》，《亚太经济》1995 年第 5 期。

31. 乌兰图雅：《试论"日本列岛改造计划"的意义与积极影响》，《东北亚学刊》2000 年第 4 期。

32. 吴素萍：《从金融约束到金融自由化——战后日本金融制度改革及其启示》，《经济导刊》1998 年第 1 期。

33. 吴宇、王亚飞：《试论战后日本利率政策的特征及其启示》，《日本学论坛》2000 年第 1 期。

34. 闫素仙：《论日本的利率市场化及其对中国的启示》，《管理世界》2009 年第 3 期。

35. 岩田一政、朱隽：《货币的作用与日本的货币政策》，《中国金融》2007 年第 12 期。

36. 二上季代司編著、『日本型金融システムの転換』、中央経済社 1994 年版。

37. 飯田経夫・清成忠男・小池和男・玉城哲・中村秀一郎・正村公宏・山本満、『現代日本経済史』、筑摩書房 1976 年版。

38. 傅田功、『日本の政策金融』、思文閣 1990 年版。

39. 富田洋三、『戦後日本の金融経済』、多賀出版 1994 年版。

40. 岡崎哲二・奥野正寛編、『現代日本経済システムの源流』、日本経済新聞社 1993 年版。

41. 館龍一郎等、『日本の金融（Ⅰ）新しい見方』、東京大学出版会 1987 年版。

42. 吉田和男、『日本の財政金融政策』、東洋経済新報社 1981 年版。

43. 家永三郎、『日本の歴史：8』、ほるぷ出版 1977 年版。

44. 鈴木淑夫、『現代日本金融論』、東洋経済新報社 1974 年版。

45. 那須正彦、『現代日本の金融構造』、東洋経済新報社 1987 年版。

46. 浅子和美・筱原总一、『入門・日本経済』、有裴閣 2006 年版。

47. 斉藤美彦、『金融自由化と金融政策・銀行行動』、日本経済評論社 2006 年版。

48. 橋本寿朗、『戦後日本経済の成長構造——企業システムと産業政策の分析』、有斐閣 2002 年版。

49. 日本経済研究センター編、『金融政策論議の争点：日銀批判とその反論』、日本経済新聞社 2002 年版。

50. 森口親司・青木昌彦・佐和隆光編、『日本経済の構造分析』、創文社 1983 年版。

51. 森武麿・浅井良夫・西成田豊・春日豊等、『現代日本経済史』、有斐閣 2002 年版。

52. 胜又寿吉、『戦后 50 年の日本経済：金融・財政・产业・独禁政策と財界・官僚の功罪』、东洋経済新報社 1995 年版。

53. 寺西重郎、『日本の経済発展と金融』、岩波書店 1982 年版。

54. 寺西重郎、『アジアの経済発展と金融システム』、東洋経済新報社 2007 年版。

55. 田中角栄、『日本列島改造論』、日刊工業新聞社 1972 年版。

56. 香西泰・寺西重郎、『戦後日本の経済改革』、東京大学出版会 1993 年版。

57. 小峰隆夫、『石油と日本経済：その変動と危機克服のメカニズム』、東洋経済新報社 1982 年版。

58. 伊藤修、『日本型金融の歴史的構造』、東京大学出版会 1995 年版。

59. 有沢広巳・安藤良雄、『昭和経済史（中）』、日本経済新聞社 1976 年版。

60. 原薫、『日本の戦後インフレーション』、法政大学出版局 1968 年版。

61. 中山伊知郎・筱原三代平、『日本経済事典』、講談社 1981 年版。

62. 中村隆英、『日本経済——その成長と構造』、東京大学出版会 1986 年版。

63. 佐竹浩、橋口收、『銀行行政と銀行法』、有斐閣 1967 年版。

64. 大月喬監修、『実録戦後金融行政史』、金融財政事情研究会 1985 年。

65. 福島量一・山口光秀・石川周等編、『財政投融資』、大蔵財務協会 1973 年。

66. 経済企画庁、『昭和 31 年度年次経済報告（経済白書）』、経済企画庁 1956 年。

67. 内閣制度百年史編纂委員会、『国民所得倍増計画について，内閣制度百年史（下）』、内閣官房 1985 年。

68. 日本開発銀行、『日本開発銀行十年史』、日本開発銀行 1963 年。

69. 日本銀行、『日本銀行百年史（第 6 巻）』、日本銀行 1986 年。

70. 下村治、『経済成長実現のために：下村治論文集』、宏池会 1958 年。

71. 中小企業金融公庫、『中小企業金融公庫三十年史』、中小企業金融公庫 1984 年。

72. 山重慎二・中里幸聖、「政策金融改革——展望と課題」、『経営戦略研究』2006 年新年特別号。

73. 神谷敬文・中村勇太・永山誠・松岡翔太、「政策金融の理論的考察と制度設計」、池尾和人研究会『平成 18 年度三田祭論文』2006 年第 11 期。

74. 小野進、「日本の金融システム—メイン・バンク制と企業との関係」、『立命館経済学』1994 年第 2 期。

75. 『東洋経済統計月報』1972—1974 年各月。

76. H. Patric, H. Rozovsky, "Asia's New Giant: How the Japan Economy Works," Brookings, 1976.

第二章 间接金融到直接金融的发展与转变

日本的间接金融体系萌芽于战时统制经济。由日本银行、日本兴业银行、战时金融公库、六大普通银行等组成的间接军需金融体系，奠定了战后日本间接金融体系的基础。伴随战后宏观和微观金融结构变化，日本政府主导的战时财政金融体系以及政府对直接金融市场的统制，逐渐向以间接金融融资为主的资本结构转化。为恢复经济，日本选择了重化学工业化战略，通过金融规制建立了以主银行为主的间接金融体系，对经济快速发展起到巨大推动作用。随着日本经济于20世纪80年代步入新阶段，间接金融体系暴露出与经济发展阶段不适应的一些问题。时任日本首相桥本龙太郎1996年11月提出金融制度大改革，从长期效果来看促进了直接金融发展，增强了金融系统竞争力，在2008年金融危机中展现出极强的稳定性和扩张能力。

第一节 间接金融体系的起源

战时统制经济萌芽于1929年滨口雄幸内阁产业合理化运动，目的是为满足战备需要。通过1937年《临时资金调整法》、1940年金融新体制、1944年《军需公司法》，日本从宏观上逐渐建立了包括日本银行、日本兴业银行、战时金融公库、六大普通银行在内的间接军需金融体系，微观企业的资本结构也发生改变，战前以直接金融融资为主的资本结构逐渐转变为以间接金融融资为主的资本结构，密切了银行和企业间的联系。

一、经济统制与战时金融体系

金融统制构成了日本战时统制经济的重要部分。在国家为主导的金融统制之下，日本金融体系发生巨大变化，由直接金融为主转向国家统制的间接金融。日本战时金融统制大体分为三个阶段：1940 年前以《临时资金调整法》为核心，金融机构自主对产业提供融资；1940—1944 年为金融新体制；1944 年后为军需公司指定金融机构阶段。随着一系列金融统制措施的实施，日本银行和企业的关系得到加强。

1937 年日本发动全面侵华战争，必须建立满足军需生产需要的金融体系，但是普通银行没有向产业融资的传统，普通国民也没有购买国债的习惯，政府为动员金融机构向军需生产倾斜采取了金融统制。为保证军需生产产业的资金，日本政府于 1937 年颁布《临时资金调整法》，主要内容包括：金融机构向企业提供设备资金贷款，证券业提供证券认购、承兑、募集业务；50 万日元以上资本金的企业设立、增资、合并、变更经营目标、发债、增加 10 万日元以上设备或设备改造时，均需经政府批准；飞机制造、金属作业设备制造等与军需生产相关的企业，增资及发债不受限制；增加日本兴业银行的债券发行额度，政府为扩张部分提供担保；为增加储蓄，允许日本兴业银行发行储蓄债券和报国债券；政府有权在制订资金供求、有价债券、国际收支、事业资金计划时从相关人员处获取情报。此外，企业设立、增资、合并、变更经营目标、发债、增加 10 万日元以上设备或设备改造时，需要向日本银行提交许可申请，一定额度以下由日本银行自主决定，一定额度之上由临时资金审查委员会复议，日本银行受理申请的 40%—80% 都是由临时资金审查委员会复议的。

日本通过两种渠道保证战时军需产业发展所需的资金：一是限制民间金融机构向非急需产业投资；二是扩大政府信用提供资金担保。金融机构的资金贷出以及证券承兑者的证券交易，都根据事业资金调整标准和自制资金调整标准自行调整。根据产业在生产力扩充计划中的地位、与军需生产的关系、国际收支状况等标准，确定资金供给优先度——事业资金调整标准，将所有产业分为甲A、甲B、乙A、乙B、乙C、丙六组。金融机构应尽力对甲A、甲B产业融资；一定额度内可对乙A产业自行融资，一定额度外与日本银行协商；对乙B产业融资要与日本银行协商；除特别需要外禁止对乙C、丙产业融资。日本银行根据《临时资金调整法》设立资金调整局。1937年9月，大藏省银行局颁布"金融机构及证券承兑者自制调整大纲"，要求金融机构内设自主调整部门，资金调整需由大藏大臣批准。

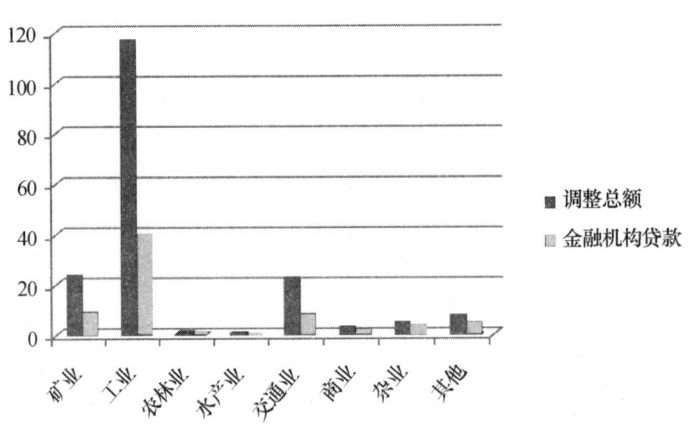

图2-1 《临时资金调整法》实施情况（亿日元）

1937—1941年，日本设备投资总额184.44亿日元，90%流向工矿业和交通业，其中金融机构提供的资金占比41.5%。金融机构的设备贷款分别为2亿日元、11亿日元、16亿日元、21亿日元、19亿日元，其中71%贷给甲类企业、21%贷给乙类企业，只有不足10%贷给丙类企业。普通银行和特殊银行的贷款额最大，普通银行90%的贷款出自辛迪加银团，共15.59亿日元，特殊银行89%的贷款由日本兴业银行提供，为10.64亿日元。日本兴业银行的债券发行限额由5亿日元增加到20亿日元，主要购买者为大藏省储蓄部、简易保险局、地方银行等。1939年，日本政府颁布"公司利益分配及资金融通令"，规定大藏大臣必要时可以向日本兴业银行发布融通资金的命令,日本兴业银行成为日本战时金融统制的主要融资平台。1939年后,普通银行组成辛迪加银团向产业提供贷款,至1941年6月共提供了130次贷款,参与银行数量113家,贷款总额17.24亿日元,占参加辛迪加银团的普通银行贷款总额的14%。辛迪加银团贷款行为具有如下特点:一是参加以日本兴业银行为干事银行提供共同贷款的银行数为70家;二是贷款对象中,服务于统制经济的半官半民的国策企业共39家,占压倒性多数,旧财阀集团企业14家,新兴财阀集团企业12家;三是每次共同贷款的参与银行数量较多,平均6.9家,对贷款额前10位企业提供共同贷款时平均17家,对国策企业提供共同贷款时平均10.4家,参与以日本兴业银行为干事银行提供共同贷款时平均8.7家。1939年后地方银行采用以下两种手段运作资金,间接流向军需产业:一是购买债券,至1941年底债券已占存款总额的28.9%,大多数为日本兴业银行债券;二是加入以城市银行为干事银行的辛迪加银团。

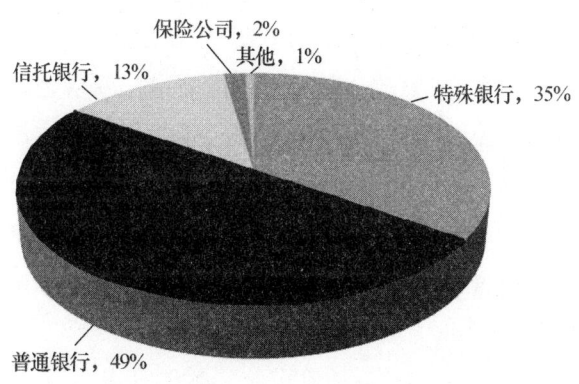

图2-2　1937—1941年日本不同金融机构设备贷款占比

随着1939年日美通商条例失效和二战全面爆发,日本进出口贸易遭受严重打击,国内通货膨胀压力加剧,影响到军需产业物资供给。日本政府相继颁布"银行等资金运用令""财政金融基本方案要纲"等金融统制政策。

1939年7月,企划院——运作侵略战争资源的最高计划机关——将国家资金需求分为消化国债、事业发展和对外投资三个类别,分别制订资金统制计划并与物资、贸易、劳动、交通、电力等挂钩,揭开了强化金融统制的序幕。同年9月,大藏省银行局颁布"关于投机资金贷出自律的通牒",要求金融机构提交运转资金贷出报告书和年度末贷出余额报告书,由日本银行现场审查并附上书面建议后送交大藏省银行局。现场审查遵循以下方针:控制以运转资金名义贷出的设备资金;控制贷款给证券、商品投机;控制贷款给囤积商品和原材料的行为;控制不符合当时金融情况的贷款。1940年6月,大藏省颁布"关于彻底实施金融统制的基础案",将经济矛盾归结为物资问题,集中所有力量于抑制购买力上。同年10月,日本政府颁布"银行等资金运用令",包括金融机构资金运用计划统制、流动资金统制和资金融通命令三项内容。这一时期是金融统制的起步阶段,主要集中在以日本兴业银行为代表的特殊银行。

企划院于1940年发动"经济新体制运动",1941年7月颁布"财政金融基本方案要纲",提出转变金融理念,要求金融活动不能以投资收益、贷款能否收回为导向,而是要按照国家战略——确保重点产业发展必需物资——行事。"财政金融基本方案要纲"要求金融机构的金融活动与政府统制一致,将投资转向风险高、收益差的重点产业,以加强金融和产业的关系。之后,大藏大臣提出扩大共同贷款,银行贷款由商业金融转向产业金融。1941年8月,日本兴业银行与10家城市银行组成辛迪加银团,由日本兴业银行作为干事银行接受企业申请并对企业进行调查。

表2-1 1942—1943年纳入金融统制的项目

1942年7月	资金吸收及运用计划
	有价证券的发行、担保和买入
	资金融通
	利率调整
1943年8月	储蓄银行或信托银行兼业

随后，日本制订国家资金计划、改组日本银行、成立金融统制会、设立战时金融公库等，基本建立了国家主导的战时间接金融体系。国家资金计划是1939年资金统制计划的延伸，由政府根据战时国民经济情况、资金供给能力所制订的涉及财政、产业和消费的综合性资金分配计划，包括资金综合计划（分配、筹措和动员）、个别计划。1940年后普通银行贷款已无法满足战时经济需要，日本银行受《日本银行条例》禁止参与以股份和公司债为担保的产业金融活动所限，只能以商业金融为基本业务。1942年2月，日本实施《日本银行法》为日本银行松绑。《日本银行法》具有如下特点：一是赋予政府很大权限，违反法令、违反条款、违反命令、损害公益事业以及政府认为有必要的情况下，内阁有权解除日本银行总裁职务，大藏大臣有权解除理事、监事职务；解除对货币发行量的限制，采用管理通货制度作为货币发行制度；扩大日本银行业务范围，明确包含产业金融和国际金融。改组的日本银行以产业金融为主责，成为国家主导间接金融体系的基础。同时，日本成立金融统制会加强对金融部门的统制，标志着政府开始对普通银行进行统制。金融统制会参与制订金融统制计划，指导统制金融机构的金融活动，整顿其他金融机构的违规行为，促进国债发行及协调共同融资。凡是参加金融统制会的金融机构必须制订关于资金、有价证券、贷款等增减预期的年度资金计划，由金融统制会监督指导。1943年，金融统制会颁布"金融事业整备令"推动银行和信托机构合并，三井银行、第一银行、第十五银行合并成立帝国银行，三菱银行合并第百银行，安田银行合并昭和银行、第三银行。1945年，地方银行合并为一县一行。同年，日本设立战时金融公库直接管理所需资金，资金主要由3亿日元本金、37.51亿日元债券和15.77亿日元借款构成，借款主要来自日本银行、大藏省储蓄部和资金统合银行。战争末期，战时金融公库贷向军需产业的总额超过了日本兴业银行。

国家主导的战时间接金融体系要求金融机构须无条件满足军需产业的资金要求。1942年9月至1943年12月，金融统制会指导的共同融资额膨胀了20倍，占全国银行贷款总额的比重从1.4%升至20.7%。国

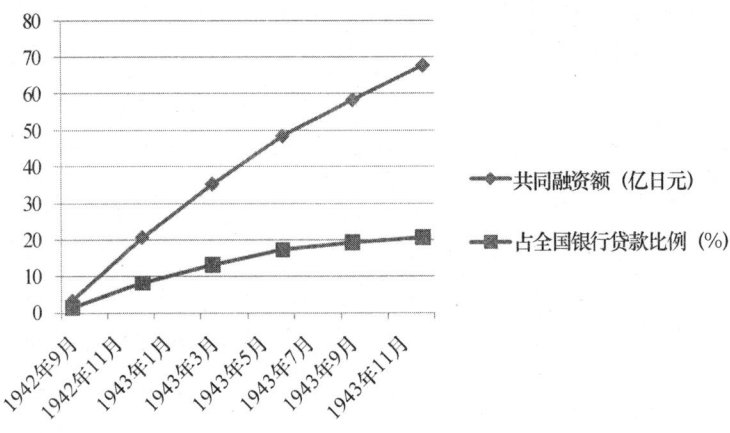

图 2-3　1942—1943 年金融统制会指导下的共同融资情况

家主导的间接金融成为战时金融体系的重要部分，具备了战后主银行制度雏形：日本兴业银行主要向产业设备营团、重要物资管理营团、金融回收统制会和钢铁原料统制会提供融资，三菱银行主要向交易营团、日本汽车配给、重要物资管理营团和日本制铝提供融资，安田银行主要向日本蚕丝制造和交易营团、日鲁渔业和重要物资管理营团提供融资，三和银行主要为日本棉织配给、重要物资管理营团大阪分店、帝国水产统制会和日本磷酸统制会提供融资。当时日本的六大银行都成立了审查科，加强对企业的监督管理，奠定了战后主银行制度的基础。

1943 年 11 月，日本设立军需省并将飞机制造作为军需生产重点，1944 年颁布《军需公司法》，实施军需企业指定金融机关制度。《军需公司法》规定：原则上按照一公司一银行方式将军需企业和银行直接联系起来；向军需公司提供融资的金融机构由大藏省亲自指定；必要时，由日本银行提供资金援助或由战时金融公库提供债务担保；由军需融资合作团吸收和重组原有的辛迪加银团，对军需企业集中融资，并将融资窗口集中到指定的一家金融机构。《军需公司法》实施后，日本兴业银行、战时金融公库及六大银行在 265 次指定融资中占 90% 以上额度。日

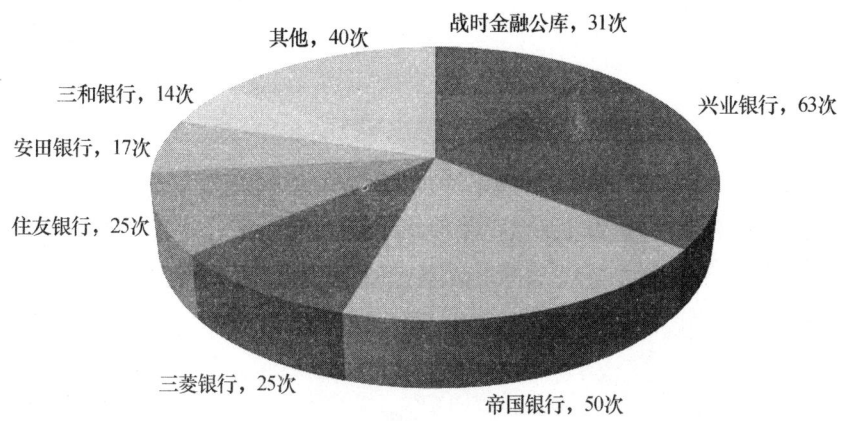

图 2-4　不同金融机构的军需融资次数

本军需融资额从 1944 年 7 月的 115.95 亿日元升至 1945 年 1 月的 191.65 亿日元，其中军需合作融资由 10.51 亿日元升至 73.50 亿日元。

战时末期军需融资能够迅速扩张，主要来源于日本银行的贷款，包括日本兴业银行、战时金融公库、六大银行，其中 1943 年 12 月至 1945 年 2 月向六大银行提供的贷款增长了 4 倍。以国家为主导的战时间接金融体系达到顶峰，建立了包括日本银行、日本兴业银行、战时金融公库、六大银行在内的间接军需金融体系。

二、企业资本结构与战时金融体系

企业作为日本经济社会微观主体，资本结构的组成方式受到国家产业、财政、金融等宏观政策的影响。在战时统制经济作用下，微观企业的资本结构也相应发生变化，战前以直接金融融资为主的资本结构伴随着政府战时所主导的财政、金融体系调整以及对直接金融市场的统制，逐渐向间接金融融资的资本结构转化，企业与银行的关系也日益密切。这一变化从企业微观主体层面上说明了战时统制对战后日本间接金融体系形成和发展所产生的影响。

1872年，日本颁布《国立银行条例》并引入股份公司，银行、纺织、铁路等现代工业的发展使日本股份公司快速成长，成为社会占主导地位的经济组织形式。1930年前，股份公司数量的全国占比一直在40%以上，资本金总额的全国占比超过80%。

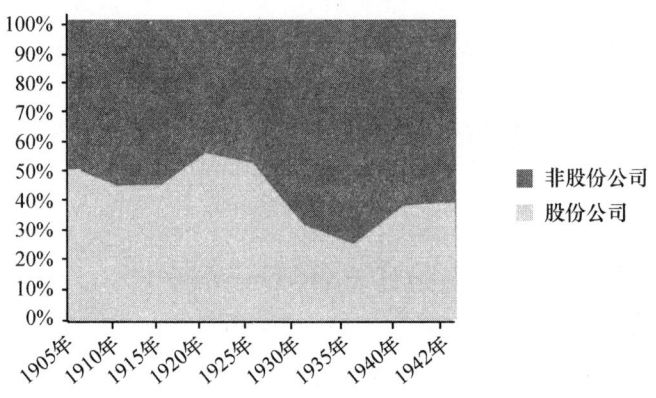

图 2-5　1905—1942 年日本股份公司占比变化

二战前日本企业主要依靠直接金融市场筹集资本，直接金融占比较高，通过股票发行筹集资金的方式在直接金融中占据主导地位。1931—1937年，日本企业通过股票发行筹集的资本占全部资本的50%以上，1938年进入战时统制后该比例不断下降，1945年仅占6%。与此同时，日本企业通过金融机构筹集资金的比例不断提高，间接金融逐渐取代了直接金融的地位。

二战前，股东是日本企业控制人。财阀集团企业依靠内部资本市场筹集资金，最大股东为财阀集团总公司，大股东持股比率较高；非财阀集团企业通过外部直接资本市场面向中小投资者筹集资本，前几位股东持股比率较低。财阀集团企业经营利润的大头作为红利分配给股东，股东再用分配到的红利投资；非财阀集团企业的大股东只重视利润分配。

1937年日本全面侵华，战前的企业体制无法满足战争机器需求，日本政府加强了对企业的干预。向股东高额分红的做法受到社会质疑：

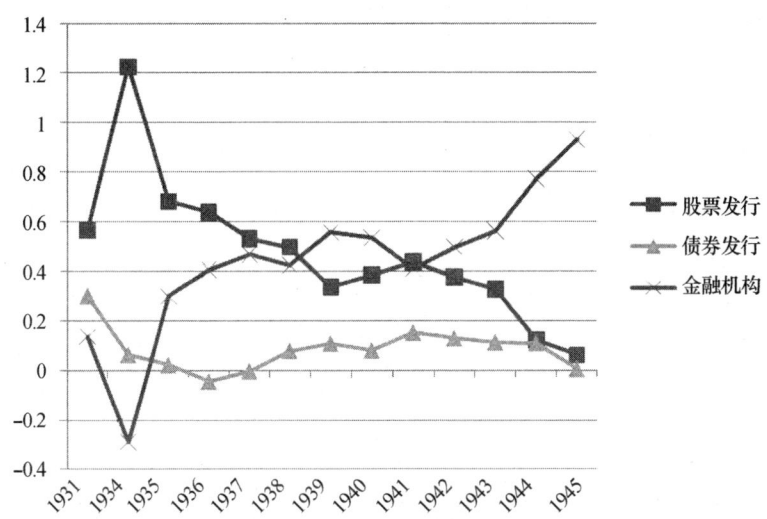

图 2-6 1931—1945 年日本企业融资情况变动（万日元）

一是战死者家属对大股东利用战争发财深感不满；二是被整顿的民用产业对军需企业高额分红不满。因此，日本政府决定限制企业分红。1939年4月颁布的"公司利益分配及资金融通令"针对20万日元以上资本金企业的分红进行统制，以1937年12月至1938年11月的分红比率为基准，分红比率10%以上企业提高分红比率、分红比率6%—10%企业提高2%以上分红比率，均需大藏大臣批准。日本212家主要工矿企业中，超过60%的企业分红比率在10%以上，1939年4月至1940年10月共有130次提高分红比率的申请，仅50次获批。

"公司利益分配及资金融通令"对股市造成巨大冲击，股票价格大幅下降。由于缺乏动力，大股东投资热情降低，进而在微观层面改变了战前直接金融。与此同时，日本政府在宏观层面积极推动国家统制的财政、金融政策，国家主导金融方向，如增加临时军事费用、颁布《临时资金调整法》等。通过这些手段，日本政府动员了大藏省储蓄部、日本银行、日本兴业银行等直接控制的资金以及普通银行的资金为军需企业融资，同时积极动员了国民储蓄消化国债和向军需企业融资。战时初期的统制不仅使政府控制的资本流向军需企业，还带动民间非金融机构资本的投资由证券转向储蓄。1930—1940 年，证券在民间非金融资产中的比例由 45.5% 降至 33.7%，储蓄在民间非金融资产中的比例由 50.9% 升至 61.4%。这一变化表明，日本民间资本从直接金融流向间接金融，战前企业以直接金融为主渠道的融资方式发生改变，政府资本投融资和以银行为核心间接融资的重要性增加。

1939 年二战全面爆发，日本国内军用物资生产不足，金融机构对投资军需企业持谨慎态度。日本政府认为，只有改变利润导向才能使企业把生产作为第一要务。1940 年，日本政府《经济新体制确立要纲》提出：企业从利润导向的资本控制中脱离出来，站在国家立场、按照国家目标增强生产的质和量，发挥创造力以及承担自身责任；赋予企业经营者公共性格，使其脱离大股东限制，实现所有权与经营权分离，奖励为国家作出贡献的企业经营者以取代董事分红。同年 10 月，日本政府颁布"公司会计统制令"取代"公司利益分配及资金融通令"，进一步限制股东权力、增强企业公共属性、强化分红统制。"公司会计统制令"规定：20 万日元以上资本金的企业进行超自身资本 8%、超上年分红比率、超法定分红额、超上次分红额的分红时，需经大藏大臣批准。"公司会计统制令"加强了对股东权力的限制和对企业经营者的控制，日本企业分红比率大幅下降。在此基础上，日本政府颁布《经济新体制确立要纲》，修改《日本银行法》，成立金融统制会和战时金融公库等，实现资本优先配置于军需产业，建立了一个以国家为主导的金融体系。资本家对"经济新体制运动"态度消极，不满限制股东权益的措施，不再积极进行股份投资。1941 年 4 月，日本政府针对"经济新体制运动"后股票不断下跌开始全面加强股票市场统制，成立了由日本兴业银行指导的股票价格维持机构——日本协同证券股份公司，按照政府命令无限制购买股票，资金来源于日本兴业银行。这一系列举措打击了直接金融市场，使国家主导的间接金融占据资本配置的主导地位。

1944 年日本政府颁布《军需公司法》。《军需公司法》规定：军需公司需设置一个具有排他性权威的生产责任人。生产责任人选自企业董事，不受股东大会控制，可以不通过股东大会做出决定，政府对生产责任人有任免许可权。同时，政府对提高生产效率的军需企业进行价格奖励。1944年1月，大藏省颁布《对军需企业资金融通要纲》，开始了军需企业指定金融制度——结合历史融资情况给每一家军需企业指定一家金融机构，要求金融机构对军需公司"适时、简易、迅速"融资，并对资金使用效率进行监督。日本企业更加依赖指定金融机构的间接金融服务，确立了企业与银行之间的稳定关系，为战后主银行制度的产生打下了基础。

第二节 重化学工业化战略、产业政策与间接金融体系

二战后初期，日本国内资源贫乏、技术水平落后、资本存量较低、生产资金不足，按照比较优势理论，这样的生产要素禀赋条件只能选择劳动密集型的工业化道路。但是，日本重新定义了幼稚产业——有潜在优势、存在外部性——并付诸实践，选择了规模经济利益大、吸收就业人口能力强、资本密集型的重化学工业化经济发展道路。保护和扶植并举使日本的幼稚产业发展壮大。保护政策主要由进口限制和外资限制两部分构成；扶植政策主要是促进以新型产业部门为核心的重化学工业发展，为实现经济外向发展提升产业部门质量，建立和发展新型产业部门，采取税制优待措施，引进国外先进技术，建立大批量生产体系。重化学工业化战略需要金融体系支持，形成了金融规制下的间接金融体系。

一、重化学工业化与金融扶植

20世纪50年代中期，日本以重化学工业化为中心进行了大规模的设备和技术投资与更新，工业生产向大型化发展，重化学工业开始成熟，出现长达58个月的繁荣增长，国内生产总值升至世界第三位，真正迈入经济大国行列。这一时期的间接金融体系对重化学工业化的实现

具有重要意义。

二战后，日本面临通货膨胀压力，粮食和能源严重不足。为摆脱迫在眉睫的经济危机并迅速恢复生产，吉田内阁在有泽广巳的指导下，把有限的能力有重点地集中使用到以煤炭为中心的重点产业上，这一倾斜生产方式即为日本20世纪50年代重化学工业化战略的前身。

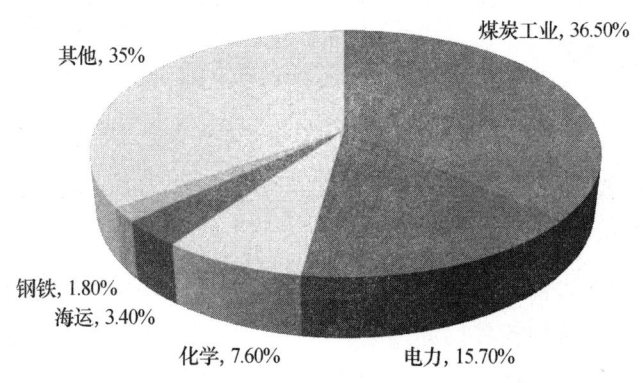

图2-7　1947年1月至1949年2月日本复兴金融公库贷款情况

倾斜生产方式首先将进口的重油全部拨给钢铁生产部门，将由此生产的钢铁投入煤炭生产部门；煤炭生产部门利用这些钢材改善产煤设备，增加产量。这种相互促进的办法使钢铁和煤炭得到循环增产，逐步推动电力、化肥、运输等工业部门恢复活力。

为保证政策目标实现，政府采用了如下措施：一是低利贷款。1947年1月，日本政府设立日本复兴金融公库并颁布《金融机构资金贷款准则》，把资金优先贷给重点生产部门。1947年1月至1949年2月，日本复兴金融公库共提供1239亿日元贷款，其中用于设备投资的贷款占73.4%。二是价格补贴。重点生产部门产品的公定价格低于生产成本时，差额由国家公库价格调整补助金补贴。1946—1948年，国家公库价格调整补助金支出由121亿日元升至1948亿日元，财政支出总额的比率由10%升至25%。三是物资统制。政府设立特别机构控制进口能源及原材料的流通方向，保证重点产业部门供给。

1948年底，在倾斜生产方式的作用下，日本煤炭、钢铁增产目标基本实现，工矿业指数由1946年12月战前水平的33.1%升至1948年12月战前水平的72.9%，煤炭产业恢复到战前水平的90.6%，钢铁产业恢复到战前水平的49.2%，电力恢复到战前水平的56%，为重化学工业化战略打下了基础。

1955年，除出口外的日本经济各项指标已恢复到战前最高水平，进入高速增长期。下村治论证了日本经济高速增长的可能性，提出把业已增强的供给能力转化为正常的经济增长，这一观点得到池田内阁的支持。1960年，日本政府颁布"国民收入倍增计划"：一是充实社会资本；二是产业结构升级；三是促进对外贸易和国际经济合作；四是提高人的能力和振兴科学技术；五是调整二重结构和确保社会稳定。"国民收入倍增计划"确立了以重化学工业化为目标的高速增长政策，把重化学工业化与高速增长紧密联系起来。

1956—1973年，日本实现经济高速增长，重化学工业化具有如下特点：一是提出赶超先进工业国家的口号，大量引进美国和西欧先进生产技术。共引进2600多种新技术，其中机械类占58.4%、化学类占20.7%。电子、石油化学、核能、汽车等新兴工业部门迅速发展，工业生产部门内部开始自动化——使用数控机床。晶体管、半导体生产工艺有很大提高，降低了对国外的依赖。大量引进技术引发美欧警觉，美欧开始限制对日本的高技术出口。由于日本与美欧的技术差距缩小，引进更先进技术的空间越来越小，在此情况下，日本从20世纪60年代后半期开始自主研发，在电子、集成电路、自动化控制、机器人等方面走在了世界前列。二是能源结构发生巨大变化，转变为以火力为主、水力为辅的能源方式，开始全面依赖石油。1955年日本能源总消耗中石油占20.2%、煤炭占49.2%，而到1965年石油升至58.4%、煤炭降至27.3%，这一转变促进了石油化学工业发展，进而推动了钢铁工业和电力工业发展。三是设备投资大量增加，新兴工业部门出现，产业结构发生重大变化。1955—1965年，第一产业占国民收入的比重由23%降至

11%，第二产业由29%升至36%，第三产业由48%升至53%，重化学工业在制造业中所占的比重由51%升至62%。1965年后，日本由资本密集型工业向原料和能源消耗少、产值高的知识密集型工业升级，计算机、航空、集成电路、核能等产业都得到显著发展。四是改变出口结构，发展重化学工业产品出口，提高出口换汇能力。通过调整，食品、轻工业品等传统出口产品的出口贡献率下降，重化学工业产品出口大幅增长，出口贡献率达75%。20世纪60年代前期出口的主要工业产品是缝纫机、照相机、自行车、收音机等小型家用产品，在小型家用产品出口稳定增长的同时，摩托车、家电、汽车等成为新的出口主力。重化学工业产品出口的快速增长迅速扭转了国际收支逆差，对外贸易开始具有一定国际竞争优势。五是工业生产向规模化、大型化发展。建立年产800万—1000万吨大型钢铁厂、年发电量50万千瓦火力发电厂、年下水50万吨级船坞等。六是积极促成大企业合并，出现一批排在世界前列的集团。如1964年合并后的三菱重工业、1966年合并后的东洋纺织、1967年合并后的三井造船、1970年合并后的新日本制铁等，都是在那个时期合并成立的大企业集团，其中新日本制铁是当时世界第一大钢铁公司。这些合并大大增强了日本产品的国际竞争力。

倾斜生产方式和重化学工业化战略的实现得益于完善的间接金融体系，金融货币杠杆推动了产业政策的实施。针对重化学工业化战略，日本政府实施了配套的金融政策，建立了有利于重化学工业优先发展的主银行间接金融体系。这一时期的间接金融体系具有如下特点：一是重点企业优惠贷款。日本银行业对重化学工业企业给予优惠贷款，实行资金包干制。航运企业只要拥有船只造价5%—10%的自有资金就可以预定新船，剩余部分由日本开发银行提供60%、都市银行提供40%。建立企业专项资金，在企业引进先进技术、普及新技术时银行要保证优先供给，一家银行承担不了则由多家银行联合提供。日本开发银行还专门设立技术振兴贷款专户，常年以贷款总额的10%支持企业技术创新。二是设立特别利率，实行低利率政策。以日本银行的官定利率为标准，根据资金周转快慢、用途、有无担保、贷款对象信用好坏等实行利率多档化。针对电子、石油化工等工业部门实行比基本利率低得多的特别利率优惠贷款。1970—1979 年，金融机构对设备投资的贷款总额由 8.3 万亿日元升至 34.1 万亿日元。三是实施超额贷款和低额准备金制度。为扶植企业扩大生产，政府对企业贷款采取膨胀信用的做法，即超过银行资金能力提供超额贷款。日本银行对都市银行采取贷款大于存款的贷款方式，1970 年贷给都市银行的资金总额为 2.2 万亿日元，是都市银行存入日本银行资金的 10 倍。同时日本银行采取低额准备金制度，准备金率低于当时所有西方国家。

二、产业政策与金融规制

日本战后解散财阀时，没有把银行作为改造对象。同时，由于证券市场不发达，民间储蓄多以存款形式存于金融机构。经济高速发展需要大量资金，日本鼓励企业投资，允许大银行通过系列贷款和系列持股把原财阀系列的企业重新组织起来，逐渐形成以主银行为中心的财团，建立了依靠金融机构实现企业融资的间接金融体系。

间接金融体系破除了政府实施产业政策的资金瓶颈。1948 年，日本政府颁布《证券交易法》，银行业和证券业分业经营，银行间也有了比较严格的业务分工。政策性金融机构推行政策性金融，长期信用银行、信托银行、生命保险公司等专门从事 2 年以上的长期金融业务，都市银行、相互银行、信用金库等专门从事 2 年以内的短期金融业务。这样，二战后日本金融体系表现出结构性分工、官民分工、业务性分工的三重分工特征，这都有利于产业结构调整的融资需求和对企业经营提供稳定的资金保障。

产业政策出现于二战前，至 20 世纪 60 年代才被广泛使用。日本政府实施的产业政策对重化学工业快速发展起到巨大的推动作用，体现了政府克服市场缺陷参与资源配置、经济调节的制度功能。日本的产业政策对产业发展起到引导作用，促使民间资本向重点产业配置，同时通过财政投融资和特别租税制度间接引导企业投资方向，可分为产业结构政策和产业组织政策：前者包括一般基础设施建设、资源分配政策，在价格机制下针对市场失灵进行政策干预；后者包括产业内部组织、产业横向组织政策，通过影响市场竞争格局改变市场资源配置条件。

为扶植石油化工、钢铁、汽车、船舶、家用电器等产业，日本政府相继颁布了《租税特别措施法》（1951年修订）、《企业合理化促进法》（1952年）、《机械工业振兴临时措施法》（1956年）、《电子工业振兴临时措施法》（1957年）、《特定电子工业及特定机械工业振兴临时措施法》（1971年由《机械工业振兴临时措施法》《电子工业振兴临时措施法》合并而来）等。从外汇配额看，1955年获得外汇配额最多的5个部门为钢铁、纤维、电力、造船与铁路，1956年为钢铁、电力、电气机械、汽车、造船与铁路，1957年为电气机械、钢铁、电力、造船与铁路、产业机械，1959年为钢铁、汽车、电气机械、产业机械、办公设备。从特别折旧看，1961年前拥有较大折旧水平的产业为钢铁和汽车，1962—1973年高于制造业平均折旧水平的产业为造船、汽车、钢铁、机械、纤维。从实施《企业合理化促进法》后的补助金看，1953—1960年工矿业技术试验研究补助金为46亿日元，其中工业化试验补助金18亿日元，应用研究补助金17亿日元，机械设备等试制补助金8亿日元，机床等试制补助金3亿日元。

战后日本经济恢复和发展亟需大量资金，但是民间资本非常短缺，直接金融难以支持经济恢复。1940—1950年，日本经济紧缩指数扩大了127倍，而民间金融资产总量大幅下降。短期资本占主导、长期资本不足，长短期资本比例失调。1947年定期存款占存款总额的比率为14.5%，至1960年仅恢复到战前水平的50%；城市银行长期贷款仅为1.6%；长期信用银行长期贷款仅为13.3%。当时，不仅直接金融难为产业提供资金，以银行为主的间接金融体系也存在困难，建立有效的金融体系以实现经济恢复和发展就显得尤为重要。

通过一系列政策，1955年日本基本形成了为重化学工业化服务的金融体系：一是组建各类政策性金融机构，日本开发银行、日本进出口银行为企业提供设备投资资金及出口资金，国民金融公库、中小企业金融公库等为中小企业和农林水产业提供政策资金，住宅金融公库为民生和地区振兴服务；二是通过《农林协同组合法》《相互银行法》《信用金库法》等组建面向中小企业和农林水产业的民间金融体系；三是通过《长期信用银行法》《贷款信托法》等形成民间长期资金供给体系。日本政府在上述金融体系中实行严格的金融规制，以有效配置稀缺的金融资源：一是业务规制——分业经营。银行业与证券业分离，禁止银行等金融机构从事除国债、地方政府债和政府担保债之外的证券业务；长期信用银行通过发行金融债为产业提供长期资金，普通银行吸收居民和企业短期存款（定期存款最长1年）为产业提供短期资金；信托业务由信托银行专门从事，普通银行不得兼营信托业务；对外汇严格规制、政府分配，成立外汇银行管理外汇交易，实现内外业务分离。二是利率规制——限制金融产品价格。包括债券市场、政策性金融机构信贷市场、民间金融长期信贷市场和股票市场在内的长期资金市场利率被限制在较低水平；日本银行对民间金融机构的再贷款利率被限制在较低水平；存款利率不得高于规定的最高限度。三是金融机构经营和准入规制——确保金融系统稳定。金融机构设立分支机构和变更经营场所都需由大藏大臣批准；大藏省和日本银行通过现场检查和非现场检查两种方式监督金融机构经营的稳定性和安全性；日本银行作为最后贷款人为金融机构的信用背书。这一金融统制被称为护卫舰队体制，由政府统一指导、监管，确保金融资源向重化学工业配置。

这一时期日本金融规制的最大特点是低利率政策下的超贷现象。超贷能够提供高效能货币，铃木淑夫将其定义为中央银行货币与借入资金的差额为负数。超贷是由低利率政策造成的。低利率政策被称为操作性制度，在出口导向和投资引导下，通过人为低利率条件刺激投资欲望和资金需求，使企业长期处于扩张状态。由于资本市场不发达，企业依赖银行获取长期低息贷款，主银行制度为集团内企业扩张提供了有力支持。1965年以前，日本政府实行平衡财政预算，政府预算在国内生产总值中的占比很低，国债发行量不大、市场规模很小，日本银行主要通过贷款而不是国债操作实现货币供给，同时官方利率低于银行间拆借利率，城市银行也愿意通过日本银行而不是拆借市场获得贷款。在低利率的信贷配给环境下，民间银行先向日本银行低息借贷，再向企业低息放贷，使企业贷款额度始终保持较高水平。经济高速增长时期的高效能货币需求增长很快，为控制低贴现率下金融机构对日本银行信贷的潜在巨大需求，日本银行采用配额制分配信贷资金，对金融机构融资采取行政指导方式，以保持货币市场稳定。

为有效配置资本，日本政府把稀缺的资金用于重化学工业。通过业务规制、利率规制、金融机构经营和准入规制确立了战后日本金融的基本秩序。一是在间接金融基础上形成了严格金融规制下的非竞争秩序，使国内金融市场免受外部冲击和竞争。二是银行成为间接金融的主体，利率规制为银行低成本资金的形成创造了条件，通过为银行等金融机构提供租金促进经济发展。三是政策性金融创造了民间金融难以承担的长期资金供给，弥补了市场缺陷，引导了民间金融机构投资方向。四是发展出护卫舰队体制，大藏省通过该体制为出现危机的中小金融机构提供救助，以保证存款者和投资者的利益，分散了银行的经营风险。

日本的金融规制保障了以银行为主体的间接金融体系，使其能够按照产业政策需求为电力、海运、钢铁和煤炭这四大重点产业提供信贷服务，而这一融资倾向到 20 世纪 60 年代后期才消失。在金融规制下，日本的间接金融逐渐发展壮大，为经济高速增长立下汗马功劳。

第三节　金融大变革——直接金融的发展

间接金融成为日本实现战后经济高速增长的重要手段。但是伴随经济追赶上美欧发达国家，日本的经济发展步入新阶段，间接金融固有弊端的副作用越发显著，直至 20 世纪 90 年代金融危机出现。日本政府 1996 年 11 月提出日本版"金融大爆炸"，对金融体系实施爆炸性改革，期望"充满生机的新金融体系在炸毁的废墟上复活"。这一金融大变革促进了日本直接金融的发展，为日本金融体系注入了活力。

一、长期萧条与金融体系疲劳

间接金融在战后日本的经济高速增长中功不可没，但是随着内外环境变化副作用日趋显著，间接金融也成为泡沫经济产生的主要原因之一。

日本金融大变革内外背景主要包括五个方面：

一是经济陷入长期萧条，金融机构面临困境。20世纪80年代后期泡沫经济破灭，日本1991年开始陷入长期萧条。为恢复经济，宫泽内阁1992年制定了10万亿日元规模的景气恢复对策，加上之后的细川内阁、羽田内阁、村山内阁等日本共实施了70万亿日元的财政刺激，并将日本银行贴现率下调至4%，但并没有实现经济复苏。在长期经济萧条中，日本国内金融危机频发，金融体系稳定性动摇，金融机构的不良债权负担沉重。泡沫经济崩溃后的巨额不良债权给银行带来沉重负担，1992年4月至1997年3月日本20家主要银行[①]共核销了26万亿日元不良债权。1995年20家主要银行需要核销11万亿日元不良债权，是当年利润的1.8倍；1996年需要核销23.6万亿日元不良债权；1997年需要核销6万亿日元不良债权。其他金融机构的经营也陷入困境。以住宅金融专业公司——向普通银行不提供贷款的个人提供房地产贷款为例，20世纪80年代普通银行降低了针对个人的房地产贷款门槛，住宅金融专业公司不得不将大型房地产公司作为融资对象，1995年随着泡沫经济崩溃陷入困境，政府于1996年6月拿出6000亿日元财政资金专门处理住宅金融专业公司问题。不良债权使日本金融机构的国际信誉下降，1995年美国穆迪没有给予日本50家银行A级信用评级，1996年7月《银行家》杂志世界千家大银行排名中的日本银行排名纷纷下降，国际金融市场也提高了日本金融机构的融资利率。

二是"银行不倒"神话破灭，证券业步履维艰。巨额不良债权使经营风险升高，部分金融机构濒临破产。1996年，20家主要银行中的

---

① 10家城市银行、3家长期信用银行、7家信托银行。

9家不良债权负担率超过100%，其中安田信托银行高达207.8%、日本债券信用银行高达180.7%；18家不良债权抵押率低于50%，其中安田信托银行为19.9%、日本信托银行为26.0%、日本债券信用银行为26.9%、大和银行为29.1%。东京协和、安全两个信用组合破产，之后宇宙信用金库、本津信用金库、兵库银行、大阪信用组合、阪和银行相继倒闭，护卫舰队体制严密保护下的"银行不倒"神话破灭。20世纪80年代中期，0.5%官定利率和股市低迷所带来的市场预期使日本国内债券市场萧条，日本国内的日元资产难以获利，再加上美国利率处于较高水平，日美利差超过4个百分点，日本投资者将日元兑换为美元以购买美国债券和股票，日元资产大量外流。仅1996年上半年日本五大生命保险公司就购入了6000亿日元外债。这种情况下，证券公司陷入经营困境。

三是金融体系制度性疲劳，不适应国际金融大形势。20世纪70年代中期之后，金融统制带来的分工过细和过度保护，使日本金融体系缺乏混业经营的灵活性和竞争能力，金融统制下的间接金融体系越来越不适应新环境，在现代化和国际化方面行动迟缓，市场竞争机制作用不足。为此，日本政府采取金融自由化改革，至20世纪90年代初基本实现利率自由化和业务自由化，但也存在如下问题：自由化程度不高，银行、证券、保险参与混业经营还存在障碍；需进一步推动长期和短期金融分离；证券交易手续费未实现自由化；外汇交易存在规制；市场透明度不高，金融交易中财务公开不彻底、信息披露不充分；金融法规、会计制度没有与国际接轨。

四是东京金融市场地位下降，不及纽约、伦敦。伴随经济高速增长，东京在20世纪70年代与纽约、伦敦并列世界三大金融中心，东京证券市场交易总额远在纽约、伦敦两大证券市场之上。泡沫经济破灭后，日本股价和地价分别下跌60%和50%，外国金融机构和上市公司纷纷撤离东京。1995年12月在东京登记的外国金融机构仅有94家，远少于纽约（515家）、伦敦（339家）；1996年6月在东京证券交易所的外国上市企业有69家，远少于纽约（518家）、伦敦（261家）。1995

年东京证券交易所外国股票交易额为 10 亿美元，远少于纽约（2616 亿美元）、伦敦（636 亿美元）；1995 年东京证券交易所外国债券发行额为 259 亿美元，远少于纽约（12483 亿美元）、伦敦（4503 亿美元）。东京金融市场出现"空洞化"趋势，丧失亚洲"领头羊"地位。

五是信息技术革命推动了金融国际化和自由化。半导体、卫星通信发展以及计算机普及提升全球信息传播速度，金融机构的效率也得到了提升。金融机构资金广泛投资于国内外证券市场和外汇市场，面对瞬息万变的国际金融市场形势，金融机构客观产生了金融自由化需求。

铃木淑夫认为，间接金融下的日本利率体系存在二元结构。20 世纪 70 年代中期之前，日本的再贴现率、银行间拆借利率、债券市场收益率、贷款利率、存款利率中，除银行间拆借利率具有较高弹性外，其他四种利率机制都相对僵硬，这种二元结构促使日本的利率体系建立在非均衡状态上，价格机制失去应有作用，出现对资金的过度需求。低利率政策下，政府债和公司债的发行条件、存款利率被有意固定在低于均衡点的水平，再贴现率的变动局限于狭窄的范围，导致贷款利率变化很小，活期贷款利率成为唯一能够反映实际供求关系的利率标准，整个利率结构非常扭曲。除货币扩张时期贷款利率急剧下跌接近平均利率，其他时期利率结构被分为两个独立而又相互联系的组成部分。二元结构中，不但活期贷款利率和商业票据利率高于银行客户所面对的贷款利率和存款利率，而且银行间二级市场的债券市场收益率也高于银行客户的最初认购利率。因此，日本长期存在两种利率体系：银行同业市场利率，包括活期贷款利率、票据贴现率、有条件回购协议的债券利率、债券市场收益率；与客户交易有关的利率，其变动受到诸多限制。前者为利用利率均衡机制平衡资金供求的市场结构，后者为限制性的低利率政策结构。

超贷的长期存在产生了日本间接金融体系的另外三个特征：

一是企业高度依赖银行贷款，存在超借现象。在出口导向和投资引导的高速增长中，在低利率占政策主导的情况下，国际化程度很低的日本金融体系很难解开超贷和超借的纽结。企业自有资金比率较低，对外部资金依赖较高。1966—1970年日本企业的资金来源中，贷款占比的平均值为49%，证券发行占比的平均值为11%，而同期美国、英国、德国、法国企业资金中贷款占比的平均值仅为10%—30%。利率规制使贷款利率僵硬，日本的银行经常要求贷款企业提供补偿性存款以提高实际利率，进一步加剧企业对主银行贷款的依赖，不得不采取超借策略。

二是不同金融机构的流动性不平衡。城市银行为金融市场主要的资金需求方，包括地方银行在内的中小金融机构为金融市场资金的供给者，两者流动性不平衡。同业拆借市场上，一方持续借入，储备资产长期为负，另一方持续贷出，储备资产长期为正。低利率以及设备投资引导增长模式带来的超贷，使城市银行长期储备资产不足，金融宽松期通过日本银行贷款填补差额，金融紧缩期通过同业拆借市场获取资金。超贷打破了城市银行依据自身存款和资本放款投资的约束机制，贷款受客户资金需求的引导和支配；中小金融机构依据自身资金状况投资，资金相对比较充裕。城市银行存在为满足关联贷款或出口导向贷款需求而不顾自身资金状况的倾向。低利率政策导致信贷配给，日本银行与城市银行、资金需求企业的关系不可分割，造成长期超贷下的流动性不平衡。

三是以间接金融为主、直接金融为辅，资本市场不发达。低利率政策下，日本企业能够从长期信用银行和日本开发银行等政策性银行以较低价格获取设备生产投资资金，缺少从间接金融外途径筹措资金的动机。同时，信用配给制度通过行政手段决定债券发行规模，而不是依据企业和产业需要决定，发行债券的主体只能受限于配额，难以形成高效率的证券流通市场。人为压低债券利率提高了债券价格，被强制购买债券的金融机构难以脱手，债券流通市场在高速增长前期几乎不存在。城市银行可通过低利率筹措资金，还可依靠补偿性存款变相提高贷款利率、规避利率规制，存在吸收存款获取高额利润的条件，而证券等金融机构只能按照规定收取较低廉的手续费，吸收社会资金的动机低于银行，社会大量闲散资金通过存款形式进入间接金融体系而不是直接金融体系。银行间拆借利率与官方利率的关系也是造成直接金融不发达的原因。银行间拆借利率为相对自由的利率，其以官方利率为底线，金融紧缩期远高于相应官方利率，资金剩余机构更愿意投资于同业拆借市场而不是债券市场。1974年末，日本间接金融的比率为87%，高于美国（48%）、德国（84%），其中通过银行部门实现的资金流动为74%，高于美国（28%）、德国（67%）。

在金融自由化和国际化背景下，日本的间接金融体系缺乏自由度和透明度，成为证券市场发展障碍。一是证券市场产品种类不足，投资选择范围有限，只能选择股票和国债；二是会计基准与国际标准存在差异，企业不能及时披露风险，企业财务状况水分较大；三是资产管理不发达，投资组合难以实现机动配置。这一系列问题使日本必须完善和发展以证券市场为代表的直接金融，也就出现了日本金融大变革。

二、金融大变革与直接金融发展

1996年11月，日本首相桥本龙太郎提出日本金融制度要进行大变革——"金融大爆炸"，计划用5年时间集中进行，2001年完成。桥本龙太郎为"金融大爆炸"确定了"自由化、公正化、全球化"三原则，并由大藏省将三原则纳入1997年6月金融制度变革方案作为总原则。金融大变革促进了直接金融发展，发展了证券市场，也提升了金融系统的韧性。

金融大变革的目的是改革间接金融体系，打破行业界限，发展直接金融。1997年开始，日本通过了一系列法律法规取消了设立金融股份公司和跨行业设立子公司的限制，缓和了证券投资信托的发售规制，实施了"回报条款"，金融体系取得了以下发展：

一是推动金融机构业务自由化进程。日本政府于1998年4月更新了《禁止垄断法》，解除了针对持股公司的禁令，放松了证券市场交易限制和银行业规制，实现了国内外资本账户自由化，打破了银行、证券和信托之间的分业界限，解除了保险等金融机构新设子公司进入对方业务领域的限制，解除了商业银行发行金融债，非银行金融机构发行公司债、商业票据等的限制。解除限制使日本金融机构混业经营发展加速，规模快速膨胀，向全能型大集团发展，提高了金融体系的竞争水平、专业服务水平和经营效率。

二是改革外汇制度，推动金融市场开放。国际收支随着经济发展得到改善，日本政府放松外汇规制，分别于1972年和1984年废除了外汇集中制度和实需外汇制度。泡沫经济破灭后，低利率政策及股市低迷使日本出现金融"空洞化"。为改变这一局面，日本政府于1998年更新了《外汇管理法》。新《外汇管理法》要求：进一步开放资本市场，内外资本交易自由化；原则上取消事先申报和批准制度，企业及个人可自由从事涉外资本交易；撤销针对外汇业务的各种限制，包括外汇银行制度、指定证券公司制度、兑换商制度、外汇头寸规定等；健全事后报告制度，以便正确把握市场动向、准确进行国际收支统计；健全应急机制，经济形势急剧变化时能迅速启用并有效实施资本交易许可证制度。

三是加强金融监督。为防止20世纪90年代以后金融领域频出的丑闻再次发生，日本政府在金融改革中加强了金融监督，主要包括：建立证券交易监督委员会，大藏省内设金融服务监察官，建立直属内阁府的金融监督厅，完善针对信用组合等的监察制度。1992年7月，日本政府设立证券交易监督委员会，受大藏省直接管理但独立行使职权，专门负责监督和检查幕后交易、市场操纵、填补主要客户损失等不公正的交易行为。为增强证券交易监督委员会的检查能力，1994年7月从东京地方检察院特别搜查部和东京国税局抽调熟悉业务的骨干充实到该委员会中，1998年6月该委员会改为内阁直接管理。为加强纲纪，避免1998年大藏省官员接受民间银行贿赂的事件再次出现，大藏省在大臣官房增设10名金融服务监察官，并请律师做顾问；撤销大藏省金融检查部门，建立直属内阁府的金融监督厅，以解决大藏省权力过大问题。金融监督厅于1998年6月成立，负责对民间金融机构进行定期检查和不定期抽查，及时发现和纠正违法行为，发布改善经营、停止营业等命令，批准和吊销银行业、证券业、保险业经营许可，执行预先调整措施，处理一般性金融机构破产事件。1996年6月颁布《关于为确保金融机构等健全经营而完善有关法规的法律》，规定信用组合要由外部人员任监事，对信用组合实施外部监察制，原则上禁止信用组合常任干部兼职。加强金融监督提高了金融机构业务的公开性和透明性。

四是加强日本银行的独立性和决策透明度。日本政府于1998年4月更新了《日本银行法》：增强日本银行独立性，规定日本银行是货币政策最高权力机关，拥有最终决策权，废除政府解除日本银行总裁等职务的权利；强化日本银行政策委员会权限，日本银行政策委员会为日本银行最高决策机构，有权决定官定利率、存款准备金率、公开市场操作等事项；限制政府对金融政策的干预，日本银行政策委员会的决定不再由大藏大臣审批，日本银行政策委员会中的2名政府代表没有表决权，如果日本银行政策委员会的决定与政府有分歧，政府代表只拥有向日本银行提出推迟执行决定的请求权而没有命令权，日本银行政策委员会有权不采纳该请求；增强日本银行决策透明度，日本银行政策委员会定期召开会议并公开会议讨论内容，日本银行需定期或不定期向国会报告政策执行情况；强化财政约束，禁止日本银行向政府提供长期贷款，结束政府与日本银行在货币政策领域的权责不清。

五是建立预先调整机制，提高金融行政透明度。根据《关于为确保金融机构等健全经营而完善有关法规的法律》，日本政府于1998年4月实施预先调整措施，对自有资本比率低于4%的银行公开警告，责令其提出整改计划、限期调整；对自有资本比率接近2%的银行勒令停业。

金融大变革实现了金融业务多样化、自由化和国际化，促进了金融部门大改组和大竞争，推动了大藏省金融行政、金融监督、税收制度、会计制度、政策性金融机构改革，加快了不良债权解决进度，稳定了金融秩序。传统还本付息的金融资产运作方式被金融商品投资所取代，迫使银行不能只依赖存贷款筹措和运用资金，还必须在资本市场开展业务。20世纪80年代以后，日本金融实现了从以银行贷款为中心的间接金融向以在资本市场筹措资金为主的直接金融转变，养老金等长期金融市场迅速扩大。

三、政策性金融机构民营化

2001年小泉内阁延续了"金融大爆炸"改革思想，开启了邮政民营化改革。2005年9月，小泉内阁再次指出要对作为资金"出口"的政策性金融机构进行全面改革，引导资金流由"官"向"民"转移。

邮政民营化改革主要目的包括：一是创造公平竞争条件。邮政储蓄、简易保险等机构长期享受政策优惠，与民间金融机构间的竞争有失公平。二是提高资金利用效率。由于不考虑是否盈利、财务状况非公开，邮政机构经营效率低下。据日本全国银行协会及生命保险协会推算，20世纪90年代邮政储蓄与简易保险分别造成5.4万亿日元和2.5万亿日元的损失。

2003年4月，邮政事业厅被废除，简易保险事业团体被解散，政府另设特殊法人日本邮政公社。同时，废除简易生命保险特别账户、邮政储蓄特别账户，日本邮政公社独立核算、自主经营。2005年10月，日本政府颁布《邮政民营化法》。基于《邮政民营化法》，2007年日本邮政公社转为日本邮政集团，下设邮储银行、简保生命、日本邮便、邮便局四家子公司。按照计划，政府持有的邮储银行、简保生命的股份须于2017年9月全部售出，完全实现民营化。受政局变动、雷曼冲击、东日本大地震等因素影响，邮储银行、简保生命上市时间再三拖延，最终于2015年11月正式上市。经三次股份出售后，2021年5月日本邮政集团持有的邮储银行、简保生命股份分别为88.9%和49.9%。

2002年8月，日本政府经济财政咨询会议提出"原则上废除政策性金融机构，或实行民营化"建议。邮政民营化实施后，日本政府于2005年12月颁布"政策金融改革的重要方针"，决定实现政策性金融功能最小化，除支持中小微企业、确保海外资源及国际竞争力、援助性日元贷款外，废除全部政策性金融业务。

2006年6月，行政改革推进本部确定了最终改革方案，至2008年实现政策性金融机构形式上的民营化。改革方案包括：实现商工组合中央金库、日本政策投资银行①民营化，公营企业金融公库移交地方管理，合并其他政策性金融机构。基于该方案，2008年10月，中小企业金融公库、农林渔业金融公库、国民生活金融公库②、国际协力银行③的国际金融部门合并为日本政策金融公库，国际协力银行的日元借款部门与国际协力机构合并，日本政策金融公库、商工组合中央金库、日本政策投资银行股份公司化，并计划在5—7年内完全实现民营化。日本政策金融公库、商工组合中央金库、日本政策投资银行作为应对雷曼冲击与东日本大地震的指定金融机构，民营化进程遭两次延期。新型冠状病毒感染疫情期间，商工组合中央金库和日本政策投资银行再度承担危机应对责任，至2021年5月分别提供了2.3万亿日元和2.2万亿日元贷款，民营化之路还需假以时日。

第四节　雷曼冲击后的金融扩张

2008年雷曼冲击引发金融海啸，击溃了众多发达国家的金融巨舰，曾活跃于全球金融市场的美欧金融资本遭受重创。而经历金融大变革后的日本金融机构展现出了更强的韧性和扩张能力，通过海外扩张显著提高了国际竞争力。

一、银行积极扩张

雷曼冲击下，深陷次贷危机的美欧金融机构向日本寻求帮助。在此背景下，日本大型金融集团看到全球金融重组的可能性。2008年1月，瑞穗实业银行向美国美林集团出资12亿美元；6月，三井住友银行向英国巴克莱银行出资5亿英镑；8月，三菱日联金融集团宣布收购美国加州联合银行；10月，三菱日联金融集团出资90亿美元购买美国摩根士丹利约20%的股份。

---

① 1999年10月由日本开发银行与北海道东北开发公库合并而成。
② 1999年10月由国民金融公库与环境卫生金融公库合并而成。
③ 1999年10月由日本进出口银行与海外经济协力基金合并而成。

此外，能源、原材料价格上升挤压了日本企业的国内投资收益，日本企业海外投资规模不断扩大。为支持日本企业全球扩张，把握机遇渗透国际金融，尽管金融危机下经营环境恶化，大型金融集团仍决定大规模向海外扩张。时任三菱东京日联银行行长永易克典表示，将以亚洲第一银行为目标积极开拓亚洲市场业务。日本三大金融集团纷纷积极部署亚洲战略。

2010年前，日本大型金融集团海外扩张目标集中于离岸金融中心，如中国香港、新加坡，或经济规模较大的中国内地、印度。除不断增设海外据点、扩大海外业务外，还积极投资、收购当地银行。

三井住友银行通过加深与东亚银行的关系，强化在中国的金融网络，既加强了对当地日本企业的支持，又拓展了非日系企业的业务，以扩大中国市场业务。2008年11月，三井住友银行与东亚银行签订商业合作备忘录；2010年1月，出资约170亿日元购买该银行4.05%已发行股票；2012年，通过第三方配售方式认购该银行约350亿日元股份，持股比例达9.5%；2014年9月，考虑到中国市场潜力，三井住友银行再度向东亚银行注资1000亿日元。2010年3月，日本金融机构首次参与中国信托业务，住友信托银行宣布以15.8亿日元购买南京信托投资公司19.99%的股权。

2008年初，三菱日联金融集团向新加坡金英控股公司出资200亿日元，并成立资产运用合资公司。2010年6月，三井住友银行向印度第四大民间银行——科塔克马辛德拉银行投资约270亿日元，以扩展当地业务。2010年后，日本企业对东南亚的投资欲望增强，日本大型金融集团纷纷抢占东南亚市场，以弥补国内金融市场发展空间不足。

此外，为建立针对中小企业的海外支持体系，日本政府开始推动地方银行的海外发展。地方银行与相关部门和金融机构合作，为中小企业提供信息支持、资金调配等服务。一方面，通过向日本贸易振兴机构、国际协力银行的驻外外事处派遣职员，获取当地政经情报；另一方面，通过签订国际合作备忘录、利用备用信用证制度、建立商业关系网等方式为中小企业提供海外贷款。

表2-2　日本大型银行在东南亚地区的扩张概况

国家	当地合作/收购银行	日本的银行	合作形式	具体内容
马来西亚	联昌国际银行	三菱日联金融集团	业务合作	2006年10月收购4%股份，2017年9月全部出售，仅留业务合作
	马来亚银行	瑞穗实业银行	业务合作	2010年12月开始业务合作
泰国	大城银行	三菱日联金融集团	收购	2013年12月出资约5360亿日元收购72.01%股份，2015年1月将其与泰国分行合并，持有76.88%股份
	汇商银行	瑞穗实业银行	业务合作	2014年11月开始业务合作
印度尼西亚	南沙塔拉银行	三菱日联金融集团	资本合作	2013年5月收购9.35%股份
	印度尼西亚国家银行	瑞穗实业银行	业务合作	2013年2月开始业务合作
	年金储蓄银行	三井住友银行	收购	2013年5月收购24.26%股份，2014年3月追加1500亿日元投资，持有40%股份，2019年将其与印度尼西亚子公司合并，持有92.43%股份
	印度尼西亚金融银行	三菱日联金融集团	收购	2017年12月出资1334亿日元，后逐步追加投资，2019年4月完全将其变为子公司
菲律宾	菲律宾群岛银行	瑞穗实业银行	业务合作	2012年12月开始业务合作
	安全银行	三菱日联金融集团	资本合作	2016年4月出资约910亿日元收购20%股份
越南	越南进出口银行	三井住友银行	资本合作	2008年5月出资约230亿日元收购15%股份
	越南外贸银行	瑞穗实业银行	资本合作	2011年9月出资约430亿日元收购15%股份
	越南工商银行	三菱日联金融集团	资本合作	2013年5月出资约630亿日元收购19.73%股份

续表

国家	当地合作/收购银行	日本的银行	合作形式	具体内容
柬埔寨	加华银行	三菱日联金融集团	业务合作	2013年12月开始业务合作
		瑞穗实业银行	业务合作	2013年9月开始业务合作
	马来亚银行	瑞穗实业银行	业务合作	2013年9月开始业务合作
	爱喜利达银行	三井住友银行	资本合作	2014年9月出资持有12.25%股份，2015年8月追加约200亿日元投资，持有18.25%股份
	哈塔伽赛高小额信贷	大城银行（三菱日联金融集团子公司）	收购	2016年9月出资约150亿日元全资收购
缅甸	坎巴扎银行	三井住友银行	业务合作	2012年5月开始业务合作
	合作银行	三菱日联金融集团	业务合作	2014年12月开始业务合作
老挝	老挝外贸银行	瑞穗实业银行	业务合作	2012年12月开始业务合作

二、证券公司加快发展

日本证券公司同样紧跟全球金融重组浪潮，积极发展海外业务。2008年9月，野村控股宣布收购美国雷曼兄弟的亚洲太平洋部门和欧洲中东地区部门。2009年4月，三井住友金融集团与美国花旗集团达成协议，以超5000亿日元价格收购花旗集团旗下日兴柯迪证券和日兴花旗集团证券。2010年，大和证券以10亿美元收购比利时联合银行的附加新股认购债券部门和亚洲股票衍生品部门，以扩大亚洲市场业务。2011年12月，三井住友信托出资海通证券，加强双方业务合作。

为配合海外业务拓展、实现筹资币种多样化，野村控股积极参与海外外币债券交易发行。2009年12月，野村控股发售了第一支以欧元计价的大型公司债券，截至2010年2月共发售了20亿—30亿美元的美元计价债券。

在国内市场低迷背景下，海外事业的发展提升了证券公司业绩。

2017 年，野村控股海外收益占总收益近三成，大和证券总收益下降但海外部门盈利上升，瑞穗证券通过重组美国分部实现净利润三倍增长。

日本的互联网券商也积极抢占海外市场。2008 年，摩乃科斯集团在北京设代表处，随后收购宝盛证券、美国交易平台证券、索尼银行证券，加强国际服务能力和国际影响力。思伯益证券则更加注重亚洲市场，2010 年收购越南领先科技证券 20% 股权，2011 年收购印度尼西亚国家银行证券 25% 股权，2015 年与泰国券商合资成立思伯益在线。在中国市场，思伯益证券与《中国证券报》合资组建上海新证财经信息咨询有限公司，向海通证券投资 3000 万美元，与陆家嘴集团和新希望集团共同打造互联网金融服务平台。

为提高全球证券市场竞争力，日本推动东京证券交易所与大阪证券交易所合并。2013 年 1 月，合并而成的日本交易所集团正式成立，上市企业市值超过伦敦证券交易所，居世界第三位。2019 年 10 月，日本交易所集团收购东京商品交易所 97.15% 股权，成为囊括商品期货与证券的综合交易所，提高了投资便利性。据日刊《工业新闻》报道，参与商品期货交易的外资证券占比明显扩大，将在新冠病毒感染疫情平息后进一步开拓国际市场。

三、保险公司海外拓展

伴随少子老龄化问题日益突出，2000 年后日本保费收入在世界中的占比逐年下降，生命保险企业的海外事业趋于活跃。

2007 年，第一生命保险收购越南宝明 CGM 并成立全资子公司——第一生命越南；2008 年，投资泰国海洋生命保险，出资占比 24%；2009 年，投资印度星盟第一生命，出资占比 26%；2010 年，收购澳大利亚移民保险；2013 年，投资印度尼西亚泛印寿险，出资占比 40%。2010 年，明治安田生命保险正式进军海外，先后投资了中国、印度尼西亚、波兰、泰国等地的保险公司，分散投资区域规避风险。住友生命保险重视人口基数大、有经济增长潜力的东南亚市场：2012 年出资约 284 亿日元收购越南最大保险公司——保越控股 18% 的股份，2019 年追加约 190 亿日元投资,增持 5.91% 的股份;2014 年,通过第三方配股方式获得印度尼西亚国家银行寿险 40% 股份。

损害保险企业的海外扩张集中于 2011 年东日本大地震后。日本地震、洪水、台风等自然灾害发生率高,进入海外市场可防止风险敞口过于集中。雷曼冲击后,东京海上控股全资收购了英国 KILN 保险、美国费城保险和德尔福金融集团,2015 年再次收购美国华夏保险控股,其美欧市场保费收入约占海外总收入的 71%。三井住友海上保险将亚洲列为海外战略第一位:2010 年出资约 24 亿日元收购信泰人寿 7% 的股份,正式进军中国保险市场,同年,马来西亚子公司合并兴隆集团损害保险业务,持有 30% 股份;2011 年收购印度尼西亚金光人寿 50% 股权;2012 年收购印度最大纽约人寿 26% 的股权;2017 年收购新加坡第一资本保险。损保日本的海外业务发展相对滞后,2013 年前仅在巴西、土耳其等开展过小规模业务。损保日本 2013 年出资约 992 亿日元收购伦敦保险市场交易商劳合社下属的卡诺皮亚斯损害保险;2017 年并购了美国财产与意外保险。海外业务发展极大地提高了日本损害保险企业收益。2017 年 3 月,东京海上控股、三井住友海上保险、损保日本的海外收益分别占当期总收益的 49.5%、11.4%、11.7%。

参考文献

01. 陈建安等:《产业结构调整与政府的经济政策——战后日本产业结构调整的政策研究》,上海财经大学出版社 2002 年版。

02. 崔岩:《日本的经济赶超》,经济管理出版社 2009 年版。

03. 金明善主编:《战后日本产业政策》,航空工业出版社 1988 年版。

04. 金明善主编:《日本现代化研究——日本现代化过程中的经济、政治、文化、社会问题探讨》,辽宁大学出版社 1993 年版。

05. 雷鸣:《日本战时统制经济研究》,人民出版社 2007 年版。

06. [日] 铃木淑夫著,徐笑波、姚钢、苏丁译:《现代日本金融论》,上海三联书店 1991 年版。

07. 刘云主编：《现代日本经济治理——百年变局的转型探索》，时事出版社 2022 年版。

08. 杨栋梁、江瑞平等：《近代以来日本经济体制变革研究》，人民出版社 2003 年版。

09. ［日］有泽广巳主编，鲍显明等译：《日本的崛起——昭和经济史》，黑龙江人民出版社 1987 年版。

10. ［日］中村隆英编，厉以平监译，胡企林、胡靖、林华译：《"计划化"和"民主化"》，生活·读书·新知三联书店 1997 年版。

11. 陈莉：《日本互联网证券发展特点及路径研究》，《现代日本经济》2016 年第 3 期。

12. 高圣智：《日本版金融"大爆炸"述评（上）——日本版金融"大爆炸"的基本情况》，《金融研究》1997 年第 10 期。

13. 高圣智：《日本版金融"大爆炸"述评（下）——从"大爆炸"看战后日本金融体制的成败》，《金融研究》1997 年第 11 期。

14. 胡欣欣：《日本的产业政策与中国的政策课题》，《日本学刊》1992 年第 5 期。

15. 刘昌黎：《试论日本金融的"大爆炸"》，《日本学刊》1998 年第 1 期。

16. 刘海龙、周平：《日本的"金融大爆炸"改革及对我国的启示》，《内蒙古财经学院学报》2006 年第 1 期。

17. 平力群：《从分立到整合：日本新兴市场结构调整》，《现代日本经济》2013 年第 3 期。

18. 李明圆：《论日本产业政策与贸易政策的融合》，对外经济贸易大学 2005 年博士论文。

19. 安藤良雄编、『近代日本経済史要覧』、東京大学出版会 1997 年版。

20. 柴田善雅、『戦時日本の特別会計』、日本経済評論社 2002 年版。

21. 大石嘉一郎编、『日本帝国主義史 3』、東京大学出版会 1994 年版。

22. 東京大学社会科学研究所编、『戦時日本経済——ファシズム期の国家と社会 2』、東京大学出版会 1979 年版。

23. 東京大学社会科学研究所编、『歴史的前提——現代日本社会第 4 巻』、東京大学出版会 1991 年版。

24. 岡崎哲二・奥野正寛編、『現代日本経済システムの源流』、日本経済新聞社1993年版。

25. 岡崎哲二・奥野正寛・植田和男・石井晋・堀宣昭、『戦後日本の資金配分——産業政策と民間銀行』、東京大学出版会2002年版。

26. 岡崎哲二等、『銀行統合と金融システムの安定性——歴史的パースペクティブ——社会経済史学』、有斐閣2003年版。

27. 鶴田俊正、『戦後日本の産業政策』、日本経済新聞社1982年版。

28. 鶴田俊正・伊藤元重、『日本産業構造論』、NTT出版2001年版。

29. 黒川俊雄、『現代日本の経済構造』、法律文化社1982年版。

30. 鹿野嘉昭、『日本の金融制度』、東洋経済新報社2006年版。

31. 三木谷良一・アダム・S. ポーゼン編、清水啓典監訳、『日本の金融危機——米国の経験と日本への教訓』、東洋経済新報社2001年版。

32. 寺西重郎、『日本の経済発展と金融』、岩波書店1982年版。

33. 下村治、『経済大国日本の選択』、東洋経済新報社1971年版。

34. 下谷政弘・長島修編、『戦時日本経済の研究』、晃洋書房1992年版。

35. 小宮隆太郎・奥野正寛・鈴村與太郎編、『日本の産業政策』、東京大学出版会1984年版。

36. 野口悠紀雄、『1940年体制』、東洋経済新報社1995年版。

37. 伊牟田敏充編、『戦時体制下の金融構造』、日本評論社1991年版。

38. 有沢広巳・稲葉秀三、『資料——戦後二十年史第2』、日本評論社1966年版。

39. 原朗編、『日本の戦時経済：計画と市場』、東京大学出版会1995年版。

40. 大田英明、「資本取引・金融自由化と経済発展——新しい成長パラダイム」、国際経済学会、2006年第10期。

41. 冨村圭、「生命保険会社の海外事業展開に関する展望と考察」、『生活保障システムのパラダイムシフトと生命保険産業』、生命保険文化センター、2015年8月。

42. 福田慎一、「バブル崩壊後の金融市場の動揺と金融政策」、東京大学金融教育研究センター、2008年第10期。

43. 加藤裕己、「戦後日本の経済発展と金融構造」、『東京経大学会誌』第267号。

44. 鈴木厚、「地域金融機関（地銀、第二地銀、信金）の海外提携戦略」、『西武文理大学サービス経営学部研究紀要』2015 年第 26 期。

45. 鈴木智弘、「自由化 20 年・クローハル展開を図るわか国損害保険会社 ― 大型 M&A の光と影―」、『保険学雑誌』2017 年第 12 期。

46. 平賀富一、「現地化が進む本邦大手損保グループのアジア展開：東京海上グループのグローバル化の事例を中心として」、『産研論集』2017 年第 3 期。

47. 矢口満・山口綾子・佐久間浩司、「日本とアジアの金融市場統合：邦銀の進出に伴うアジアの金融の深化について」、『フィナンシャル・レビュー』2018 年第 3 期。

48. 野崎哲哉、「現代の金融改革とメガバンクの対応」、『三重大学法経論叢』2009 年第 2 期。

49. 「不正融資 & 天下りの温床・商工中金 コロナ貸付で焼け太りか」、『週刊ポスト』2020 年 6 月 5 日。

50. 金融調査研究会、「中期的にみたわが国公的金融のあり方」、https://www.zenginkyo.or.jp/fileadmin/res/news/news270337_2.pdf。

51. 商工中金、「商工中金の危機対応業務への取組みについて」、https://www.shokochukin.co.jp/assets/pdf/nr_210514_01.pdf。

52. 松岡博司、「保険料で見る世界の生命保険市場 2017 – 中国が世界第 2 位に躍進し、日本は第 3 位に後退～スイス再保険のデータから～」、ニッセイ基礎研究所、https://www.nli-research.co.jp/report/detail/id=59949?pno=2&site=nli。

53. 株式会社日本政策投資銀行、「危機対応業務の実績について」、https://www.dbj.jp/upload/docs/8d915787c663f93b64f5a6d91a906d24.pdf。

54. 「中国の信託会社への出資、住友信託が正式発表」、日本経済新聞、2010 年 2 月 24 日。

55. 「野村、初のドル建て社債 日米欧、現地で資金調達」、日本経済新聞、2010 年 2 月 26 日。

56. 「三井住友海上、中国生保への出資発表」、日本経済新聞、2010 年 4 月 6 日。

57. 「三井住友海上、マレーシアで生保事業 金融大手に 250 億円出資」、日本経済新聞、2010 年 6 月 18 日。

58. 「三井住友銀、インド銀との提携を発表 270 億円出資」、日本経済新聞、2010 年 6 月 30 日。

59.「大和、ベルギー金融大手の海外市場 2 部門を買収」、日本経済新聞、2010 年 7 月 5 日。

60.「マネックス、香港のネット証券買収　中国ビジネスを本格化」、日本経済新聞、2010 年 7 月 27 日。

61.「中小のアジア進出支援　政府、地域金融機関と連携」、日本経済新聞、2010 年 12 月 21 日。

62.「三井住友トラスト、中国証券大手に出資　法人向けで連携」、日本経済新聞、2011 年 12 月 3 日。

63.「三井住友銀、香港大手銀に追加出資」、日本経済新聞、2012 年 12 月 5 日。

64.「住友生命、ベトナム生保への出資発表」、日本経済新聞、2012 年 12 月 20 日。

65.「NKSJHD、英キャノピアス社を 992 億円で買収」、日本経済新聞、2013 年 12 月 18 日。

66.「住友生命、インドネシア中堅生保に 4 割出資完了」、日本経済新聞、2014 年 5 月 12 日。

67.「三井住友銀、香港大手銀に 1000 億円追加出資　筆頭株主に」、日本経済新聞、2014 年 9 月 5 日。

68.「証券大手、海外で稼ぐ　17 年 3 月期、国内不振」、日本経済新聞、2017 年 5 月 2 日。

69.「MS&AD インシュアランスグループホールディングス、保険料収入増」、日本経済新聞、2017 年 9 月 11 日。

70.「三井住友 FG、日興コーディアル買収でシティと合意」、朝日新聞、2009 年 4 月 28 日。

71.「東京海上 HD（3）海外で相次ぎ大型買収市場開拓に意欲」、日刊工業新聞、2018 年 2 月 15 日。

72.「政府系・地域金融機関、地方中小の海外展開支援で連携」、日刊工業新聞、2019 年 2 月 25 日。

73.「JPX・東商取が経営統合『総合取』誕生、世界に挑む」、日刊工業新聞、2019 年 9 月 27 日。

74.「日本取引所グループ・清田瞭グループ最高経営責任者『市場開拓に意欲』」、日刊工業新闻、2021 年 1 月 5 日。

75.「住友生命、Bao Viet Holdingsへ追加出資」、新日本保険新聞社、2019 年 12 月 20 日。

第三章 银行业转型与证券市场发展

二战后日本间接金融的繁荣建立在利率规制基础上,并形成了独有的护卫舰队体制。实行利率规制是为了避免银行业通过过度竞争争夺存款,进而损害银行业稳定经营、破坏金融体系稳定供给。早在20世纪初,日本政府就规定了银行存款利率上限,运用人为方式把市场利率压制在较低水平。1947年,日本颁布《禁止垄断法》《临时利率调整法》,在存款期限和类型基础上规定了具体利率上限。20世纪70年代开始,日本银行在《临时利率调整法》基础上颁布了《存款利率指导手册》,明确设定了存款利率上限。日本通过利率规制形成超贷满足企业资本需求,起到稳定金融体系和维持经济发展作用,但随着经济结构变化,容易产生低效率等问题。1975年,为应对国内外经济形势变化,日本政府大举发行国债并允许国债进入金融市场交易,从而使不包括存款利率在内的长期利率实现自由化,利率规制开始松动;1979年5月,允许经营大额可转让存单业务,逐步实现存款利率自由化;1993年6月,完全放开定期存款利率;1994年10月,活期存款利率实现自由化;1994年10月至1996年10月,实现储蓄期限和付息方式自由化。长期国债市场和公开短期金融市场的发展,使超贷和倾斜式投资趋于瓦解,从资金盈余主体向匮乏主体自发流动的直接金融体制得到发展。日本银行不再使用一对一协商交易的长期固定利率市场调节机制,而是通过国债和票据的市场利率决定以及短期拆借公司的市场买卖来实现。城市银行也通过直接金融市场进行资金筹措和投资,管理银行资产和负债。1983年,日本直接金融的占比由高速增长末期的6%升至18%。承担间接金融功能的银行等金融机构通过储蓄利率自由化,以及积极介入直接金融市场开展国债、票据、可转让储蓄业务，维持了间接金融市场的竞争力，直至今日间接金融还在日本的金融体系中占据重要角色。

第一节　银行业的转型

为促进战后经济快速恢复和发展，日本政府大力发展以政府为主导的间接金融，包括建立专业化银行制度，采用金融约束、超贷超借、低利率等政策手段，向急需大量资金的企业部门提供了贷款。日本经济快速发展，经过20多年成为世界第二大经济体。然而，20世纪70年代中期日本进入低速增长期，国内投资机会越来越少，企业积累的大量资金进入股票和房地产市场，股票和房地产价格不断上涨，最终形成泡沫经济。成也萧何，败也萧何。日本主银行制度产生了一系列问题，但是不能否认其作为日本实现经济快速增长手段之一的重要性。

一、20世纪70年代中期前的主银行制度

主银行制度是在日本特殊发展模式中形成的，向前可溯源到明治维新时期实行的重化学工业化，之后日本在战时体制下形成以银行借贷为主的间接金融体制，该体制延续到战后，在经济高速增长期达到鼎盛。

1868年明治维新后，日本政府信奉新古典主义，对银行业实行自由放任政策，从西方引入现代金融机构。19世纪70年代，民间金融机构形成自发式金融市场，日本银行业在此基础上不断发展，建立了以市场为基础的金融体系。日本的金融体系借鉴了盎格鲁-美洲商业银行体制等，包括：被授权发行银行券（以国民债券为抵押）的国民银行、私人投资的普通银行、欧洲大陆模式的为工农业服务的长期信贷银行[①]、地方储蓄银行和储蓄所。1882年，为用可兑换债券代替私人银行券，日本参照比利时银行成立了中央银行——日本银行。日本银行成立

[①] 1896年成立的地方农业-工业银行和1903年成立的日本兴业银行。

后，国民银行逐渐转变为普通银行。

1918年前，投资者可以自由进出银行业，甚至1918年后只要满足最低资本金要求，任何人都可开设银行。因此，日本当时的银行体系非常分散，银行数量多、规模小。日本在1920年有2001家银行，1928年有1515家，五大财阀银行——第一劝业银行、三井银行、三菱银行、住友银行、安田银行——的存款占全部存款的24%，也有许多中小型银行通过信贷及所有权关系与特定企业集团保持密切联系。日本银行通过发放长期贷款提供投资资金。这一制度安排使银行承担了更多风险，同时事前监控能力和激励机制的缺乏进一步加大了风险。由于机制不健全和监管缺失，1927年日本爆发了第三次金融恐慌①，出现银行存款挤兑，一年内45家银行破产，日本兴业银行承担起援助濒临破产的银行和企业的责任，被称为昭和危机。这次金融危机对决策者产生了深远影响——相对于竞争更关心金融体系稳定，这成为一种长期的思维模式。作为反危机的对策，1927年日本更新了《日本银行法》，改变以往放任自流的监管模式，引入最低资本金要求，鼓励小银行与大银行合并。为鼓励银行合并、控制银行数量，日本政府推出"一县一行"政策。银行数量随之锐减，1932年降至625家，1945年降至65家，五大财阀银行的存款占全部存款的比率升至45.7%，并且财阀银行对企业的贷款比率也大幅提升。财阀银行是日本战后主银行的前身。通过合并，效率低下的金融机构被淘汰，留下的银行获得垄断权，为政府干预下的间接金融和战后主银行制度创造了基础。

1930年，日本进入战时统制经济，金融业进入战时金融规制。1937年9月，日本政府颁布《临时资金调整法》，要求金融机构对企业设备投资的融资需经国家批准，但是军需企业增资和发行公司债不受限制。通过限制民间资本投资方向，政府使资金流向军需企业，战时重化学工业快速膨胀。严格的贷款约束、巨大的资金需求、军工业的发展加

---

① 日本分别于1920年、1923年、1927年爆发了三次金融恐慌，其中1927年金融恐慌最为严重。

剧了风险，日本银行业组成了辛迪加银团。辛迪加银团由干事银行组织贷款和监督企业，这种做法被作为制度确定下来，最终成为动员军工生产资金的工具。1939年4月，政府实行商品定额配给制；1940年10月，建立所谓"经济新体制"，在所有行业建立统制委员会，开始实施强制贷款制度，由计划局统一分配资源；1941年，颁布"财政金融基本方针政策纲要"，要求民间金融机构的投融资与政府的金融政策保持高度一致，以加强战时金融体制；1942年，修改《日本银行法》，把日本银行变成具有国家机关色彩的特殊法人，必须按照政府意图调节金融，完全失去独立性；1942年4月，成立战时金融银行；1944年1月，为保证军需企业资金优先供应，实施军需企业指定金融机关制度，为每家军工企业指派1—2家银行，要求该银行根据政府指导向军工企业融资。到战争结束时，共计2240家企业拥有指定银行，其中1582家指定银行为五大财阀银行之一，这时主银行制度已初见轮廓。

战时金融统制时期，银行贷款规模在政府指导下急剧扩张。据大藏省调查，1937年银行的设备投资贷款和周转资金贷款分别为24亿日元和50亿日元，1939年升至30亿日元和90亿日元。与1935年相比，1940年企业平均贷款额增长了3倍。大企业1935年前主要依赖内部融资，1935年后逐渐依赖银行融资，至1950年银行融资占比达65.2%。到战争结束时，小规模银行基本被淘汰，战后主银行制度雏形渐显。

驻日盟军司令部对日本进行了经济化和民主化改革，但几乎没有触动金融体制，这使得战后金融体制保持了高度连续性。战后日本民间资金严重匮乏，大资产家族没落，金融资产存量因通货膨胀极剧减少，金融资产向存款这一相对安全的短期资产集中，再加上股票流通市场不发达、债券发行规制严格，企业设备投资必须依靠金融机构贷款。日本在资金严重短缺情况下推行重化学工业化战略，不发达的资本市场必然使银行在经济重建和发展中发挥资金配置主导性作用，促使银行重新组织起辛迪加银团以满足企业投资需求，政府对银行业的保护性规制就成为必然。

驻日盟军司令部实行"道奇路线"，被解散财阀因政策限制——任

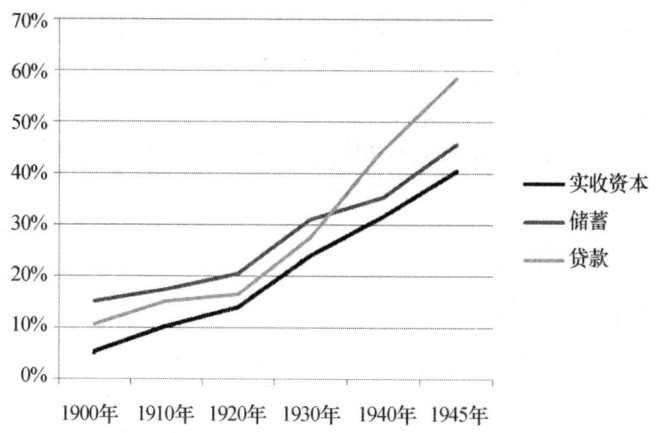

图 3-1　日本五大财阀银行占比情况

何一家企业或个人不得持有另一家企业超过 5% 的股份——大部分股份流向市场,企业持股总份额占比从 1945 年的 24.6% 降至 1949 年的 5.6%,个人持股总份额占比由 51% 升至 69.1%。大量被抛售的股份和企业为增加设备投资而发行的新股,超过证券市场需求,引发了证券市场危机。为稳定股价、防止并购,银行与企业开始相互持股——不超过 5%,作为最大股东的银行逐渐成为企业最大融资方和债券主承销机构。

20 世纪 50 年代前半期,日本劳动市场和生产市场的规制逐渐被解除,形成了有利于竞争的环境。金融市场上,政府担心银行破产引发信用不稳定和资金紧张,进而阻碍经济增长,一直对金融体系严格规制和保护——采用护卫舰队体制。一是政府不仅将银行、信托、证券、保险等金融业务分割,还实施准入限制;二是为防止经营危机,对自有资本比率、流动性比率、大额融资条件等进行限制,辅以大藏省和日本银行的日常检查;三是制定《外汇管理法》,严格外汇规制,隔断海外金融市场与国内联系。到高速增长时期,企业融资更加依赖银行,银行和企业建立了相互依存关系,形成了日本战后间接金融的核心——主银行制度。

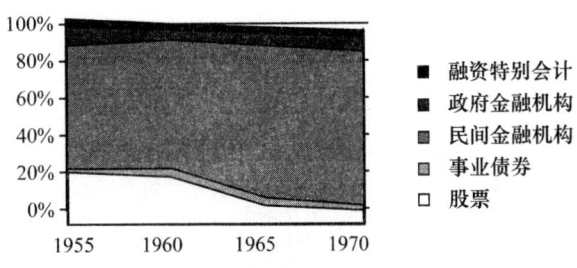

图 3-2 1955—1970 年日本企业资金来源

20世纪五六十年代日本经济高速发展，国内生产总值年均增长率达10.8%，主银行为相关企业发展提供了充足资金，企业扩张也使主银行获得丰厚回报，在银企相互促进、共同发展中，主银行制度逐步完善、趋于成熟，发展成为银企双向互惠的模式。这一时期，日本采取严格的分业规制，即长短期融资分离、银行与信托分离、银行与证券分离。普通商业银行从事短期资金融通业务，长期资金融通业务由长期金融机构完成，主银行主要向企业提供短期贷款。长短期融资分离限制了银行业竞争，促进了主银行制度的发展。银行与信托分离、银行与证券分离保障了存款的安全性，强化了银行的金融垄断地位。同时，严格规制银行业的存款利率和贷款利率；公司债数量、利率和发行资格；城市银行准入和设置分支机构；涉外资金交易，除引进对经济发展具有极其重要意义的个别品种外，《外汇管理法》原则上禁止所有的涉外资本交易。企业通过债券市场等渠道筹资受到严格限制，银行自然成为企业主要的融资渠道。企业急需的大量资金，通过主银行制度低成本、及时获取，被称为设备投资导向型增长。企业设备投资额1955年为1.2万亿日元，1970年增至13.1万亿日元。可以说，日本银行业是在政府营造的护卫舰队体制保护下运行的，是一种限制性的金融体系，机制与政策性金融机构制度渊源甚深。在一定历史条件下，这种体系有效地维护了金融市场稳定，银行不能通过多样化经营和调整利率实现竞争，只能追求规模效应——通过大量吸收存款和扩大贷款实现利润最大化。1974

年底，企业持股总份额占比升至63.9%，其中银行占比达33.9%，主银行制度达到鼎盛。

表3-1 日本六大财团的主银行贷款比例变动

财团	年份	三井银行	三菱银行	住友银行	富士银行	三和银行	第一劝业银行
三井	1988年	54.82%	8.91%	9.69%	13.65%	8.00%	12.42%
	1985年	59.18%	9.85%	9.75%	14.70%	10.77%	14.38%
	1983年	59.96%	9.27%	9.17%	12.81%	10.71%	12.99%
	1981年	63.19%	8.82%	10.27%	15.55%	11.82%	12.49%
	1975年	59.42%	8.69%	9.36%	17.15%	8.35%	10.39%
	1970年	64.18%	7.13%	9.59%	14.53%	9.72%	8.29%
三菱	1988年	5.89%	44.67%	9.08%	7.63%	8.80%	11.70%
	1985年	5.89%	50.96%	10.19%	6.48%	6.44%	10.99%
	1983年	4.15%	51.44%	12.60%	7.05%	7.00%	10.78%
	1981年	4.33%	54.91%	9.36%	5.47%	8.08%	13.18%
	1975年	3.89%	61.14%	7.28%	5.20%	10.32%	16.67%
	1970年	4.37%	56.11%	7.31%	4.05%	9.43%	11.07%
住友	1988年	6.09%	7.94%	44.07%	6.55%	6.73%	4.23%
	1985年	6.24%	8.09%	45.30%	6.62%	6.59%	5.40%
	1983年	5.41%	7.04%	44.87%	6.35%	5.83%	4.99%
	1981年	5.02%	6.52%	48.01%	5.33%	5.11%	4.29%
	1975年	5.16%	5.39%	51.63%	5.26%	5.04%	4.42%
	1970年	3.46%	5.88%	56.43%	7.05%	3.39%	9.73%
富士	1988年	2.78%	11.04%	5.79%	38.33%	7.60%	7.63%
	1985年	4.06%	10.41%	4.91%	38.28%	5.48%	8.01%
	1983年	5.47%	10.10%	4.59%	39.23%	5.69%	8.33%
	1981年	2.95%	9.42%	5.26%	42.04%	5.12%	7.17%
	1975年	2.26%	7.27%	3.52%	39.93%	3.63%	7.61%
	1970年	2.38%	6.70%	1.68%	41.73%	5.41%	3.12%

续表

财团	年份	三井银行	三菱银行	住友银行	富士银行	三和银行	第一劝业银行
三和	1988 年	4.65%	4.89%	4.05%	4.99%	37.18%	9.89%
	1985 年	4.76%	3.74%	5.48%	5.28%	41.19%	9.12%
	1983 年	4.63%	3.41%	5.13%	5.28%	41.16%	8.12%
	1981 年	5.31%	3.07%	3.49%	4.23%	42.14%	8.16%
	1975 年	5.01%	2.68%	3.19%	3.98%	44.03%	7.79%
	1970 年	3.77%	3.03%	2.72%	4.48%	43.27%	9.45%
第一劝业	1988 年	3.69%	5.55%	9.31%	6.14%	6.66%	34.79%
	1985 年	4.14%	3.50%	7.25%	5.28%	6.48%	33.56%
	1983 年	4.25%	3.14%	6.14%	5.70%	6.82%	35.79%
	1981 年	3.41%	2.70%	7.52%	4.38%	5.50%	35.78%
	1975 年	1.71%	1.29%	1.77%	3.04%	4.57%	29.41%
	1970 年	1.25%	0.85%	1.00%	1.34%	2.72%	25.07%

二、主银行制度的特征

主银行制度是包括企业、银行、其他金融机构和管理当局间一系列非正式的惯例、制度安排和行为在内的公司融资和治理体制，核心是主银行与企业的关系，具体包括相互持股、提供管理资源、派遣管理人员提供各类金融服务等，是一种资本市场公司监控和治理的机制。随着政府放松金融混业经营限制，主银行向企业提供的服务又拓展到证券发行承销、支付结算账户开立、外汇交易办理、投资银行业务、收购兼并业务等。

主银行制度的产生离不开以下因素：一是政策控制下的低利率。大银行由此得到丰厚利润，地方银行、中小金融业也确保了业务和收益稳定，保证了战略产业的低息贷款与银行业稳步协调发展。二是分业经营。业务范围被严格区分、明确限制，最大限度地避免过度竞争。三是金融体制的超稳定性。大藏省的店铺规制保证了主银行制度的超稳定性，新设银行和新设分支机构被严格限制。必要时，日本银行还以特别贷款、金融债等方式向银行提供资金援助。四是金融商品规制。除利率规制和行业规制外，金融商品也受种种规制，金融债和公司债的利率要经大藏省和日本银行共同批准。五是严格监督。大藏省和日本银行对银行两年一次例行检查，凡存在大额坏账和需要救济的，其管理层将受到严厉惩罚乃至全部撤换。

作为一个复杂体系，主银行制度主要包括银企关系、银银关系和证银关系。

银企关系是指主银行与企业之间在持股、融资、管理、信息交流等方面结成的依赖与监控关系。日本的企业融资体系中，直接金融占比较低，企业主要依赖银行将个人储蓄转化为信贷资金，这也决定了企业与主银行的依附关系。银企关系表现在以下方面：一是信贷关系。主银行是企业贷款——特别是短期贷款的主要提供者，严格监控贷款企业的经营、管理等活动。银行一直是日本企业的重要外部资金来源，20世纪70年代中期至80年代中期，银行贷款占企业外部融资总额的70%以上，80年代末受泡沫经济影响有所下降，90年代初又超过了70%。二是债券承销。主银行是企业发行债券的法定受托管理人，在为企业提供债券发行服务时，银行能够获得可观收入。责任包括必要时召集和主持债权人会议，评估与保管担保品，认购企业债券，海外债券发行。三是持股关系。虽然1977年《禁止垄断法》限制金融机构持股不得超过5%，但主银行依然是企业最大股东之一，必要时可动员其他金融机构配合投票，成为企业事实上的控制者。日本东京证券交易所1980年上市公司中，72%的前五大股东中有一家是银行，而主银行不在前二十大股东之列的仅占11%。例如，日产汽车前五大股东中有三家银行——日本产业银行（4.6%）、富士银行（4.6%）、住友银行（2.6%）。主银行持股不是单向的，而是相互的和交叉的，表现为以主银行为主、若干个企业和金融机构交叉持股，形成财团。财团中，包括主银行在内的每个成员企业都没有决定性的控制权，但由于交叉持股关系彼此存在相互制约和控制。四是支付结算服务。企业在主银行设立支付结算账户，主银行为企业提供相应服务，监控企业资金财务情况。五是信息提供与资源管理。主银行向企业提供各类有价值的信息以及投资银行服务，收购、清算企业资产和房地产，介绍潜在业务伙伴。同时，主银行向企业派驻董事、审计人员和经理，对企业加以控制。

银银关系是指银行因与企业的联系所形成的委托监控关系。主银行是企业最大贷款方，但不是唯一贷款方，还有其他银行提供贷款。监控企业的责任通常由主银行承担，其他银行对企业信誉的判断很大程度上依赖主银行。A企业的主银行可能是B企业的普通贷款银行，对B企业的监控就委托给B企业的主银行；B企业的主银行可能是A企业的普通贷款银行，对A企业的监控就委托给A企业的主银行。银行形成了针对企业的委托监控关系，节省了监控成本。在公司陷入困境时，主银行在组织金融援助、企业重组中起主导作用，超比例地承担援助成本和贷款损失。此外，主银行联合其他金融机构组成辛迪加银团向企业提供贷款，主导贷款和承担更多责任。

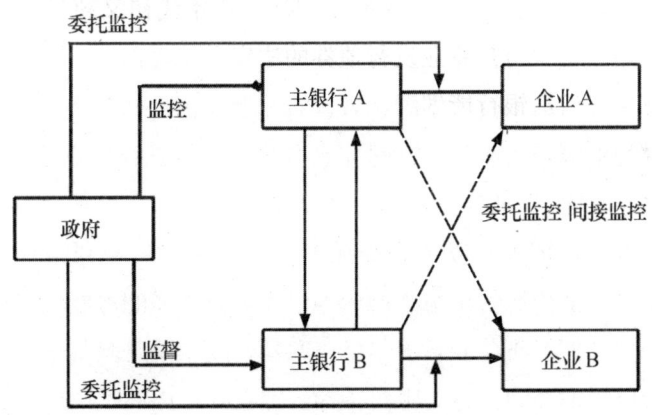

图3-3 日本的银行委托监控关系

政银关系是指政府与主银行之间委托监控与接受监督的关系。大藏省和日本银行的监管机制保障了主银行的利益，主要包括：以窗口指导为监管手段，以护卫舰队体制为制度安排；严格控制城市银行数量，20

世纪 50 年代初大体保持在 15 家以内，1991 年后重组为 11 家；向银行派遣董事和高管，1992 年 7 月有 78 名大藏省和日本银行在职人员、64 名退休人员在上市银行（同期上市银行总数 118 家）董事会任董事。规制措施规定了主银行的行为和活动范围，将主银行置于严格监督之下，为主银行向大企业提供长期金融服务奠定了基础。

从信息经济学角度看，日本主银行制度之所以能够促进经济快速增长是因为其所具备的四个功能——生产信息、节约交易成本、提供保险、传递信息。前两个是主要功能，后两个是派生功能。

市场信息是不充分的，各个经济主体都存在获取信息方面的非对称性，可导致逆向选择和道德风险。银行和企业是一种委托代理关系，企业对自身经营状况、项目风险等方面比银行掌握更多有效信息。为避免逆向选择和道德风险，银行必须自主生产信息。二战后，日本证券市场一直没能获得充分发展，不具备生产信息的能力，这一特定的历史条件使得信息生产由主银行自身来承担。银行与企业保持长期、稳定及广泛的交易关系，可以通过结算账户、外汇交易、债券承销、人员交流等途径掌握企业经营状况，并在长期考察和监督企业中积累了完整的企业信息。银行生产信息是有成本的，只有通过近乎垄断地与企业保持长期关系——成为主银行才能收回这部分成本。站在维护商业秘密角度，企业不愿意信息泄露，更愿与少数信息生产者——主银行维持交易关系。

经营者是代理人，股东是委托人。代理人以自身利益最大化为目的，以报酬的多少、付出努力的成本以及努力结果的可能性来确定付出程度。经营者拥有具体经营上的信息垄断，股东缺乏获得这种信息的渠道，只能以短期经营目标为考核指标，经营者也因此把确保短期收益作为工作重点，可能会损害企业的长远利益。银行成为主银行，可以通过长期交易关系、人事关系从内部实现一定的监控。此外，主银行与企业长远利益一致。债权人更重视资金安全，当企业经营遇到危机时会出现与企业利益不一致的情况。主银行既是最大的股东又是最大的债权人，会在企业出现暂时性经营危机时提供紧急援助，帮企业渡过难关，可以减少由于债权人与股东利益冲突而导致的代理成本。

二战后经济高速增长期，主银行对稳定日本企业的融资环境功不可没。许多面临倒闭的企业能重新振兴，与主银行提供的保险息息相关。这种保险确保了企业可以不局限于短期利润率，不会因临时因素而濒临倒闭，从而有利于实施长期战略。企业目标长期化是日本经济高速增长的基础。

参与辛迪加银团贷款的银行，之所以会在掌握较少信息的前提下加入，就是因为主银行——最大股东和最大债权人——做出背书，向社会传递出该企业具有偿还能力的信息。主银行在企业涉足新领域或者拓展海外市场时，为其提供担保介绍客户也是这一功能的体现。

主银行制度是在日本特定文化和经济环境下形成的，其在二战后日本经济发展的最初阶段发挥了巨大作用，促进了企业快速成长。随着国内外经济环境的变化，主银行制度也发生了变化。

三、20世纪70年代中期后的银行业

1973年石油危机后，日本经济进入稳定增长期，社会资金供求结构发生变化。一方面，企业和个人积累了一定财富，摆脱了资金短缺，开始寻求更有利的投资对象，出现了新的金融需求；另一方面，政府公共部门资金不足，财政赤字明显增加。1975年后，大规模发行的国债需要相应的流通市场消化，日本财政政策的变化对传统融资模式产生了巨大影响。随着经济国际化、日元浮动汇率制的实行、资本流动性增加，日本金融也步入国际化道路。20世纪70年代开始，以欧洲美元市场的产生和离岸金融业的发展为标志，国际金融市场空前活跃。资本国际化便利了日本企业从海外引入资金。

由于经济高速发展，股票市场出现繁荣，股票指数在相当长一段时期里不断攀升，使企业通过直接金融市场筹集资金成为可能。企业创新驱动和银行稳健风格的矛盾、股票市场的发展、金融业的迅速国际化等从多方面弱化了主银行制度。在这一背景下，经济高速增长时期对经济发展起促进作用的主银行制度受到极大挑战。

20世纪80年代，日本国内对经济前景的预期非常乐观，股票市场

和房地产市场异常繁荣，出现了长达5年的高增长、低通胀时期——平成景气。但其背后，银行业对企业信用额度过度扩张，资产通胀隐藏着巨大的潜在风险，逐渐形成经济泡沫。主银行制度被认为刺激了银行和企业的过度借贷行为，造成金融体系风险膨胀。泡沫经济破灭后，日本在短短一年内股票指数下跌一半，房地产价格逐年降低，金融机构呆坏账随之增加。为挽救濒临危机的日本金融体系，政府不断尝试各项金融改革措施，使银行业通过合并提高经营效率。经过数年努力，银行不良债权大幅减少，获利能力大幅提升，改革成效逐渐显现。

同期，日本政府加快了金融自由化改革。1980年12月，日本修改《外汇管理法》，规定有存借外汇、发行证券、资本交易的自由。1986年12月，日本设立东京离岸金融市场，欧洲日元市场规模迅速扩大，日元成为欧洲债券市场仅次于美元的计量货币，近500家日本金融机构在国外设立了分支机构。1982年4月日本更新《日本银行法》，打破了长短期融资、银行与证券的壁垒。1984年，公债可以按自由利率交易。1991年7月，日本银行取消对金融机构的窗口指导。

竞争日趋激烈背景下，大企业自有资金充足，并可在国际资本市场筹措到大量资金①，主银行制度下的银企关系开始淡化，银行不得不增加中小企业贷款。主银行的企业持股比率下降。以六大财团为例，1981—1992年内部持股比率从22.5%降至22.2%，其中银行持股比率从14%降至13%。主银行与企业人事关系的密切度也有下降。1981年，主银行派遣的六大财团董事占比59%，1992年降至41%。20世纪80年代开始，银行的制造业贷款占比不断减少，房地产和非银行金融机构贷款占比不断增加，至20世纪80年代末，银行业陷入房地产和股票投机，金融体系信用膨胀，形成巨大的银行呆坏账，造成20世纪90年代后的大量不良债权，金融机构接连倒闭。由于经济不景气，股票市场和房地产市场高价阶段向金融机构抵押的股票和房地产价格下跌，金融机

---

① 日本1973年通过国际资本市场筹措到的资金为182亿日元，1981年增至1480亿日元。

构不良债权大幅增加。1998年3月，日本金融机构呆账[①]已累积87.5万亿日元，约占全国贷款余额的10%、国内生产总值的20%。大阪信用组合、宇宙信用组合、兵库银行、木津信用组合、住宅金融专门公司等在1995年相继出现问题，山一证券和北海道拓殖银行1997年破产，日本金融机构不倒神话破灭，对日本社会心理产生巨大冲击。

为稳定金融和加速解决呆坏账问题，日本政府1998年10月12日颁布《金融机能重建紧急措施法》，并于同月23日起实施。《金融机能重建紧急措施法》不仅向倒闭或即将倒闭的金融机构存款者提供保护，还对善意第三者——贷款企业提供保护，避免出现连锁倒闭。为向经营正常的金融机构提供支持和维护金融秩序，日本于1998年10月16日颁布《金融机能早期健全化紧急措施法》，对自有资本较少的金融机构——确立经营者责任为前提——注入资金，接受优先股、普通股和次顺位公司债作为补偿，强化金融机构抗风险能力。通过《金融机能重建紧急措施法》《金融机能早期健全化紧急措施法》以及金融自由化等措施，日本金融业逐渐恢复正常营运。

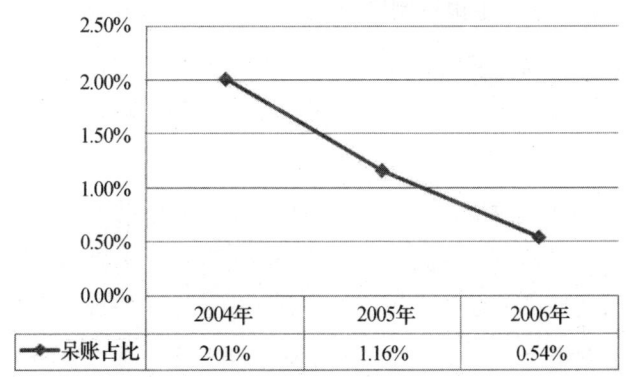

图3-4　2004—2006年日本新生银行呆账占比变动情况

---

① 以超过3个月未付利息作为呆账标准，再加上一部分已放宽偿还条件的债权。

以日本长期信用银行改为新生银行为例。日本长期信用银行成立于1952年2月1日，是日本战后设立的三大长期信用银行之一。日本长期信用银行在泡沫经济中经营情况恶化，1998年宣布破产，被政府依据《金融机能重建紧急措施法》接管并暂时改制为国有银行，2000年3月被以10亿美元卖给美国橡树投资私募基金，同年6月改名为新生银行。新生银行摆脱了不良债权包袱，不良债权总额由成立初期的1.9万亿日元降至2006年9月的260亿日元，抗风险能力大大改善，甚至被《亚洲银行家研究》杂志评为2006年度亚太最有竞争力银行。新生银行进行了以下改革：一是建立新的银行经营模式。日本长期信用银行依靠发行金融债筹资并贷给大企业赚取利差，日本政府零利率政策使这种模式无利可图。新生银行建立以客户为导向和以服务为中心的经营模式，向社会提供各种类型的金融商品，以及资产管理、消费金融、企业咨询等收费服务。2006年9月，新生银行存贷款利差的营业收入占比由成立初期的85.0%降至37.3%。二是积极降低不良债权率。不良债权率由成立初期的2.01%降至2006年9月的0.54%。三是改革人事制度。日本银行业的人事培养机制是两年一次职务轮调，以培养具备各项知识的通才。新生银行将职务轮调限定为最少五年，以培养具备专业知识的银行职员。同时，通过视频会议、信息共享等提高工作效率。四是更新信息系统。针对金融环境和顾客开发新的信息系统，提高服务效率、降低服务成本。

在1996年桥本龙太郎"金融大爆炸"改革推动下，金融分业经营障碍被打破，1998年《禁止垄断法》允许通过设立金融控股公司实现合并。为加速处理不良资产和提升经营效率，银行合并步伐加速，形成三家大型金融集团：一是三菱日联金融集团，由三菱东京金融集团的三菱银行和日联金融集团的日联银行于2005年10月合并而成，子公司主要包括三菱东京日联银行、三菱日联信托银行和三菱日联证券等，为日本最大金融集团；二是瑞穗金融集团，由第一劝业银行、富士银行和日本兴业银行于2003年1月合并而成，子公司主要包括瑞穗银行、瑞穗企业银行、瑞穗信托银行、瑞穗证券等；三是三井住友金融集团，由樱

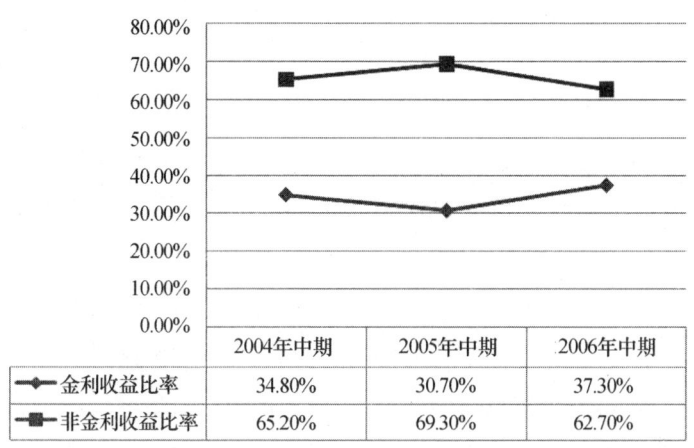

图 3-5 2004—2006 年日本新生银行收益率变动情况

花银行和住友银行于 2002 年 12 月合并而成,子公司主要包括三井住友银行、日本总合研究所、三井住友证券等。

各种金融改革措施使长达十余年不景气的日本金融体系焕发了生机。通过金融机能重建,一部分金融机构的不良债权问题得到解决;通过金融控股公司方式实现合并,提升了银行的抗风险能力和经营效率。银行业整体不良债权率由 2002 年的 8.73% 降至 2006 年的 2.77%,盈利由 2002 年的亏损 4.2 万亿日元升至 2006 年的盈利 4.2 万亿日元。随着主银行与企业关系疏远,主银行制度开始失去光环,以证券市场为代表的直接金融在金融体系内的地位逐渐上升。

第二节 证券市场的发展

日本证券市场经历了 150 多年发展历程。以 20 世纪 70 年代中期为分界线,之前历经四个阶段——1868—1941 年战前维新、1945—1954 年战后经济重建、1955—1964 年第一次高速发展、1965—1974 年第二次高速发展,之后历经五个阶段——1975—1984 年两次石油危机、

1985—1989年泡沫经济、1990—1995年金融体系重建、1996—2000年《金融改革法》强制实施、2001年后持续改革。

一、20世纪70年代中期前的证券市场

日本证券市场发展的第一个阶段从1868年明治天皇即位到1941年二战爆发。明治天皇1868年推翻德川幕府统治，日本由此走上近代化改革道路——明治维新。这一时期，明治政府从西方引入证券制度筹集建设资金，建立股份制公司，标志着日本证券市场登上历史舞台。

1870年，明治政府为筹集铁路建设资金，在英国伦敦发行了以英镑为面值的政府债券。该债券不仅是日本的第一只证券，还是第一只由政府提供担保的债券、第一只以外币为面值的证券，这是标志性事件。在民间私营部门，私人股份制公司的成立标志着证券市场雏形的出现。1869年，日本第一家私营部门股份制公司由贸易公司和外汇银行组成，但是该公司的现代股份制企业属性并不是很完备。1873年，真正具有现代股份制公司属性的公司——第一银行，由三井和小野两个兑换店根据《国立银行条例》共同出资设立，主要从事发行纸币和经营政府财政收支业务，开启了股份制企业繁荣发展的时期。随后，财务省正式把股份制企业制度引入日本，股份制企业数量大大增加。在日本，股份制最先取得繁荣，迅速占领整个行业的是金融领域。金融部门股份制所取得的成功，带动股份制向相关行业扩散。

1878年，明治政府颁布《股票交易所条例》，东京证券交易所和大阪证券交易所[①]随之诞生。最初在东京证券交易所和大阪证券交易所交易的证券，主要包括已发行的政府债和股份制企业的股票。成立后的证券交易所取得巨大成功，最初10年被称为"证券交易的十年"，随后20年被称为"铁路股票的时代"。

伴随铁路公司国有化，这些铁路股票逐渐被转成政府铁路债。与此同时，证券市场开始萎缩。一部分基金专注长期投资，最初投资于公用

[①] 早期阶段是以股份公司的形式建立。

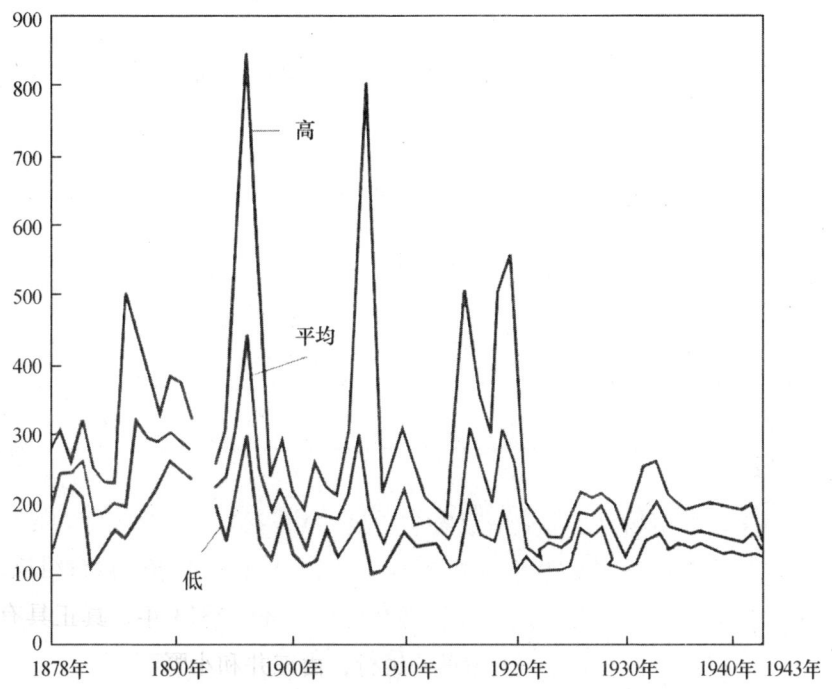

图 3-6 东京证券交易所 1878—1943 年保证金交易情况（单位：亿日元）

事业证券和铁路证券，随后转为价值投资——投资于资产类证券；另一部分基金进行投机交易，从买卖价差和风险证券投资上获益。四个原因造成证券投机盛行：一是财阀制度和相互持股。大部分股票被财阀内部的各个公司相互持有，具有极端排他性和非流通性，市场流通股票数量相对较少。二是铁路公司国有化。铁路股票被下市转为政府铁路债，市场长期投资品种减少，长期投资资金也随之减少。三是期货交易盛行。日本有期货投机传统，历史可追溯到江户时代的大米期货交易。证券交易所成立后，日本的证券交易主要集中于期货市场的结算交易或保证金交易。期货市场投机性本就远高于普通证券市场。四是证券交易所的非独立性。这同样归因于相互持股。证券交易所采用股份制，其股份持有企业既是合作伙伴又是客户，证券交易所既是裁判员又是运动员，共同利益驱使下共同投机于自己发行的股票。特别是在经济下滑时期，投机可减少损失甚至获得收益。

表 3-2　东京证券交易所 1878 年的证券发行情况

种类	数量	名称
债券	3 只	旧公债 新公债 秩禄公债
股票	4 只	东京证券交易所 第一银行 东京兜町大米商会 东京蛎殻町大米商协会

　　日本证券市场真正形成一定规模是在一战以后。一战刺激了日本重工业发展，也促进了证券市场壮大。日本 1914 年约有 7000 家股份公司，1921 年发展到 18000 家，资本金总额由 18 亿日元增至 81 亿日元。但是，当时的大财阀几乎都没参与，市场优良品种的股票很少。

　　日本在 1937 年进入战时统制，证券市场也被纳入统制经济，如控制红利、限制增资等。为谋求股价稳定，又设立了日本协同证券股份公司和战时金融公库。这一阶段，新股发行名存实亡，股份制企业通过股东增资扩股筹集资金，大股东牢牢控制股票所有权。明治时期的债券发行仍存在，但是昭和时期（1926—1989 年）最初几年，债券市场出现严重问题，不履行责任、拖欠本金和利息的企业成倍增加。为此，财阀商定不再发行无担保企业债，这一事件被称为"证券市场清洗运动"。二战期间，企业债的发行由政府统一计划，政府对证券市场的统制日益增强。1943 年，东京证券交易所和大阪证券交易所合并为特殊股份制公司——日本证券交易所，政府占 25% 股份。在这一体系下，现金交易一直持续到 1945 年 8 月 9 日，保证金交易一直持续到 1945 年底。

　　日本证券市场发展的第二个阶段是 1945—1954 年战后经济重建期，日本的场内证券交易被暂停，证券交易只能通过场外交易市场完成。二战后，驻日盟军司令部要求日本进行政治、社会、经济改革。虽然日本证券业协会做了很大努力，但是鉴于日本证券交易所为法西斯战争提供了资金支持，驻日盟军司令部不同意开放场内证券交易，提出证券民主化要求，并于1947年解散了日本证券交易所。与此同时，场外交易市场在局部地区兴盛起来，伴随场外交易市场规模不断扩大，证券公司自发建立了信息共享体系，并开始在一些固定场所进行交易。1945年底，以证券经纪人为中介的"集团交易"模式在东京和大阪出现，并快速蔓延至原东京证券交易分支机构所在的名古屋、新潟、京都、神户、广岛、福冈等地。这种场外交易采用现金交易，在原交易所场地附近进行，接受日本证券业协会监管，涵盖服装、食品、住房等关系国计民生的企业的证券，不包括总部在国外的企业和军工企业。证券发行于1947—1948年繁荣起来，这主要是因为驻日盟军司令部需要通过向公众出售财阀解体后的股份。随着1949年5月东京、大阪、名古屋等城市的证券交易所重新开放，"集团交易"和证券发行重新回到场内。

1947年3月，日本被强制仿照美国证券交易委员会的制度制定了新《证券交易法》，主要涉及证券交易税、交易佣金等，有效期为1948—1952年。1948年，日本再次修订《证券交易法》，此次修订后的《证券交易法》构成日本证券交易制度的核心。同时，新设证券公司由发放许可的牌照制改为监管相对较松的注册制。针对证券交易所重新开放，驻日盟军司令部制定了"市场三原则"：按时间先后顺序登记证券交易；必须在证券交易所集中进行；禁止期货交易。"市场三原则"成为日本战后证券市场的基本原则。这一时期，证券市场在接受美国证券制度的基础上进行了大改革，交易发行逐渐相对规范，投机行为大大减少，证券市场以前所未有的速度显著发展。

战后初期的日本证券市场只存在现金交易，1951年6月才在全国实行美式保证金交易。同年日本又实施了《投资信托法》，鼓励新的证券兼营模式。1952年1月，包含225只股票的日经指数宣告设立，大大增强了日本证券市场的流动性。

日本证券市场发展的第三个阶段是1955—1964年第一次高速发展期，经历了两次繁荣——神武景气和岩户景气。这也是日本证券市场的繁荣时期，股票价格和交易量大幅攀升。证券交易最初被限定为现金方式，但是为了推动场内交易发展、创造投机性需求，证券交易所1951年6月建立了美式保证金交易制度。同年，证券交易所还采用了证券投资信托管理制度，旨在通过信托集中管理方式吸纳个人投资者资金。

20世纪50年代后半期，在白色家电迅速普及和出口快速增长的带动下，日本经济进入第一次高速发展期，证券市场迎来高速发展。这一阶段，个人收入和财富增加，直接投资证券的规模和通过信托间接投资证券的规模都出现增长，带动快速增长型企业的股债融资增加。1961年，日本又推出了债券投资信托。当1961年二季度和三季度的日经指数不断突破新高时，个人投资者的热情持续升温，纷纷把银行存款投入证券市场的股票和基金，甚至出现"再见，银行！你好，证券！"的口号。虽然企业高速发展所需资金大部分来自银行贷款，但是企业已开始利用证券市场融通资金，以弥补银行贷款无法覆盖的资金缺口。

表3-3 1948—1968年注册制下的证券公司数量变化

年份	变动		总数	总资本金
	新设	停业		
1948年	959家	11家	948家	—
1949年	292家	113家	1127家	30.1亿日元
1950年	18家	209家	936家	34.5亿日元
1951年	11家	109家	838家	37.7亿日元
1952年	71家	73家	836家	66.8亿日元
1953年	52家	52家	836家	101.2亿日元
1954年	11家	83家	764家	10.71亿日元
1955年	2家	66家	700家	108.3亿日元
1956年	7家	55家	652家	120.2亿日元
1957年	7家	77家	582家	180.6亿日元

续表

年份	变动 新设	变动 停业	总数	总资本金
1958 年	7 家	32 家	557 家	195.7 亿日元
1959 年	15 家	26 家	546 家	292.2 亿日元
1960 年	36 家	30 家	552 家	390.9 亿日元
1961 年	48 家	10 家	590 家	749.9 亿日元
1962 年	23 家	12 家	601 家	781.1 亿日元
1963 年	8 家	16 家	593 家	1005.7 亿日元
1964 年	0 家	82 家	511 家	1261.2 亿日元
1965 年	0 家	86 家	425 家	1256.0 亿日元
1966 年	2 家	30 家	397 家	1186.3 亿日元
1967 年	0 家	113 家	284 家	1199.6 亿日元
1968 年	0 家	7 家	277 家	1199.0 亿日元

1961年7月，日本银行调高再贴现利率以改善国际收支赤字，引发证券价格下跌，证券市场陷入长期低迷。同时，直接融资成本因贷款利率升高而上升，企业为满足日益增长的出口需求，扎堆发行股票和债券等以缓解资金压力。为在上述环境下尽可能满足企业融资需求，证券市场采取了控制股票价格下跌的措施：敦促企业重新安排融资计划，削减或推迟增资计划；说服城市银行为四家债券投资信托基金提供以债券为担保的贷款，使其有足够资金购买企业发行的债券和股票；东京证券交易所设立二板市场以满足中小企业上市融资需求，大批新兴的成长期中小企业在此上市。1963年下半年，股票价格仍未恢复到以前水平。日本政府鼓励银行和证券合作，1964年成立了日本联合证券公司，该公司形式上由财务省注册，具有证券投资的全牌照。日本银行通过日本证券金融公司向日本联合证券公司提供贷款援助。由于股票价格仍持续

下跌，1965年1月，多家证券公司共同出资成立了民间组织——日本证券持有协会，接管投资信托持有的证券投资。

正当证券市场可能因这些措施起死回生的时候，山一证券将要破产的消息给了市场沉重打击，引起全国恐慌。日本银行颁布"第二十五条规定"，为将要破产的山一证券提供特别贷款援助，才避免了危机。1965年10月，为改变证券监管制度，日本修改《证券交易法》，重新将注册制改为许可制，并完善了交易规则。

日本证券市场发展的第四个阶段是1965—1974年第二次高速发展期。1965年的经济衰退使证券市场陷入全国性危机，但是长远看仅仅是经济周期性发展的一个必然阶段。

20世纪70年代开始，日本进入以汽车、音响设备、空调为内需，以汽车、彩电为外需的又一个高速发展期。日本此时已成为发达资本主义国家，加入了国际货币基金组织和经济合作与发展组织，面临来自美国等国家要求开放资本市场、实现浮动汇率的巨大压力。证券市场自由化是开放资本市场的重要领域之一，不局限于放松国内证券市场规制，还包括开放外国金融机构在日本的证券发行和交易。1972年，日本由固定汇率制变为浮动汇率制，这促进了资本市场国际化。外国投资者20世纪60年代开始投资日本证券，在70年代开始的股价急升中获利颇丰，对日本证券市场坚定看多，许多外国证券公司在日本设立了代表处。日本政府于1971年颁布《外国证券公司法》，次年美林证券成为第一个在日本开展证券业务的外国公司。随着东京资本市场的国际地位上升，世界银行和亚洲开发银行开始发行日元计价债券。1972年，外国公司发行的证券在日本上市交易。1973年，东京证券交易所增设外国证券板块。同一时间，日本投资者开始投资于外国证券，日本证券公司也开始进军海外市场，为避开美国的利息平衡税，日本企业选择在欧洲市场发行证券。

表3-4　日本证券市场国际化进程

时间	做法
20世纪50年代	日本证券公司在纽约设立代表处；日本发行人于纽约证券市场和欧洲证券市场发行证券 国外投资者进入日本市场；国外发行人发行日元计价债券
20世纪70年代	日本投资者开始投资外国证券 外国证券公司在日本获得经营许可
20世纪80年代	日本实施新《外汇管理法》；双向开放证券市场，实现投资自由化 外国证券公司成为证券交易所会员

日本国内，赤字国债刺激了经济发展，推动了僵化多时的债券市场的发展。1965年，赤字国债上市，日本债券市场交易活跃，债券价格攀升。1967年伴随国际收支改善，日本企业经营状况普遍好转，外国投资者购买日本股票数量增加，东京证券市场开始按照国际惯例发行日元计价债券，这同样刺激了债券市场的繁荣。日本的证券交易所在原来通过持有人增资扩股方式发行的基础上，正式按照市价公开发行股票和可转换公司债，一家日本音乐设备公司成为第一个按这种方式发行新股的上市公司。公开发行能带来股价迅速提升，对上市公司有利。得益于1965年许可制的实施，日本政府能有效监管证券公司运营，宏观调控证券业发展，并防止国际化的负面冲击，从而相对稳定地实施证券制度改革。

二、20世纪70年代中期后的证券市场

1975—1984年为日本证券市场发展的第五个阶段，开始从"证券持有"向"活用"转变。这一时期，间接金融在金融市场总资金的占比从1965—1969年平均74.9%降至1975—1979年平均59.9%，通过证券销售获得的资金在金融市场总资金的占比从17.8%升至29.6%。日本经济作为世界经济体系的一部分，与西方国家一起进入动荡期，证券市场一直处于暴涨暴跌的交替中。

1973年第四次中东战争爆发,石油输出国组织和主要的国际石油公司宣布石油禁运,暂停石油出口,使原油价格从每桶不到3美元涨过13美元,即第一次石油危机。面对危机,日本国内既无天然资源也没建立储备,工业受到毁灭性打击,生产成本不断上升,日经指数从最高点5000日元开始暴跌。1979年,第二次石油危机爆发,虽然日本鉴于第一次石油危机采取了各种措施,但经济仍然受到一定冲击。为避免石油价格突发或螺旋上涨,日本企业全力发展环保节能技术,但产生实际效果滞后了5—10年。这期间,政府所能采取的政策只有财政资金扶持。最初,政府试图限制发行赤字国债,但1975年开始不得不依赖大量赤字国债弥补财政赤字。这些国债由金融机构承销和持有,最终超过政府回购能力,使流动性政策①名存实亡。1976年,财务省批准银行和证券可以交易国债,并放宽《证券交易法》第65条对银行从事证券业的限制。1983年,财务省指定银行在柜台出售政府债及处理相关问题。

表3-5 银行参与证券业务的情况变化

1948年	根据《证券交易法》第65条,除与公共债券有关、客户书面提出申请的业务外,银行原则上被限制从事证券相关业务
1966年1月	政府第一次发行赤字国债,由银行组成的承销团进行发行
1983年4月	允许银行通过柜台出售政府债
1984年6月	允许银行买卖政府债
1985年10月	允许银行以特殊形式参与国债期货合约交易
1993年7月	允许银行设立从事证券业务的分支机构,部分证券业务受到限制
1997年10月	取消银行设立从事证券分销、股指期货交易分支机构的限制
1997年12月	允许证券公司通过柜台直接销售投资信托产品
1998年12月	允许银行通过柜台直接销售投资信托产品,允许银行通过场外从事金融衍生品交易
1999年10月	完全取消银行设立从事证券业务分支机构的限制

---

① 日本银行可以回购金融机构持有1年以上的国债。

1979年，美国西尔斯·罗巴克公司在日本发行日元计价无担保债券，日本不允许发行无担保债券的规则被打破。1980年《外汇管理法》的通过，标志着日本证券市场国际化的到来。与此同时，日本联合证券公司和日本证券持有协会向社会抛售了大量股票，银行也把因贷款需求减少而出现的盈余资金投入证券市场，大量证券被机构投资者持有，企业相互持股的数量也大幅上升。证券数量激增引发各种问题，使证券保管很难维持原有的秩序和效率，政府不得不颁布与证券保管和登记有关的法律，实施新的证券混合保规制度。20世纪70年代，大藏省允许由按照面额发行股票转为按照时价发行，企业能从抬高股价的行为中受益。这种做法——控制股票供求使股价上涨，再以高股价增资扩股——迅速普及，证券公司将其作为业务增长点，目的是收取高额手续费。结果，20世纪80年代日本股价异乎寻常地上涨，再加上"广场协议"等因素影响，1984年初日经指数超过10000日元，创当时的历史新高。

1985—1989年为日本证券市场发展的第六个阶段，见证了经济繁荣泡沫。1986年1月，日经指数约为13000日元，至1987年9月涨至约26000日元。即使遭遇1987年10月19日全球股市暴跌"黑色星期一"，日经指数上升势头也未受阻。

1984年，日本迫于美国压力开放国内证券市场，一批外国证券公司陆续得到在日本从事证券业务的许可。1985年，东京证券交易所接纳六家外国证券公司为正式成员。

期货交易方面，由于驻日盟军司令部"市场三原则"限制，日本的期货交易一直被禁止，直到1985年日本才开始进行国债期货交易。1986年，国债整理基金特别会计以招投标方式发行了短期国债；1987年，大阪证券交易所开始交易股指期货——阪证50指数（OS50）；1988年，东京证券交易所开始交易股指期货——东京证券交易所股价指数（TOPIX）和日经指数；1989年，东京证券交易所开始交易股指期权。

表 3-6 1983 年和 1989 年日本各行业上市公司数量和总市值比较

行业	1983 年 数量	1983 年 总市值	1989 年 数量	1989 年 总市值
农林渔业	6 家	0.13 万亿日元	7 家	1.28 万亿日元
采矿业	9 家	0.45 万亿日元	9 家	1.95 万亿日元
建筑业	113 家	3.34 万亿日元	117 家	26.74 万亿日元
食品与饮料业	73 家	2.83 万亿日元	77 家	16.84 万亿日元
纺织业	59 家	1.90 万亿日元	58 家	11.29 万亿日元
造纸业	27 家	0.63 万亿日元	26 家	5.57 万亿日元
化工业	148 家	8.53 万亿日元	160 家	40.71 万亿日元
煤炭与石油业	13 家	1.76 万亿日元	12 家	6.36 万亿日元
橡胶业	17 家	0.47 万亿日元	17 家	3.11 万亿日元
玻璃与陶瓷业	46 家	1.76 万亿日元	45 家	10.26 万亿日元
钢铁业	51 家	3.45 万亿日元	51 家	23.40 万亿日元
有色金属业	36 家	2.15 万亿日元	35 家	9.33 万亿日元
金属制品业	30 家	0.37 万亿日元	39 家	5.17 万亿日元
机械制造业	132 家	3.92 万亿日元	138 家	21.74 万亿日元
电器业	146 家	1.86 万亿日元	169 家	56.69 万亿日元
运输设备业	68 家	8.39 万亿日元	74 家	33.47 万亿日元
精密仪器业	32 家	1.69 万亿日元	34 家	5.96 万亿日元
其他制造业	33 家	1.22 万亿日元	40 家	9.43 万亿日元
商业	133 家	6.62 万亿日元	175 家	48.26 万亿日元
金融保险业	108 家	19.42 万亿日元	148 家	117.79 万亿日元
房地产业	16 家	1.05 万亿日元	22 家	10.60 万亿日元
陆上运输业	31 家	1.91 万亿日元	33 家	22.30 万亿日元
海上运输业	25 家	0.76 万亿日元	23 家	5.50 万亿日元
航空业	5 家	0.52 万亿日元	5 家	6.44 万亿日元
仓储与汽车运输业	19 家	0.20 万亿日元	19 家	2.03 万亿日元
通信业	4 家	0.35 万亿日元	5 家	10.72 万亿日元
电气与天然气业	15 家	4.94 万亿日元	15 家	31.00 万亿日元
服务业	32 家	0.72 万亿日元	44 家	7.23 万亿日元

在资产管理和信托投资方面，日本的证券市场也发生了变化。1986年，日本电信电话公司实现民营化并在牛市中隆重登场。随后政府分三次减持股份，1987年2月第一次减持160万股，认购人数达1058万人，股价从首次公开募股时的119.7万日元发行价飙升至2个月后的318万日元。日本电信电话公司的上市盛况使股市更加沸腾，个人投资者涌向股市形成股票投资热潮，银行也积极将资金投入股市，上市企业能够从上扬的股市中轻松筹得资金，并将企业资金投回股市，循环推动股市上涨。1989年，日本股市平均市盈率达70.6倍。之后，更多国企被私有化，包括日本国家铁路公司和日本烟草公司。1989年，日本政府颁布了详细规定证券投资咨询业务范围的法律，证券投资咨询公司通过投资信托方式为个人投资者管理资产。这一时期，个人投资者持股占比23.6%，金融机构与法人持股占比67.1%。伴随泡沫时期金融机构资产膨胀，银企相互持股的比例不断上升。为应对这种情况，日本政府修改了《禁止垄断法》，将银行持股上限从10%降至5%。因此，银行大量抛售持有的企业股票，金融机构持股占比逐渐下降。此外，企业自有资金逐渐充沛，对银行依赖降低，个人投资者持股占比有所增加。

"黑色星期一"提醒了日本，货币和资本市场自由化改革也有负面影响。1987年10月发生在纽约期货市场的冲击迅速蔓延到现货市场，对世界各地的证券市场产生了深远影响，各国加强了国际监测合作。东京证券市场未能在这次金融危机中幸免，日经指数骤跌14.9%，创当时的单日跌幅历史纪录，但很快结束企稳回升。尽管面临信贷紧缩，日经指数仍在1989年最后一个季度达到38915日元，总市值611万亿日元——相当于国内生产总值的1.48倍，二级市场规模成世界第一。

1990—1995年为日本证券市场发展的第七个阶段，是泡沫破灭和金融体系重建的时期。1990年4月2日，日经指数暴跌至28002.07日元，比1989年末的最高值跌掉28.05%；10月1日，跌至20221.86日元，总市值蒸发超过270万亿日元。股价下跌的同时引发债券市场恐慌，资本抛售日本的股票和债券并迅速流向海外，日本出现"股、债、汇"同时贬值的混乱情况。1990年3月，证券公司要求企业推迟股权融资计划，公开发行新股几乎停滞，至1994年3月才恢复。同年10月，海湾战争局势进一步打击了日本的证券市场。为此，财务大臣宣布了一项扶植股市的计划，包括鼓励混业经营，但效果不大。

随着投资者信心降至新低，包括多家大型证券公司在内的业内丑闻被曝光，这激起了民愤。1991年，日本税务机构出于对财务安全和支出合理性的怀疑，对四大证券公司的税务和会计记录进行了一次彻底的审计，指控四大证券公司非法补偿大客户的交易亏损、掩盖财团非法内部交易、操纵股价。野村证券和日兴证券补偿大客户的交易亏损，富士银行和东海银行以假名义套取存款。这些丑闻引发国会和大众媒体长达数月之久针对证券交易违规行为的探讨。

金融机构和投资者信心过度膨胀、风险意识淡薄造成了这些丑闻。交易亏损补偿主要发生在全权委托资金信托账户上，往往采用内部交易方式，当时的法律并未禁止这种行为。丑闻发生4个月后，日本政府迅速修订《证券交易法》，全面禁止了全权委托资金信托账户的补偿行为。监管机构认为，丑闻产生的原因是证券业缺乏竞争和固定佣金制度，于是在1992年开始酝酿包括证券交易系统、监管制度在内的金融改革，并设立了证券交易监督委员会。此外，监管机构依据《禁止垄断法》对混业经营进行审核，不同业务的金融机构进入其他领域时或在其他领域设立全资子公司时，都要得到监管机构授权，包括银行设立证券子公司和证券设立信托子公司。即使已取得可在四个领域从事业务许可的证券子公司，仍被禁止从事证券交易业务，但是经纪业务佣金一直是主要收入来源（交易额10亿日元以上）的证券公司于1994年4月被允许从事该业务。

表 3–7　1993—1998 年银行设立证券分支机构的情况

日期	证券公司名称
1993 年 7 月	兴业证券 长期信用银行证券 农林中央证券 朝日证券
1993 年 11 月	住友信托证券 三菱信托证券
1994 年 8 月	安田信托证券
1994 年 11 月	樱花证券 三和证券 第一劝业证券 富士证券 三菱钻石证券 住友资本证券
1995 年 3 月	东海国际证券
1995 年 4 月	北海道拓殖证券
1995 年 5 月	三井信托证券
1995 年 10 月	东洋信托证券
1996 年 11 月	信用证券 横滨证券
1997 年 8 月	东京外汇交易证券 日探证券
1997 年 11 月	上田八木证券
1998 年 10 月	日立信贷证券

　　得益于金融改革，证券业的竞争水平显著提高，但证券市场交易量并未完全恢复。1992 年 8 月，日经指数跌至 14309 日元，政府再次宣布一揽子财政刺激紧急措施，包括向证券市场注入公共资金。

　　1996—2000 年为日本证券市场发展的第八个阶段。经济长期低迷使一些金融机构的信贷质量下降，再加上世界各地都在放松金融规制，日本认为政府保护金融的方式已过时，需要像伦敦和纽约那样更透明、更自由的金融市场。桥本龙太郎1996年提出日本版"金融大爆炸"，既是重建风险暴露后的金融市场秩序，更是对日本经济社会运行50年的"1940年体制"的调整尝试。"金融大爆炸"涵盖解除不同领域规制的一揽子措施，使外汇交易完全实现自由化，标志着日本金融体系与战时体制脱钩。

日本研究机构普遍认为，金融体系相对呆滞是经济泡沫产生的重要原因之一，一致建议从间接金融转变为直接金融。作为回应，日本政府优先在能够提供直接融资的证券市场进行改革。1998年12月，政府颁布《金融改革法》，陆续实施了一些改革措施。依据新《投资信托法》，2000年房地产投资信托基金获发行许可，证券交易所实现全品种金融产品上市交易。此外，日本政府提升了场外交易市场的地位，使场外交易市场与证券交易所平起平坐，以促进非公开发行股票的交易，打破了驻日盟军司令部提出的"必须在证券交易所集中进行"的原则。

随着新市场设立、原有市场巩固、股份公司制发展、场外交易市场改进，市场竞争水平在不同维度得到提高。由于政府采取的一系列措施，许可制到登记制的改革，打破证券业分业经营限制，经纪业务佣金自由化，再加上电子信息技术进步，证券业竞争越来越激烈，有必要向新领域开拓。证券公司还需要面对来自法律、监管和市场监督的压力，以确保能够在市场中生存下来。

2001年之后，由于《金融改革法》的实施和行政改革的进行，证券市场和监管机构的关系发生显著变化。虽然证券市场的规模和泡沫时期的最高峰相比低了很多，但其一直努力成为一个成熟的竞争市场，监管机构也一直在加紧进行金融市场的结构改革。2000年高科技泡沫破灭后，一度陷于低迷的日本股市于2003年进入复苏轨道，虽然出现了"活力门"事件引发的短暂股市暴跌，但一直维持到2007年7月美国次贷危机爆发。

表 3-8 2000—2007 年东京证券交易所股价指数
单日大涨大跌比率及原因

类别	变动比率	日期	事件
大涨	6.32%	2001 年 5 月 21 日	日本银行松动银根
	4.99%	2000 年 11 月 1 日	纽约证券交易所交易量创新高
	4.74%	2002 年 5 月 4 日	要求银行处理坏账的预期时间提前
大跌	6.36%	2001 年 9 月 12 日	担心 "9·11" 事件引发全球经济衰退
	6.12%	2004 年 4 月 17 日	预期出现恶性通货膨胀
	5.68%	2004 年 5 月 10 日	美联储加息引发美股下跌
	5.55%	2007 年 8 月 17 日	次贷危机引发日元升值
	5.28%	2003 年 10 月 23 日	美股下跌，日元走强

2001 年 8 月，日本金融厅在"证券市场结构改革计划：个人投资者领导下的证券市场发展"报告中提出，致力于通过制度设计刺激个人投资者积极参与证券市场。2002 年 8 月，该机构在"证券市场结构改革推进计划"报告中指出，应尽一切手段迅速进行证券市场结构改革，以期建立一个具有完善功能的金融体系。同时，金融厅降低了设立证券公司的门槛，鼓励小型投资者进入，简化了证券结算系统。2003 年 12 月，金融厅根据金融体制委员会《建立一个具有完善功能的金融体系》报告建议，取消了银行从事经纪业务的限制。

2004 年 12 月《金融改革计划：金融服务的改进》报告明确提出日本的金融环境发生变化，已从呆坏账危机中走出，暗示金融体系恢复稳定并逐渐复苏。这一变化得益于政府 2005 年 4 月终止抵押保证。《投资服务法》采取了有效的保护投资者的措施，加强了市场功能，提高了市场信誉，有利于金融市场发展。

2006 年 6 月，日本政府修改并将《证券交易法》更名为《金融工具和交易法》，2007 年 9 月生效。《金融工具和交易法》具有以下特征：更宽泛定义了证券产品，建立了针对不同投资产品的全面的监管构架；更全面充分定义了包括投资基金在内的集合理财；把原法律下不同交易融合为单一范畴——根据其采用的金融手段来定义其职能和分类；引入战略投资者概念，区别于普通投资者，不要求严格的信息披露；加强信息披露要求和监管，提高违规罚款金额。

2013年，在日本经济增长步履沉重之际，为扭转颓势，日本交易所集团成立。日本交易所集团由东京证券交易所（现货市场）、大阪交易所（金融衍生品市场）、东京商品交易所（商品期货市场）等构成，是全球最大的交易所集团之一。2022年4月4日，日本交易所集团对东京证券交易所进行了重大重组。此前的东京证券交易所包括东京证券交易所一部、东京证券交易所二部、保姆板（MOTHERS）和佳斯达克4个板块，这次重组将其划分为主要市场、标准市场和成长市场3个板块。主要市场需满足流通股总市值超100亿日元、流通股比率超35%，标准市场需满足流通股总市值超10亿日元、流通股比率超25%，成长市场需满足流通股总市值超5亿日元、流通股比率超25%。日本交易所集团希望通过对主要市场采取更严格的上市标准，突出盈利能力强、公司治理符合全球标准的优质公司，以吸引更多的外国投资者。

三、证券市场的制度完善

证券市场制度设计的首要关切是如何建立完善的运行体系和交易体系，提高证券流动性，减少市场波动性，增强市场透明度，建立完善的信用交易体系。这样一是有助于形成反映资产实际价值和市场供求关系的合理价格，二是建立能够迅速根据信息变化实现价格合理波动的高度组织化市场，三是建立可以集中反映所有市场信息、公平透明保护交易公共利益和投资者利益的单一市场，四是通过扩大市场参与主体和交易品种增强市场稳定性。

日本证券市场的法规体系不断完善。1893年《证券交易法》并不是独立的证券交易法体系，包括了商品交易和证券交易两部分，并侧重于商品交易。该法案仅规范了二级市场行为，没有涉及一级市场。1943年《证券交易法》主要目的是满足战时需要，正式把证券交易从原有交易体系中独立出来。1947年，日本政府颁布新《证券交易法》，并于1948年进行了大规模修改。1948年《证券交易法》适用于所有上市公司，包括一级市场和二级市场。1953年，政府再度修改《证券交易法》，简化了证券登记制度，改为注册制，同时监管机构注销证券的权力得到加强。为应对经济萧条，1965年《证券交易法》再次把注册制改为许可制，并要求所有证券从业人员必须有从业资格且在管理部门注册登记。1971年《证券交易法》严格规范了披露制度，要求发行人在报告中详细披露经营和财务信息。1981年《证券交易法》取消了银行从事公共债券相关业务的限制。1985年《证券交易法》修改了期货交易内容。1988年《证券交易法》修改了期权交易内容，并加入了限制内幕交易的部分。随着上市公司大量涌现和投机泡沫出现，1990年《证券交易法》加入了大股东披露制度和股权收购机制。1991年证券界丑闻暴露，政府再次修改了《证券交易法》，禁止证券公司向客户提供交易损失补偿。为应对经济萧条，日本政府于1992年颁布《金融改革法》，1998年颁布《金融体系改革法》。2007年，《金融工具和交易法》取代《证券交易法》，调整了证券交易所组织形式和惩罚制度，加入投资基金规范内容，并把客户分为专业投资者和一般投资者。

证券交易所拥有完善的规章制度，包括交易制度、发行制度、经纪业务制度等。所有成员或参与者必须根据制度运作，投资者信任这些制度的有效性并把投资管理委托于成员或参与者。《金融工具和交易法》把证券交易所和其自我监督组织定义为自律机构，例如2007年12月成立的东京证券交易所自我监督组织。金融工具协会是唯一的金融工具运营机构，所有证券公司有资格加入该协会。该协会拥有协会章程、维护公平的规章、统一的管理制度，并由董事会批准和通过新的规章制度，以供各成员遵守。投资信托协会则是依照民法要求，由投资信托基金管理公司共同发起成立的。该协会是公共投资顾问咨询机构，由金融厅负责管理。

表3-9 日本证券业协会的主要规章制度

自律规则	场外交易市场交易规章（2005年） 绿单市场规章（2001年） 场外上市证券交易规章（1998年） 协会成员内部管理程序规章（1992年） 协会成员注册资格规章（1992年） 内部交易规章（1991年） 场外交易市场债券发行及交易价格规章（1976年） 协会成员员工规章（1974年） 广告及额外优惠管理规章（1974年） 外国证券交易规章（1973年）
统一惯例	通过场外交易市场抽签偿还债券赎回机制（1987年） 场外交易市场问题解决办法（1976年） 股东购买股票后没有转让的处理办法（1975年）
争端解决机制	协会解决成员与客户争端的规章（1974年） 协会解决成员之间争端的规章（1973年）

证券市场监管不断完善。1992年，日本政府设立证券交易监督委员会，行使监督权的范围包括：金融工具交易、投资管理、投资咨询、代理运营、自我管理等。该委员会由1名主席和2名专员组成，任期3年，2人以上同意即可通过决议，工作重点为：消除破坏证券市场公平的犯罪行为；起诉违法的市场中介机构；监视证券市场；评估证券交易信息化效果。证券交易监督委员会工作人员有权针对违规行为对证人进行问询、检查、保管和记录财务信息，持地方法院签发的逮捕证对嫌疑人有关场所进行侦查和查封所需资料。

1998年6月，证券市场监管职能从大藏省转移至隶属于首相官邸的金融厅；证券交易监督委员会并入金融厅，根据1998年修订的《证券交易法》履行证券市场监督职能。《投资信托法》也赋予了金融厅索取报告并进行检查的权力。根据该法，证券交易监督委员会可要求证券公司根据其定期报告提交一份说明报告，包括资本风险比率、财务安全指标等，同时每月提交一份包含主要财务数据的财务报告，并对证券公司运营进行监视。当证券交易监督委员会核实违规行为时，必须将案件报告提交金融厅，由金融厅协同地方检察部门对犯罪嫌疑人进行起诉。金融厅监控体系覆盖范围不断扩大，每年一次检查和每日对市场交易的监控，有效保障了"建立明确规则和加强事后监督"这一目标。

1998年12月，金融重建委员会依法成立，负责管理处于金融危机的金融机构，包括证券公司。2001年1月，大藏省依据《中央政府改革基本法》变革为财务省，首相调整证券市场政策需征求财务大臣意见。

为规范市场参与者行为，确保证券市场公平和诚信，证券交易所颁布了一系列自我约束的规章制度，所有参与市场交易的证券交易所会员，包括经纪公司和交易员都必须遵守证券交易所的规章制度。证券交易所严格监控会员，采取严格的惩罚措施打击违规者，与国家监管制度共同作用，使证券市场能够规范地进行交易活动，保障了证券市场有序高效运转。证券交易所的自我约束主要包括上市审查、程序管理、交易活动监管等。其中，交易活动监管采取两种方式：交易数据监管，以发现市场操纵、内幕交易等违规行为；实地调查，检查是否遵守交易制度和其他法律法规。证券交易所在混合使用这两种方式的同时，也加强了与证券交易监督委员会及其他自律组织的密切沟通与合作。此外，证券交易所还通过事后监督发现市场操纵、内幕交易等违规行为。当证券交易所发现并认定任何违反或将要违反法律法规和规章制度的交易行为，会通过惩罚手段打击违规者或给予违规者警告，以防止此类违规行为再次发生。违规行为审查结果报告最终将提交到证券交易监督委员会，由其做出进一步调查或罚款。

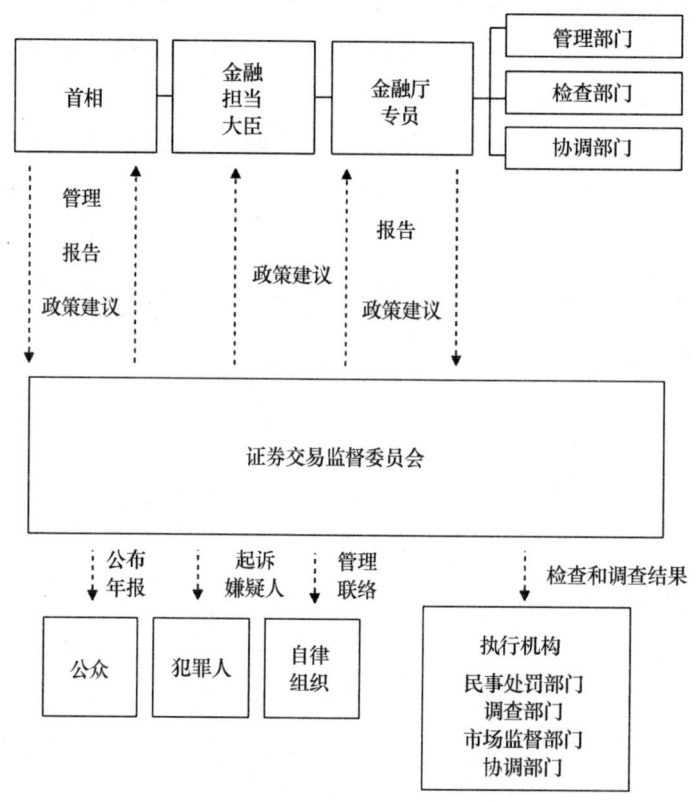

图 3-7 日本的证券交易监管结构

表 3-10 日本证券市场主要自律组织

种类	依据法律	成立条件	主要自律组织名称	组成成员
证券交易所	《金融工具和交易法》	国家许可	日本交易所集团	证券公司（包括国外证券公司）
金融工具协会	《金融工具和交易法》	国家授权	日本金融期货协会	金融期货交易公司
	《投资信托法》	自发组织	投资信托协会	投资信托基金管理公司；托管信托公司；投资公司
	《金融工具和交易法》	国家授权	日本证券投资顾问协会	投资顾问

自律组织由市场机构共同发起，为确保公平交易和保护投资者制定了必要的规章，并对成员进行监督。按照1965年《证券交易法》，日本证券业协会依法成为自律组织，但在许可制下并没有足够的授权实现自我监督，"金融大爆炸"后被赋予了更多的自我监督权力。

证券市场信息披露机制不断完善。根据《金融工具和交易法》和证券交易所规定，上市公司需披露相关业务信息，包括定期披露、重大事项披露和及时披露。2008年4月1日以前，上市公司的定期披露采用半年报和年报两种方式。但是，半年一次信息披露不足以满足投资者需求。2008年《金融工具和交易法》规定，上市公司必须在每个季度末公布该季度的财务业绩。2008年4月1日之后，为避免上市公司——特别是大公司——虚假陈述和过度粉饰报告，管理机构要求上市公司提交公司治理报告、及时信息披露证明，供公众查阅。同时，管理机构还要求上市公司提供内部控制和有价证券持有报告，以便投资者了解财务和关联状况。

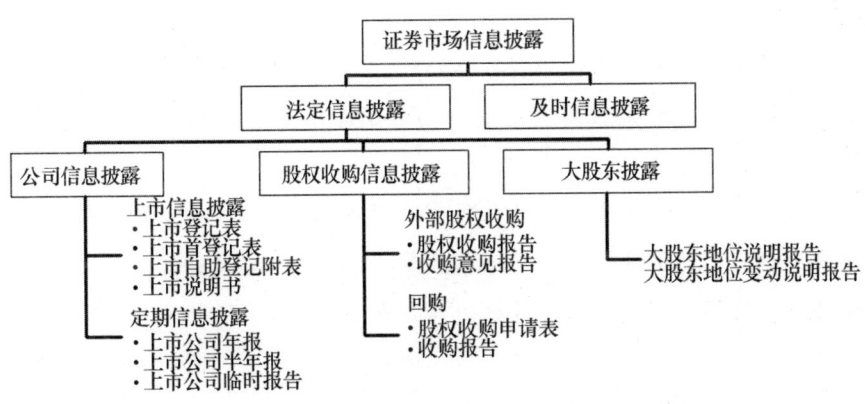

图3-8　日本证券市场信息披露结构图

证券市场交易机制不断完善。东京证券交易所的交易时间分为两段：9点到11点，12点半到15点。场内竞价是证券交易最广泛使用的方法，2007年通过该交易方式处理的市值占东京证券交易所99%以上。

场内竞价在交易生效后的第四个交易日清算；现金交易则在交易生效的当天清算，并且只能在融资融券业务中使用；发行交易主要用于上市公司增资扩股等情况，新股在实际发行前的一段时间内提前交易，所有清算集中于新股发行当天进行。场内交易按照价格优先和时间优先的原则进行，同时采用集合竞价和连续竞价两种方式。集合竞价主要用于形成开盘价格和首次交易价格，连续竞价则采用连续方式对场内交易进行撮合，形成连续价格。为了弥补场内交易不足，日本于2000年引入离场交易系统。1998年6月，东京证券交易所开设场外大宗交易系统——东京证券交易所交易网络系统。

证券市场清算登记机制不断完善。2003年1月，日本证券清算公司诞生，取代了以前由证券交易所分别独立行使的交易清算和结算功能，向全日本的证券市场提供统一的清算和结算服务。日本证券清算公司实行"T+3"清算，采用中央对手方机制或清算参与方机制。在中央对手方机制下，日本证券清算公司作为清算对手方为所有交易会员的交易提供清算，通常用于股票和债券交易清算。在清算参与方机制下，证券市场的参与者根据市场地位不同被分为清算公司会员和非会员，部分获得资格的交易会员成为清算参与方，与日本证券清算公司就有关交易进行清算，其他未获得资格的交易会员需由清算参与方代理清算服务，通常用于衍生品交易清算。

为消除证券交易风险，日本证券清算公司的券款交割采用券款对付方式，通过在日本证券清算公司和日本证券存管中心的证券账户间转移完成证券交割，资金则通过日本证券清算公司和清算参与方在日本银行或指定资金清算银行的银行账户间划转。佳斯达克通过股息支付银行和股东服务代理银行（都由挂牌外国企业指定）为外国企业的股东提供保管服务。

为减少风险和确保交易效率，日本证券清算公司为券款对付系统设计了多种有针对性的功能。在传统券款对付系统中，买方在进行转账支付并通过验证之前都无法提取所购证券，降低了包括清算公司会员之间以及清算公司会员与非会员之间的交易效率，从而影响整个市场有效运转。在日本证券清算公司的券款对付系统内，买方可以提前提取所购证券。

日本证券登记中心被指定为集中保管证券和进行证券记账转让的机构，提供股票凭证和其他证券集中保管业务，通过电子记账转让方式使证券交易更便捷进行。日本证券登记中心具有如下特点：由登记中心会员授权，建立交易账户，为会员自有和代为保管的证券提供保管，并记录所有相关信息和问题；严格记录日本证券清算公司所处理的证券交易，并把实际发生的证券转移记录在交易账户，该记录具有同实物证券转移同样的法律效力；首先登记中心会员通知所有发行公司对股东信息进行统计，并在同一时间内向日本证券登记中心提交股东所有权的相关信息。截至2007年9月，日本证券登记中心的业务占总流通股的82.2%。排除交叉持股在总流通股中的占比，日本国内的流通股票几乎全由日本证券登记中心来完成。

参考文献

01. [日] 铃木淑夫著，张云方等译：《日本的金融政策》，中国发展出版社1995年版。

02. 刘玉操：《日本金融制度》，中国金融出版社1992年版。

03. 罗清：《日本金融的繁荣、危机与变革》，中国金融出版社2000年版。

04. 庞德良：《现代日本企业产权制度研究：日本"公司主义"的经济学分析》，中国社会科学出版社2001年版。

05. [日] 青木昌彦、[美] 休·帕特里克主编，张橹、赵辰宁、王艳娟、朱隽等译：《日本主银行制度》，中国金融出版社1998年版。

06. 色文：《现代日本经济的发展与对策》，北京大学出版社1990年版。

07. 杨栋梁、江瑞平等：《近代以来日本经济体制变革研究》，人民出版社2003年版。

08. 尹恒：《银行功能重构与银行业转型》，中国经济出版社2006年版。

09. 张季风主编：《日本经济概论》，中国社会科学出版社2009年版。

10. 左中海主编:《日本市场经济体制》,兰州大学出版社 1993 年版。

11. 戴金平:《主银行制度与日本金融危机》,《世界经济与政治》1999 年第 2 期。

12. 冯玮:《"总体战"和现代日本"间接金融体制"的形成》,《史学集刊》2004 年第 4 期。

13. 何自力:《试论日本的主银行制与公司治理》,《南开经济研究》1997 年第 1 期。

14. 李咏涛、李东明:《论日本式主银行制度》,《理论界》2005 年第 2 期。

15. 刘昌黎:《论日本的主银行制度及其变化与改革》,《日本学刊》2000 年第 4 期。

16. 刘红:《日本规制型金融体制的演进分析》,《日本研究》2005 年第 2 期。

17. 刘毅:《日本的主银行制与银企关系》,《日本研究》2003 年第 4 期。

18. 马文秀:《论设备投资对日本经济高速增长的影响》,《现代日本经济》1998 年第 4 期。

19. 汪发成:《关于日本主银行制度的综述》,《北方经贸》2000 年第 6 期。

20. 徐明威:《从银企关系看日本金融改革的难点及对我国的启示》,《金融论坛》2001 年第 12 期。

21. 岡崎守男・濱田博男、『現代日本の証券市場』、有斐閣 1984 年版。

22. 舘竜一郎・蠟山昌一編、『日本の金融〔Ⅰ〕:新しい見方』、東京大学出版会 1987 年版。

23. 金森久雄・香溪泰編、『日本経済読本(第 16 版)』、東洋経済新報社 2004 年版。

24. 瀬川美能留、『私の証券昭和史』、東洋経済新報社 1986 年版。

25. 鈴木淑夫、『金融自由化と金融政策』、東洋経済新報社 1985 年版。

26. 鹿野嘉昭、『日本の金融制度』、東洋経済新報社 2006 年版。

27. 橋本寿朗・武田晴人編、『日本経済の発展と企業集団』、東京大学出版会 1992 年版。

28. 深尾光洋・森田泰子、『企業ガバナンス構造の国際比較』、日本経済新聞社 1997 年版。

29. 竹内宏、『昭和経済史』、筑摩書房 1988 年版。

30. 東京証券取引所、『東証要覧 1989』、東京証券取引所 1989 年版。

31. 東京証券取引所、『Exchange Square』、東京証券取引所 2009 年版。

32. 東京証券協会、『日本証券史資料（戦後編第 7 巻）』、東京証券協会 1956 年版。

33. 日本銀行金融研究所、『（新版）我が国の金融制度』、日本銀行金融研究所 1996 年版。

34. 日本証券経済研究所、『詳説現代日本の証券市場』、日本証券経済研究所 2008 年版。

35. 白鳥圭志、「戦後復興期における証券市場の形成─株式流通市場における大衆市場形成への対応を中心に」、一桥大学商業管理研究生院 working paper、2006 年第 34 期。

36. 池尾和人、「戦後日本の金融システムの形成と展開、そして劣化」、財務省財務総合政策研究所、『フィナンシャル・レビュー』2001 年第 1 期。

37. 大貫摩里、「日本銀行のネットワークと金融市場の統合─日本銀行設立前後から 20 世紀初頭にかけて」、日本銀行金融研究所、『金融研究』2005 年第 9 期。

38. 島袋伊津子、「銀行貸出におけるソフト情報生産に関する実証分析」、財務省財務総合政策研究所、『フィナンシャル・レビュー』2005 年第 1 期。

39. 飛田紀男、「終戦直後の金融・銀行」、『豊橋創造大学紀要』2004 年第 8 期。

40. 福田慎一、「バブル崩壊後の金融市場の動揺と金融政策」、東京大学金融教育研究センター、2008 年第 10 期。

41. 宮島英昭等、「戦後日本企業の株式所有構造：安定株主の形成と解体」、財務省財務総合政策研究所、『ファイナンシャル・レビュー』2003 年第 3 期。

42. 工藤江記、「証券市場の現況と環境整備」、香川大学経済政策研究室、『経済政策研究』2006 年第 2 期。

43. 木下正俊、「金融システム改革と先端金融の推進─主として法制整備の視点からの鳥瞰」、『広島法科大学院論集』2006 年第 2 期。

44. 石井正司、「商業教育の指導者渋沢栄一研究（下）」、『教育学会教育学雑誌』1986 年第 20 期。

45. 寺西重郎、「戦前期株式市場のミクロ構造と効率性」、日本銀行金融研究所、『金融研究』2010 年第 7 期。

46. 岩原紳作、「金融行政における民間部門との接触意見の反映」、大蔵財務協会、『ファイナンス』1998 年第 8 期。

47. 宇都宮浄人、「戦後復興期の金融仲介構造に関する一考察— 1942 – 1952 年度末の資金循環統計の推計」、日本銀行金融研究所、『金融研究』2011 年第 1 期。

48. Teranishi, Juro, "Japanese Economic Development and Financial System," Iwannami Shoten, 1982.

49. Japan Securities Research Institute, "Securities market in Japan," Japan Securities Research Institute, 2008.

第四章　金融体系转型效率的制度分析

日本金融体系的效率取决于日本金融体系所采用制度的效率。制度体系的产生与设立是为有效利用资源，达到资源合理化配置。任何一个体系的运行都需要付出成本，这一成本不仅包括维护制度的费用支出，还包括体系转型带来的摩擦成本和沉没成本。任何一个体系的成本与收益综合表现为体系效率，任何一个体系的制度安排都会表现为体系效率高低及体系效率是否有效。判断体系转型优劣的标准是新体系的适应性效率——能否提高社会资源配置效率、是否达到帕累托最优、能否推动社会进步，只有位于最优均衡点的制度体系才是社会经济最佳选择，当体系处于非均衡状态就具有改进或被取代的余地。金融体系效率从金融体系诞生开始就一直是其发展中的核心问题，也一直是金融学者研究的重要内容。按照新制度经济学的观点，制度是一系列被制定出来的行为规则、守法程序和道德伦理规范，或人类设计出来调节人类相互关系的一些约束条件，被用于支配特定行为模式与相互关系，用以提供参与者所需的有关服务。其旨在约束追求主体福利或效用最大化利益的个体行为。制度决定了各个金融主体的行为方式及其约束条件和选择边界，进而决定了金融主体之间的关系。

第一节　效率波动、效率损失与制度变迁

日本金融体系在集中信贷资源和统一资源配置方面具有较大优势，辅助了战后日本经济高速增长，如果这一间接金融体系能够继续适应并有效促进经济增长，就没有必要进行转型。日本金融体系转型来源于制

度内各个阶层对原有间接金融体系适用性的怀疑，认为原有间接金融体系存在效率低下问题，银行的金融中介机能在现代金融体系激变中的相对作用在降低，在竞争中处于劣势地位。毋庸置疑，20世纪70年代后以低利率政策为代表的金融规制确实存在着效率损失，这也是日本金融体系转型的起因。同时，制度体系的演化具有自发性和自适性，日本金融体系的效率不仅决定于金融体系本身的制度效率，从更长的时间轴看，日本金融体系的表现受到经济周期影响，其制度效率存在周期波动，这是由于金融体系同外部经济环境之间耦合的紧密程度会发生变动。从表层原因看，日本金融体系转型的原因在于制度效率周期波动下效率低谷产生的变革压力。

一、金融体系的周期波动

金融体系转型基于人为设计，这一设计的动力就是某一时间段金融体系制度效率的减弱。虽然金融体系转型具有内在自然的属性和动因，但是体系内主体采取的措施或者设计更为重要。日本金融体系主体采取的措施或者设计可以有效阻止效率损失，在制度更新基础上实现各类社会资源最优配置。这就是说，日本金融体系制度效率的递减规律使体系效率降低到某一程度时，基于主体因素进行的体系转型是必须的。如果从持续角度考虑单项具有倒U型特征的制度效率，那么连续的制度演化就会呈现出波型特征，这一特征是由数个倒U型特征单项制度转型相连实现的。波型特征的金融体系制度效率可以合理解释制度转型的动力，即主体选择金融体系转型的最优阶段，在制度效率的低谷进行变革，推动金融体系不断完善，实现金融体系制度效率提升。

对日本金融体系制度效率的分析，应基于较长时间序列的动态模型研究。假如金融体系的设计或者稳定性所产生的效率没有完全发挥，那么金融体系存在僵化的可能，会进一步制约金融体系制度效率。一是金融体系的制度效率与金融系统的技术水平相关，动态变化的技术水平会对金融体系制度效率造成影响。任何制度都是由一定技术水平或者生产力水平所决定，技术水平或者生产力水平的进步和发展都需要制度做出与之适应的调整。二是从制度需求角度，任何一个新制度产生的激励都会在长时间内随着时间推移而渐渐降低直到丧失，这也解释了金融体系制度效率的递减或者降低。三是金融体系本身存在产生、发展、完善以及逐渐被新制度替代的情况，金融体系制度效率也会随之波动。社会经济技术生产的边界受到一定资源禀赋和社会知识存量的制约，制度转型的目的在于选择某种社会组织形式，从而产生一定结构性的生产边界，进一步使技术生产边界内的成本最小化、产出最大化。转型以制度效率提高为主观前提，当同一轨迹上的制度变迁已经进入边际效益下降路径时，表明该制度已经进入成熟期，再往后可能进入衰落期，制度本身已与环境产生相当程度的矛盾冲突，制度容量的限制已使制度自身内部的调整不再可行。按此逻辑，日本金融体系需要进入新的制度演化路径，向更高效率水平的金融体系转型。

金融制度体系在连续转型过程中的边际效益会受成本支出影响，从较低水平开始上升达到极值后开始下降，所以金融体系转型具有先增后减的特征，即倒 U 型特征。随着金融体系膨胀，日本金融体系转型的制度成本不断递增，表现为总成本曲线 TC 右倾。日本金融体系的成本边际递增，但是转型的总收益曲线 TR 为倒 U 型曲线，即日本金融体系转型的边际收益递减。日本金融体系转型得以进行的条件是长期条件下转型的收益大于成本，所以短期条件下可能出现总收益曲线 TR 位于总成本曲线 TC 下方，但是长期条件下总收益曲线 TR 应位于总成本曲线 TC 上方。总收益曲线 TR 减去总成本曲线 TC，得到总效益曲线 TE，以及总效益曲线 TE 的边际效益曲线 ME。在图 4-1 中的 E 点，日本金融体系转型的边际效益最高，在 F 点的转型边际效益为 0，此时获得转型效益最大化，即总效益曲线 TE 达到最高值。当金融体系在 F 点之后仍增加投入或保持运行，边际效益小于 0，那么，金融体系的总收益下降、总成本上升、总效益下降，表现为达到 F 点最高值后总收益曲线 TR 和总效益曲线 TE 下降，金融体系制度效率降低。金融体系制度效率损失正是日本金融体系转型的外在动力。

动态的金融体系不仅是一个自我完善过程，长期条件下更是一个从

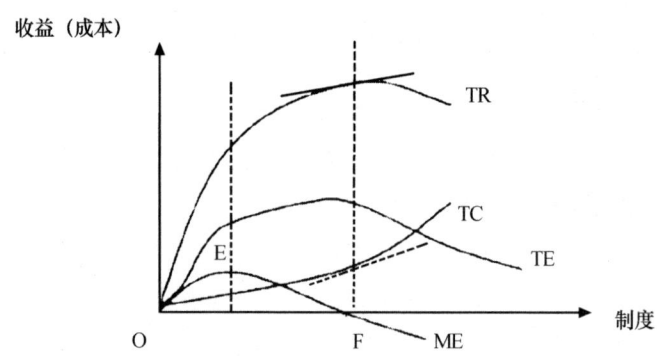

图4-1 日本金融体系制度效率的决定

均衡制度到非均衡制度再到均衡制度的螺旋发展过程。长期条件下，制度效率的生命曲线与生物生命曲线类似，制度效率和时间为反向关系，即制度效率的生命曲线达到一定峰值后，会随生存时间递增出现效率递减趋势。战后日本金融体系是具有较高制度效率的，制度效率达到极值就会呈现衰减趋势。面临金融体系制度效率衰减，体系中的主体会采取措施提高制度效率，实现从非均衡再到均衡的过程，连续的倒U型特征曲线组合在一起就是一个动态的持续的金融体系制度效率曲线。金融体系制度效率曲线表现为由数个倒U型组成的波动曲线，由于每次演化的时间和深度不同，金融体系制度效率曲线的波动就具有不同的波峰、波谷和波长，这就是金融体系制度效率的波形特征。

当日本金融体系制度效率达到极值后，由于连锁效应、路径依赖、时滞等因素，金融体系制度效率的变化不一定在最优时点实现，这就形成各个制度效率的下界，进一步形成金融体系运行的效率区域 $E_1 E_2$——制度效率最优选择区域。包括政府在内的主体发现金融体系的制度效率处于递减阶段，就会及时采取措施调整原有体系，以期能减少制度效率周期波动带来的效率损失，实现整个经济社会各项资源的最优配置。此时，日本金融体系收益降幅会渐渐大于制度维系成本的增幅，金融体系的制度效率得到改善。

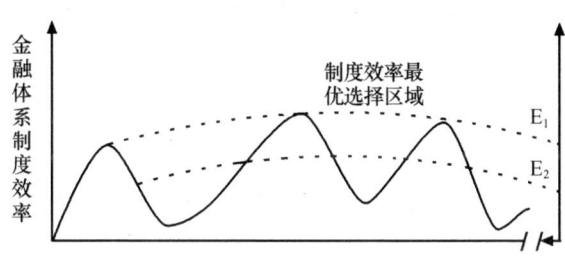

图 4-2　日本金融体系制度效率的波形特征

二、金融体系的效率损失

日本在高速增长期实行的低利率政策有助于国内经济部门的资本形成，促使经济结构按政府指导调整，推动经济快速增长。但是，低利率政策是以牺牲金融体系的效率为代价。作为资金使用价格的利率被人为压低，金融资源配置机制长期扭曲，产生非完全竞争的金融市场结构，金融体系资源配置效率损失，整体运行效率较低。效率损失来源于两方面，一是金融市场垄断带来效率损失，二是金融资源配置的效率损失，这是隐藏在高速增长背后的金融体系扭曲的体现。

长期以来，日本城市银行在存贷款、再贷款业务等方面都占有优势，相对于其他金融机构处于垄断地位。完全竞争的金融市场中存在众多金融机构，任何一家都无法通过垄断国内资金供给获得金融租金和超额利润。完全竞争市场中，金融机构的需求曲线 D 与长期平均成本曲线 LAC 相切于最低点处，长期边际成本曲线 LMC 通过该点；短期平均成本曲线 SAC 与长期平均成本曲线 LAC 相切于最低点，短期边际成本曲线 SMC 通过该点。此时，长期均衡条件为 LAC = SAC = LMC = SAC。金融机构的平均经营成本为长期平均成本最低点，金融机构资金价格等于其筹集资金长期平均成本的最低值，单一金融机构的利润为零，在没有外部性的条件下，完全竞争的金融市场达到帕累托最优的金融资源配置状态，社会经济效率和社会净福利达到最大化。完全垄断市场中，垄断金融机构的需求曲线 D 以及边际收益曲线 MR 向右下倾斜，利润最大化目标用边际收益 MR 等于长期边际成本 LMC 表示。此时，金融机构的资金供给为 L_m，资金价格为 r_m，金融机构可以获得高于边际成本的超额利润，制度存在帕累托改进可能。在垄断市场中，日本政府实行低利率政策只能通过试错的方式来实现，最终的利率水平由各个经济主体博弈形成，并不一定符合帕累托最优条件。当实行较低的规制利率时，垄断金融机构可以通过存款保障等方式获取实际的高利率，从而保障了金融租金，降低了金融体制效率。

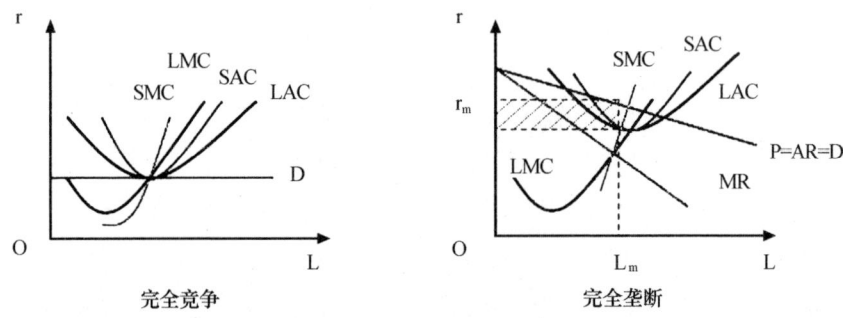

图 4-3　完全竞争与完全垄断情况下金融市场的长期均衡

除垄断带来的金融效率损失，日本政府长期控制金融机构存贷款利率也造成了金融效率损失。贷款通过指标方式分配给银行，使资金流向出口导向部门，扭曲了金融体系配置资源的机制，使资金难以根据效率原则实现分配，资金的部门调剂受阻。金融发展包括金融资源的规模扩张、配置效率提升和配置结构改善。日本政府低利率控制下的金融体系之所以会影响金融发展，一是政策偏好受到政府目标多元化及判断力影响，难以对新兴的高效率产业进行配置，从而降低了社会投资效率，减少了部门之间的资金调剂，从而扭曲了资金配置机制；二是低利率政策在降低金融机构动员社会居民金融剩余成本的同时，也减少了社会居民的储蓄收益，降低了居民资金投资的效率。

根据麦金农的金融抑制理论和肖的金融深化模型：F 表示利率控制；I 表示投资，为真实利率的减函数；S（g_i）表示储蓄，为真实利率的增函数。假设：经济处于均衡状态，储蓄完全转化为投资，即 $S_i = I_i$；政府不采用通货膨胀的方式扩大货币供给；不存在海外融资平台；利率和增长率为真实利率和真实经济增长率。当利率被限制在 r_0 水平时，社会资金供给总额受储蓄条件的限制为 I_0，贷款需求总额为 d（r_0）= I_1，社会资金供给缺口（$I_1 = I_0$）。由于资金供给小于需求，日本政府通过信贷配额方式限制资金供给，造成社会资金需求无法满足，同时金融机构通过存款保证等方式提高实际贷款利率，获得超额利润，这都降低了社会资金的使用效率。

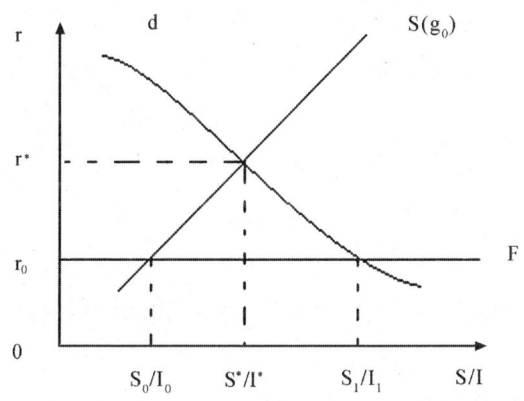

图 4-4　规制利率下的金融配置效率损失

低利率政策造成日本金融配置效率低下的主要原因包括：一是信贷配给制度下，政府偏好生产扩大、出口增长，资金的流向是政府偏好的部门，而不一定是投资效率最高的部门，银行投资呈现财政化现象；二是在利率严格控制下，金融机构根据贷款项目风险调整贷款利率的手段被弱化，金融机构往往只能通过存款保证等方式变相提高实际利率；三是信贷成本偏低，体系内能够较易获得贷款的企业大肆融资，投资于低效率领域，导致企业投资效率较低和过度举债。利率规制导致企业过度负债和逆向选择,浪费了信贷资源,增加了企业直接融资成本,损害了投资者,弱化了企业内部治理机制。如果放开利率规制,使社会资金需求等于信贷供给 S(g_i),那么实际利率向均衡利率方向靠近,可以提高金融体系效率,可以在利率 r^* 条件下实现资金供需均衡。

三、利率自由化与金融效率提升

日本对利率的规制扭曲了金融体系的资源配置、投资结构和个体投资方式,对金融部门发展产生了不利影响。日本能在金融体系转型上取得一定成绩,很重要的方面是选取了渐进的利率自由化步骤。马塞耶松模型提出,若直接取消利率规制,利率水平会快速上升,政府面临两难选择:允许金融机构普遍倒闭,影响金融体系稳定性;向金融体系注入资金维持金融机构生存,可能会使政府失去对名义货币的供给控制。如果对金融体系转型施以稳定化政策,即使金融体系存在大量的和长期的固定收益资产,规定一个取消利率规制上限和稳定货币增长率的时间途径,政府可以在取消利率规制和防止金融体系扭曲的同时避免金融市场混乱,避免两难选择。最优的金融体系转型与稳定政策组合分两个阶段:第一阶段,要求每一项政策工具相机变化,提高存款利率吸收存款,以满足旧的贷款利率上限对贷款的超额需求,同时适当提高贷款利率,保证金融机构不亏损,而且货币扩张率必须降低到与合意的长期通胀率一致的货币增长率之下;第二阶段,渐进调整三种政策工具。

马塞耶松模型主要讨论了银行存贷款利率自由化和货币控制问题,模型如下:

假设基本生产函数为:

$$Y = \delta \times K \qquad (公式4.1)$$

公式 4.1 中,δ 代表资本产出的比率,K 代表资本的存量,K 包含流动资本和固定资本 G,总资本当中通过银行借贷而获取的资本利率为 θ。

贷款需求为：

$$\iota = \frac{L}{P} = \theta \times K \qquad (公式4.2)$$

公式4.2中，L代表名义贷款数量，P代表物价水平，固定资本G的增量是收入Y与储蓄率S的函数。固定资本G的增量用以下函数表示：

$$\dot{G} = S(r_K - r_L + \pi^e) \times Y \qquad (公式4.3)$$

公式4.3中，r_K 为资本回报率，r_L 为实际贷款利率，$\frac{G}{K} = \alpha$ 固定不变，则：

$$\dot{K} = \frac{\dot{G}}{\alpha} = \frac{s}{\alpha} Y = s(r_K - r_L + \pi^e) \times Y \qquad (公式4.4)$$

$$\frac{\partial_s}{\partial(r_K - r_L + \pi^e)} = s' > 0, \quad \frac{\partial_s^2}{\partial(r_K - r_L + \pi^e)^2} = s'' < 0 \qquad (公式4.5)$$

假设法定存款准备金率为k，d代表实际存款额，实际贷款为：

$$\iota = (1 - k) \times d \qquad (公式4.6)$$

则私人部门实际存款需求为：

$$\frac{D}{P} = d = f_1(r_d - \pi^e) \times Y \qquad (公式4.7)$$

实际存款规模由私人部门实际存款需求决定，政府可通过控制基础货币增长率达到控制名义货币量的目的。通胀包括适应性预期 $\dot{\pi}^e = \beta(\pi - \pi^e)$ 和理性预期 $\pi = \pi^e$，政策对未来价格的影响具有可预测性。

从利率规制放松开始，实施稳定计划的政府面临加速通胀和零利率威胁，通胀由长期过快货币增长引起，产出停滞代表金融体系发生实际规模收缩。政府面临促进经济增长和降低通胀的双重压力，两者不可兼得。经济增长率与通胀率之间关系可以用下式表示：

$$U = -\delta_i (\pi - \bar{\pi})^2 - \delta_2 (y - \bar{y})^2; \quad \delta_i > 0, \delta_2 > 0 \qquad (公式4.8)$$

公式中，$\bar{\pi}$ 代表政府通胀率目标，$\bar{y}$ 表示经济增长率目标，δ_i 为经济增长和通胀两种因素的权重，依据 δ_i 不同，其对政府政策效用的影响亦不同。考虑政府所拥有的三种基本政策工具——货币增长率u、存

款利率 r_d 和贷款利率 r_L，货币市场在私人实际存款规模与实际存款需求相等时达到均衡。

$$\frac{D}{P} = d = f_1(r_d - \pi^e) \times Y \quad （公式4.9）$$

$$u = \frac{1}{D} \times \frac{dD}{dt} \quad （公式4.10）$$

$$n = \frac{1}{Y} \times \frac{dY}{dt} = \frac{1}{K} \times \frac{dK}{dt} \quad （公式4.11）$$

$$\pi = \frac{1}{P} \times \frac{dP}{dt} \quad （公式4.12）$$

由公式4.9、公式4.10、公式4.11、公式4.12可得：

$$u - \pi = (f'_1/f_f) \times (\dot{r}_d = \dot{\pi}^e) + n \quad （公式4.13）$$

$$f'_1 = \frac{\partial f_1}{\partial (r_d - \pi^e)} \quad （公式4.14）$$

由于信贷市场均衡的必须条件为供给等于需求，则

$$d = \frac{\theta \cdot K}{1-k}, \quad u - \pi = \frac{1}{K} \times \frac{dK}{dt} = n \quad （公式4.15）$$

可得：

$$\dot{r}_d = \dot{\pi}^e \quad （公式4.16）$$

这意味着政府政策可以将名义存款利率调整为与预期通胀率一致的水平，来满足市场均衡需要。同时，政府必须保证银行不亏损，用 r_d^* 和 r_L^* 分别表示转型前的存款利率和贷款利率，用 Ψ 表示每一期的贷款偿还比例，$\iota^*(0)$ 为初始贷款量，则未清偿贷款余额为：

$$\iota^*(t) = \iota^*(0)e^{-(\psi+\pi)t} \quad （公式4.17）$$

由于原有贷款利率不能随转型调整，利率快速升高将对金融机构造成冲击，政府为规避两难选择，可选择渐进式放松利率规制，将扩大存贷款利差所带来的收益转移到金融部门。

假设 $\int_0^t p_r(s)ds$ 为金融机构累计利润，只有金融机构累计利润高于临界值 R_c 的时候金融体系才具有稳定性，这时政府采取的政策和金融机构总利润分别为：

$$\int_0^\iota p_r(s)ds \geq \bar{R} \qquad (公式4.18)$$

$$P_r = r_L^* \iota^* + r_L(I - \iota^*) - r_d \cdot d \qquad (公式4.19)$$

公式4.19中，$r_L^* \iota^*$代表按原有利率发放贷款的收益，$r_L(1-\iota^*)$表示新发放贷款的收益，$r_d \cdot d$为利息成本。转型期内，如果金融机构原有固定贷款比重较高、期限较长，存贷款利差幅度较高，则金融部门可能面临亏损，必须调整存款利率到与预期通胀率一致的水平。政府采用货币增长率、存款利率和贷款利率三种工具对金融体系进行调整，如果r_d和r_ι使金融市场达到均衡，则：

$$y = \frac{\dot{k}}{k} = s(r_k - r_\iota + \pi^e)\sigma \qquad (公式4.20)$$

公式4.20表示实际增长率等于资本增长率，则金融市场连续均衡可表示为：

$$\pi = -s(r_k - r_\iota + \pi^e)\sigma + u \qquad (公式4.21)$$

马塞耶松模型采用线性方程描述实际增长率、通胀率、货币和信贷市场均衡、累计利润约束、适应性预期、理性预期和固定名义利率贷款余额：

$$y - \bar{y} = -s'\sigma(r_\iota - \bar{r}_\iota) + s'\sigma(\pi^e - \bar{\pi}) \qquad (公式4.22)$$

$$\pi - \bar{\pi} = -s'\sigma(r_\iota^* - \bar{r}_\iota) + s'\sigma(\pi^e - \bar{\pi}) + (u - \bar{u}) \qquad (公式4.23)$$

$$r_d - \bar{r}_d = \pi^e - \bar{\pi} \qquad (公式4.24)$$

$$R - \bar{R} = \int_0^\iota \left[(1-k)(r_\iota - \bar{r}_\iota) + \left(\frac{1-k}{\theta}\right) \right.$$

$$\left. (r_\iota^* - \bar{r}_\iota)x - (r_d - \bar{r}_d) \right] ds > 0 \qquad (公式4.25)$$

$$\dot{\pi}^e = \beta(\pi - \bar{\pi}) - \beta(\pi^e - \bar{\pi}) \qquad (公式4.26)$$

$$\pi^e - \bar{\pi} = \pi - \bar{\pi} \qquad (公式4.27)$$

$$\bar{x} = -[\psi + \bar{\pi} + \bar{y}]x \text{ 或 } x(t) = x_0 e^{-(\psi+\bar{\pi}+\bar{y})t}; x_0 = \iota^*/K \qquad (公式4.28)$$

考虑适应性预期条件下的利率放松规制政策和稳定政策，在$r_d = \bar{r}_d + \pi^e - \bar{\pi}$这一市场均衡条件下采用最小化现值汉米尔顿函数求解$r_\iota$与$u$

最优路径：

$$Z = -\delta_1(\pi - \bar{\pi})^2 - \delta_2(y - \bar{y})^2 + q_1\dot{\pi}^e + q_2\dot{K} + q_3\dot{R}$$

（公式4.29）

公式4.29中，q_i 代表共状变量，π^e 和 R 代表状态变量，u 和 r_ι 代表政策变量，x 为时间函数，在这里被当作外生变量。最小化必要条件为：

$$\frac{\partial z}{\partial u} = 0 \qquad （公式4.30）$$

$$\frac{\partial z}{\partial r_\iota} = 0 \qquad （公式4.31）$$

$$\dot{q}_1 = \rho q_1 - \frac{\partial z}{\partial \pi^e} \qquad （公式4.32）$$

$$\dot{q}_2 = \rho q_2 - \frac{\partial z}{\partial R} \qquad （公式4.33）$$

$$\dot{q}_3 R = 0 \qquad （公式4.34）$$

如果稳定计划期中 R = 0，则 $\dot{R} = 0$，得到：

$$r_\iota = \bar{r}_\iota = -(r_\iota^* - \bar{r}_\iota)\frac{x}{\theta} + \frac{\pi^e - \bar{\pi}}{1-k}; \pi^e - \bar{\pi} = r_d - \bar{r}_d \quad （公式4.35）$$

考虑已知假设 $r_\iota^* < \bar{r}_\iota$，大量固定名义利率贷款的余额以及预期通胀率高于目标值，政府将把贷款利率限定在长期值之上。考察货币扩张率 u，用 $\dot{r}_d = \dot{\pi}^e$ 和上述公式来描述 r_d 和 r_ι 最优路径，利用最小化现值汉米尔顿函数必要条件，可得出：

$$\dot{u} = g_1(u, \pi^e; x); \frac{\partial \dot{u}}{\partial u} > 0, \frac{\partial \dot{u}}{\partial \pi^e} > 0, \frac{\partial \dot{u}}{\partial x} > 0 \quad （公式4.36）$$

$$\dot{\pi}^e = g_2(u, \pi^e; x); \frac{\partial \dot{\pi}^e}{\partial u} > 0, \frac{\partial \dot{\pi}^e}{\partial \pi^e} > 0, \frac{\partial \dot{\pi}^e}{\partial x} > 0 \quad （公式4.37）$$

图4-5中，曲线 $\dot{u} = 0$ 与 $\dot{\pi}^e = 0$ 分别表示政策变量 u 在货币扩张率不变和预期通胀率不变情况下的 π^e，当政策变量 u 和状态变量 π^e 偏离曲线时会按箭头所示方向运动。图4-6虚线表示政策变量 u 的最优路径，时间函数 x 减少时曲线 $\dot{u} = 0$ 与 $\dot{\pi}^e = 0$ 上移，交叉点向右上移动。处于 A 点位置的货币通胀率大于长期增长率，预期通胀率大于长期合意

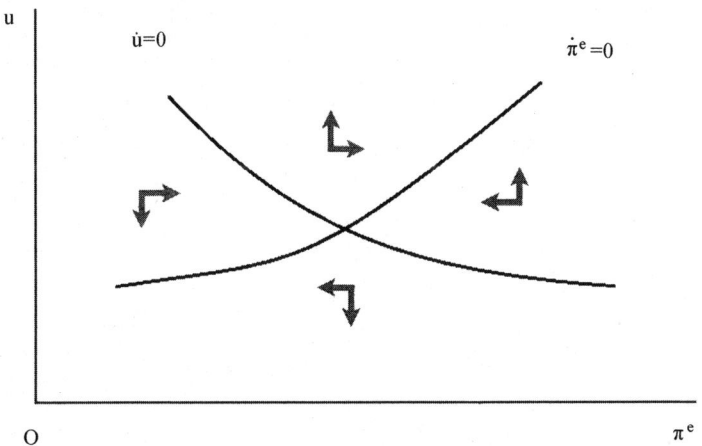

图 4-5 政策变量 u 与状态变量 π^e 变动曲线

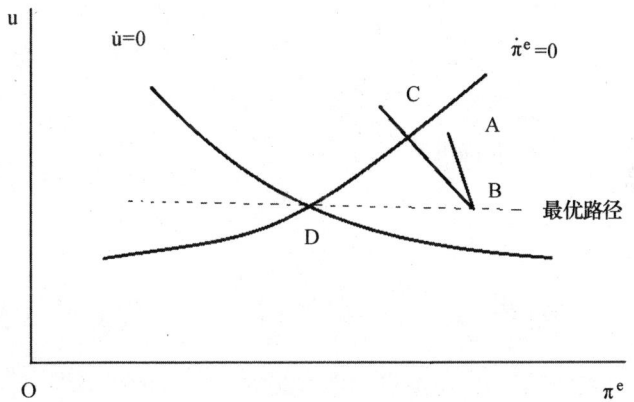

图 4-6 政策变量 u 的最优路径

通胀率。利率规制取消的第一阶段，政府降低货币供给增长率，从 A 移动到 B，如果时间函数 x 的变化不能影响最优路径，则政府渐进式提高货币增长率，使其向 D 移动，考虑到曲线 $\dot{u}=0$ 与 $\dot{\pi}^e=0$ 会上移，政府政策选择向右上移动至 C 点。

马塞耶松模型适应性预期条件下的最优稳定为两个阶段。第一个阶段，为防止金融体系崩溃及保证经济增长，需大幅提高存贷款利率，正的实际利率可以保证产出提高及吸引到足够存款。在初始资本存量为 K 的情况下，合意贷款量为 $\iota = \theta \times K$，存款为 $d = \iota/(1-k)$，则实际存款需求为：

$$d = f_1(r_d - \pi^e) \times Y \quad （公式 4.38）$$

可得存款利率：

$$d = f_1(r_d - \pi^e) \times Y = f_f(r_d - \pi^e) \cdot \delta \cdot K = \frac{\theta \cdot k}{(1-k)}$$
$$（公式 4.39）$$

$$f_1(r_d - \pi^e) = \frac{\theta}{(1-k) \cdot \delta} \quad （公式 4.40）$$

公式 4.40 表明，消除超额贷款的存款利率应为 $\frac{\theta}{(1-k) \cdot \delta}$，即货币收入比。

r_d 的提高由通胀率、初始资本存量、法定准备率、银行贷款形成的资本量所决定。存款利率上升带来金融机构成本增加，贷款利率也相应增加，贷款利率增加幅度为：

$$r^* \cdot \iota^* + r_L \cdot (\iota - \iota^*) - r_d \cdot d = 0 \quad （公式 4.41）$$

银行不亏损条件下：

$$r_L - \bar{r}_L = -\frac{(r_L^* - \bar{r}_L)x}{\theta} + (r_d - \bar{r}_d)/(1-k) \quad （公式 4.42）$$

马塞耶松模型提出用渐进货币规制方式来稳定利率水平，从而使利率对金融体系的冲击达到最小。公式 4.42 表示，原有贷款利率与最优稳态贷款利率差值越大，原有固定名义利率贷款比重越大，存贷款利率提高幅度越大。第一个阶段，金融体系规模膨胀，实际产出相应增加；第二个阶段，政策工具逐渐调整到长期值。在保持货币收入比不变和货币市场平衡的条件下，存款利率须下降至与预期通胀率一致水平，同时贷款利率随固定名义利率贷款比重下降和预期通胀率下降而下降，且降幅大于存款利率。

20世纪70年代中期前，日本的银行间拆借利率基本上是由市场机制形成的，在此基础上日本完成国债利率自由化。国债利率自由化可减少日本政府利率自由化风险，可以据此判断中长期银行存贷款利率的可能范围及完全放开利率规制的风险。随后，日本银行确立了基准利率，建立健全了利率的间接调控机制。最后才是存贷款利率的放开。这样的渐进式利率自由化能够有效降低转型成本，减少利率迅速自由化对金融体系的冲击。

渐进式利率自由化逐步引入市场机制以提高资金配置效率，隐含利率政策公开化，不会造成金融市场剧烈震荡。日本逐步放松利率规制的好处在于：可避免全面放开利率规制对原有经济结构的猛烈冲击；有利于引导市场参与者的经济行为，通过逐步缩小放松规制后出现的利差，使计划性的固定利率逐步向市场利率靠近；能使隐含利率公开化，日本银行可以此为参考调整基准利率，缩小利率调整幅度，增加利率调整的经济效应；可以选择适当的时机使利率市场化的成分由小到大得到发展，逐步引入市场机制提高资金配置效率。合理的利率规制自由化政策和步骤，为日本金融制度演进及保持金融体系有效运行提供了保障，使其能够过渡到自由利率体制。

第二节 金融体系效率提升的约束条件

二战后很长一段时间，日本护卫舰队体制效率较高。20世纪70年代后，虽然金融改革并没有带来显著的经济增长，但是日本金融体系的稳定性和效率是显著提高的。金融体系转型的动力来源于金融体系本身的功能性缺陷及结构性矛盾带来的低效率，原有金融体系不能适应经济发展内在要求。经济环境是金融体系效率发挥的外部约束条件，金融体系的制度结构是内部约束条件，两者共同作用于金融体系与经济发展的耦合。

一、金融体系的制度效率与制度安排

经济学中的效率是指，某一组织特定时间内的各种收入与产出之间的比率关系，以期达到原材料、人力、现金等有限资源的最佳分配方法。效率与投入成反比，与产出成正比。金融体系的制度效率包括两方面：一是生产效率，生产或者提供服务的平均成本；二是配置效率，组织提供的产品或服务能否满足利害关系人的不同偏好。按照新制度经济学的观点，制度效率包括成本与收益：制度成本主要包括制度转型过程中的界定、设计、组织等成本，以及制度运行过程中的组织、维持、实施等费用；制度收益是制度降低交易成本、减少外部性和不确定性等的程度。制度效率有两种表示方法：假定制度提供的服务或实现的功能既定，费用较低的制度更有效；假定制度选择的费用既定，能够提供更多服务或实现更多功能的制度更有效。

金融体系不仅是单项制度安排，还是多种制度安排构成的制度结构，讨论制度效率的决定需从单项制度安排的效率决定与制度结构的效率决定两方面来进行。单项制度安排的效率影响因素包括：制度规定本身是否具有普适性；制度安排和制度结构中各个单项制度安排间的关系，单项制度安排的效率与相关制度安排功能完善程度的实现具有相关性；动态视角的制度安排，单项制度安排的效率与企业生产经营的技术水平具有相关性。

制度普适性包含三个准则：一是具有一般性，不存在无理由状态下针对个别人或者个别事情的差别对待，违背这一准则会削弱制度对象的遵守程度，降低制度效率；二是具有确定性，有效率的制度必须是简单并且确定的，容易被理解，能够清晰传达违规惩罚措施；三是具有相对稳定性又具有一定开放性，经常变动的规则不易被理解，影响制度对对象行动的指导效率，但是过度稳定会带来制度僵化，制度设计必须有调整余地，使制度对象可以通过创新行动对新环境做出及时反应。

相关制度安排功能完善程度的实现指的是不同制度结构间的相互作用。任何一种制度安排都必须"嵌"在相应制度结构中，与制度结构中的其他制度安排存在内在联结。单项制度安排的效率最终还要取决于制度结构中其他制度安排功能实现的完善程度。高效的制度安排是制度结构中相关制度安排的函数。

企业生产经营的技术水平是生产经营状况及技术水平对制度效率的影响。制度普适性和相关制度安排功能完善程度的实现是静态考虑制度效率，企业生产经营的技术水平是动态考虑制度效率。生产经营的技术水平能够对制度效率造成影响，原因在于任何一种制度安排的诞生都由一定技术水平和生产力状况决定，伴随生产力发展及技术进步，制度必须相应调整和变化，不然效率会打折扣。物质环境决定了制度结构，所以制度结构必然随物质环境变化而变化。制度根植于过去的环境，是以往物质环境的产物，要保持效率就必须随不断变化的物质环境而变化，并与之相适应。如果不能随生产经营的技术水平的变化而相应变化，制度效率必然会降低。

金融体系的制度结构是由不同制度安排构成的系统体系。制度效率取决于结构中各个单项制度安排各自的效率，决定单项制度安排效率的影响因素同样决定了制度结构的效率。但是，任何制度结构都包含了众多制度安排，是由单项制度安排耦合而成的复杂的统一制度系统，制度安排间存在多种多样的关联性和依存性，制度结构的效率决定并不尽然由单项制度安排的效率决定简单相加。

制度结构必须进行制度配置，原因在于制度结构中的各项制度安排并不总是匹配和协调，耦合不能达到最优状态。制度配置有三种状态：一是制度耦合，制度结构的各项制度安排能够为实现核心功能有机结合，从不同角度激励和约束制度对象行为，各项制度安排不存在抵制和冲突的部分，不存在结构矛盾，可最大限度发挥制度结构的整体功能；二是制度冲突，制度结构的各项制度安排作用力方向不一致，行为规范存在抵触和矛盾，造成制度对象行为紊乱、无所适从，整体功能发挥受限；三是制度真空，制度结构出现漏洞，对某些具体行为不存在相应的制度安排，也就无从规范，影响到社会发展。制度耦合下，各项制度安排协调一致，结构系统高度有序，而在制度冲突和制度真空中，制度结构存在大量漏洞和矛盾，整体绩效被减弱。

自然演化的制度是有效率的。在制度自发演化中，制度通过试错方积累更好利用经验知识的技术规则，制度主体通过微小的步骤和措施来寻求现行制度体系的变化和创新，这些微小的步骤时而前进、时而后退。从某种意义上讲，作为制度结构的体现形式，金融体系并不是从设立之日起就完美无缺的，而是在不断调节中适应新的实际情况，以满足体系效率最大化，这一不断调节的目的就是打破制度对原有体系结构的路径依赖，创造出适应新条件的金融结构。如何打破路径依赖、形成新结构，就是金融体系面临的转型效率问题。评价一个制度是否具有较高效率，需要考察其因时而变的适应能力，既要通过宏观层面考察其组织结构形式，也要通过微观层面验证其量化指标。

二、金融体系转型与内外约束

日本金融体系效率取决于多种因素共同作用，经济水平对金融体系效率的发挥有很大影响。金融体系必须与经济水平相匹配：有科学明确的转型目标，有清晰的产业政策，有可行的转型步骤。

日本金融体系转型的目的是提高金融体系效率。金融体系效率是一个国家金融功能的深层次体现，金融体系功能实现必须伴随资源优化配置和有效利用。通过动员及转移，金融体系功能能够促进金融资源在盈余部门和不足部门优化配置。日本在二战后形成以主银行为主体的间接金融，适应了当时的经济发展水平，能够在市场不完善情况下将金融市场的产权、信息和激励机制结合起来，通过政府指导减弱或消除了信息不对称等金融市场功能缺陷可能带来的市场失灵。随着金融规模和法制完善，原有的间接金融体制不能完全胜任新形势需求。从日本金融体系暴露的问题看，日本以主银行为主体的间接金融只能作为一种特殊时期的金融结构，适用于经济发展特定阶段，不能作为资源配置的长期形式。

以金融机构为主导的间接金融，注重通过金融机构对企业及项目的风险、收益进行监管，消除逆向选择及道德风险，消除信息不对称影响；以资本市场为主导的直接金融，采用外部治理模式，通过金融市场的机制实现治理。两者不存在优劣之分，反而具有一定互补性，必须与一国经济水平和市场环境相适应。从全球金融发展趋势看，间接金融和直接金融出现融合态势。只有在同一金融体系内实现两者协调发展，实现更深层次融合，才能建立高效率的金融体系，这也是日本金融转型的根本目标。

金融体系转型必须有合理的制度安排，才能实现金融效率提高。随着日本经济发展，金融体系面临间接调控下传导机制不畅的问题，利率非市场化导致金融机构存贷款业务风险和收益不对称。利率市场化应循序渐进，从微观主体和宏观环境诸多方面入手，创造稳步推进利率市场化的条件，使利率市场化改革成为完善金融体系的有效措施。

利率市场化面临如下约束：一是竞争市场是否形成，如果不打破大型金融机构在金融体系内的垄断地位，完全放开利率规制会使规模较小的金融机构面临挑战，不利于市场化利率形成；二是金融机构的现代公司治理是否完善，利率是资金价格，有效合理的利率应真实反映资本市场的资金价格，而形成有效的资金价格依赖于金融机构在费用管理、财务控制、利润分配、资本成本等方面的严格制度约束，市场化程度以金融机构管理水平为基础，如果金融机构没有完善的治理结构，缺少权力和责任、收益和成本的制度约束，利率就难真实反映市场供需关系，意味着利率合理形成机制基础的缺失；三是微观主体对原有利率政策的依赖程度，长期的低利率政策使社会陷入低利率依赖陷阱，利率自由化可能带来利率上升，使微观主体出现经营困难，所以利率自由化必须考虑微观主体的经营，否则会影响金融体系效率的提高；四是金融监管水平好坏，为防止利率市场化下的金融机构恶性竞争，应建立完善的金融自律及金融监管制度，确保金融体系稳健经营，形成公开透明的运作机制，缺失有效的金融监管将使利率合理形成机制达不到设计效果。

日本的利率规制改革在遵循扩大利率浮动范围、简化利率种类的同时，从国债市场自由化入手，形成可靠的市场利率信号。在此基础上，通过市场利率的导向作用，及时调整存贷款利率，持续扩大浮动范围，完善金融体系中的利率合理形成机制，最后完全放开利率规制。

遵循金融产业发展规律，可避免金融体系转型的随意性和盲目性，少走弯路。金融产业政策是政府为实现金融产业发展而制定的针对金融产业结构安排、发展方向、技术手段等的明确指导政策。金融产业政策不仅影响日本金融资源的配置方式、金融机构和金融产业的行为，还会影响整体发展进程和开放程度。

从日本金融转型的经验和教训看，金融产业政策应合理、科学、清晰和明确。一是明确金融体系发展的目标约束，降低目标不明确带来的随意性和盲目性。金融是组织各类生产活动的产业集群的核心，如果没有明晰的金融产业政策，金融体系转型将缺乏总体的战略目标和具体的阶段目标。金融产业政策明确了金融政策目标，会增加金融转型的主动性、预见性和实效性，产生目标感和方向感。二是降低金融体系转型成本，提高转型效率。缺乏整体的金融产业政策，会使金融体系转型的政策措施反复调整，造成资源浪费，增加了时间成本。明晰的金融产业政策有助于把握金融发展机遇，增强政策引导的连续性和稳定性，提高转型效率。三是形成稳定政策预期，保证金融体系运行稳定。政策信息通过影响公众心理预期改变市场供求，模糊不清的政策信息会带来市场波动，影响金融市场稳定。金融产业政策主要包括结构政策、组织政策、鼓励和限制政策。结构政策是为了解决金融产品、金融组织及金融市场结构的合理性，设计和规划的重点在于明晰结构政策目标，选择适当战略性产品对金融产业的发展规划出基本格局，提高产业结构的构成质量。组织政策包括金融市场中的适当保护政策、竞争和反垄断政策、组织和集团政策，通过选择适当的金融政策手段实现政策的合理配合和统筹协调，扫除金融体系中各种妨碍和影响合理竞争的障碍，创造公平竞争环境，保护合理的有序竞争。鼓励和限制政策在于促进和鼓励金融结构完善、创新金融工具、淘汰落后的金融机构和金融商品，提高金融体系的技术水平。

日本金融体系效率客观上受经济环境约束，只有和经济水平相一致才能够转化为促进经济增长的动力。只有在内外约束条件和内部结构一致情况下，金融体系高效促进经济增长的目标才能实现。

三、金融体系转型与金融结构

金融体系的内部结构主要为投融资体系，金融体系效率好坏体现为投融资体系效率的情况，所以金融体系的结构是否合理关系到金融体系的整体效率。日本金融体系在转型过程中，注重金融创新和监管协调发展，既强调市场功能，又没有盲目夸大市场作用。通过建立金融体系的高效率多层次风险分担机制，日本将原来由银行承担的风险转移到社会，在间接金融基础上吸取直接金融的可取之处，构建了融合间接金融和直接金融优势的直接金融体系。日本金融体系转型包括：发展非银行金融机构，完善和构建市场化金融体系，实现间接金融和直接金融互补。

金融结构耦合了金融体系内各个要素，是金融体系最重要的组成部分，是使各种金融要素有机联系的整体，包含各种金融要素间质和量的关系。戈德史密斯对比了不同国家的金融体系及结构，寻找金融结构最优方式，认为金融机构的形式、性质和相对规模，与各种金融工具共同构成一国金融结构的特征。金融结构是一个复杂系统，反映金融体系对金融资源的调动和配置。横向上，金融结构是金融主体、客体、形式、工具、价格及市场的有机整体；纵向上，金融结构是微观基础、中观市场和宏观管理的有机整体。

金融结构的影响主要包括两方面：一是对金融发展的影响。包括金融工具、金融机构、金融市场在内的金融结构，种类越多、结构越复杂、规模越大、分布越广，金融的功能就越强，金融发展水平就越高。金融发展包括金融总量增长和金融结构深化，前者只是同一层次上量的扩张，后者则为金融功能层面质的提升。二是对经济水平的影响。一方面，有利于提高储蓄、投资水平，通过有效配置资金促进经济增长。另一方面，通过金融结构优化完善服务功能和风险管理功能，提高经济发展水平，即通过大量提供具有特定内涵与特性的金融工具、金融服务、交易方式或融资技术等，从量和质两方面同时提高需求者的满足程度，为社会提供各种金融便利和服务，为生活中的各种不确定性风险提供保险和保障，增加金融商品和服务效用，从而增强金融的基本功能，提高金融体系效率，满足不断增长的各种金融需求，提升生活质量并增加社会总福利。

完善金融体系就要深化以主银行为主体的间接金融体系改革，发展非银行金融中介机构。作为最重要的社会资金供给平台，银行的资金动员和配置能力关系到金融体系效率的高低。以主银行为主体的间接金融体系，对日本经济高速增长起到不可磨灭的作用，即使经济泡沫破灭带来金融风险，银行依然是最为重要的资源配置中介。以主银行为主体的间接金融体系改革，核心在于实现各种类型银行合理并存和公平竞争，这有利于金融体系的稳定性和竞争性，保障银行体系的资源优化配置效率。构建市场化的金融体系，需要打破政策保护带来的垄断租金，减少政策因素造成的体系内不公平、资金过度需求和过度放贷，分离银行政策性贷款职能，使其向市场化的商业银行发展。传统间接融资模式中，银行存贷款等业务独立于金融市场，非银行金融机构的发展能够填补银行无法实现的职能目标。养老基金、互助基金等新型金融机构迅速扩张，成为金融体系重要组成部分。非银行金融机构突破了间接金融的投融资分配体系，通过保险、租赁、证券、信托等多种模式促进了融资方式多元化。与此同时，游离于金融市场之外的银行存贷款业务，也因大额可转让存单、资产证券化等金融创新的出现被日益卷入市场之中。以主银行为主体、各种类型中小银行为辅，包含非银行金融机构在内的多层次金融体系得以完善，推动了金融创新繁荣和金融市场有序竞争，资金使用效率得到提升。

构建市场化的金融体系，重点是规范证券市场，提高证券市场在金融体系中的地位和投融资吸引力，提升市场化直接投融资的比重。金融发展从初级单一到多元化发达，存在既有路径。日本金融体系的起步源于以主银行为主体的间接金融，直接金融伴随经济发展和市场化程度加深，在金融结构中的比重越来越大。要实现金融结构多元化，必须提高以证券市场为主的直接金融水平。证券市场具有如下特点：一是市场参与者直接接触，在资金用途、数量、利率、期限、融资时间等问题上拥有较多选择自由；二是发行股票和债券的资金筹集者可获得相对稳定和长期的资金来源；三是市场参与者必须按照市场价格交易，直接受证券市场机制约束，通过市场机制配置资金向效率高的参与者流动，同时对筹资者信息披露的要求很高，使其经营管理处于社会广泛监督之下，提高了资金使用效率；四是证券市场可提高企业发展速度，使筹资者的生产经营规模迅速扩大。如果金融体系内的银行和证券两种资源配置的金融结构能够协调，可以提高金融体系的整体效率。

构建金融体系的多元结构，需要日本实现间接金融和直接金融的功能互补。当国家更加富裕时，银行、非银行金融机构和证券市场都变得更有效率，在较高收入水平上金融部门的发展倾向更大。投资者的投资需求可以通过代理者——具有规模经济的银行——实现，也可以通过证券市场实现。间接金融和直接金融各有优势，具有互补性，前者能更好地在代际间配置风险，后者能更好地在代际内配置风险。如果经济体系中既有发达的银行，又有发达的证券市场，也就是拥有全面发展的金融体系，那么社会资源将得到更有效的配置，代际代内风险和跨时跨域风险也将会得到更好的转移和分摊。间接金融能够提高资源配置效率和银行对公司的控制，提供比直接金融更优的跨时风险分担机制，减少道德风险和逆向选择；直接金融可以通过并购和激励手段提高公司运作效率，提供比间接金融更优的跨域风险分担机制。

日本通过金融体系转型实现了间接金融和直接金融互补，一定程度上克服了原有金融体系的弊端，提高了金融市场活力和金融机构国际竞争力。一是保留间接金融制度及强化金融立法，使日本的金融部门及金融产品处于全面监管范围。二是交易成本和信息不对称的存在使金融机构比个人投资者具有更大优势，更全面、详细了解贷款者的信息，将信息收集的收益内部化，从而减少搭便车现象，实现规模经济。三是金融市场的投资者风险偏好不同，对风险配置的代际和代内偏好也不同，金融体系的多元结构能够弥补不同制度的弊端，满足投资者不同的代际和代内风险配置偏好。四是企业在生命周期不同阶段的资金需求、信息获取能力、信誉是不同的，企业必须在生命周期的不同阶段利用不同的金融体系配置资金，前期主要利用银行的间接融资，后期主要利用证券市场的直接融资，金融效率的提高离不开两种体制的配合。

金融体系本身具有内在的一体化要求。当市场主体对风险具有较强控制能力时，降低社会资金在不同领域的转换成本能够提高金融体系效率和竞争程度，改善金融市场信息不对称的状况，促进宏观金融平衡。在有效的金融监管背景下，银行业和证券市场的融合趋势及协调运行顺应了社会资金的内在要求，能够促进金融市场发展和提供社会资金使用效率，这种融合趋势具有理论和现实的双重合理性。当银行面临证券化压力时，会在利润导向下推动金融分工沿间接融资的内在价值链展开，引起的技术水平提高将改变资金价格，提升资金优化配置水平，即通过专业化分工提高了金融部门效率。提高两种体制的内在机能和联系，建立间接金融和直接金融共同发展的金融体系，能够提高金融体系的整体效率。

第三节　市场机制、系统功能与制度效率

日本金融体系转型具有市场性和适应性特点，但是不存在最优模式和统一模型，转型的好坏在于能否发挥金融体系作用，促进金融效率提升。日本金融体系的效率包括微观效率和宏观效率。宏观效率受宏观主体采取的政策的影响，微观效率取决于微观主体应对政策的措施。依靠市场力量，日本通过加强市场手段实现了金融体系的充分竞争、制度优化和有效监管。在市场性和适应性以及微观性和宏观性的共同影响下，日本金融体系通过转型获得了较高效率水平。

一、市场机制与金融总量增加

一定时期内，金融体系及规章制度具有稳定性。经济主体会适应金融体系，并形成与之相对应的思维和行为模式。但是，金融体系的相对稳定性并非一成不变，会随时间延伸而发生变化。当原有金融体系的部分或全部不再适应现实经济需求时，经济主体会产生调整金融体系的愿

望和动机，并采取相应措施。利率自由化是日本金融体系转型的先导，合理的金融体系应能发挥各项制度安排的整体作用，实现金融机构、金融工具、储蓄者、借贷者等的和谐共处和高效运行。

从日本金融体系转型看，一国的金融体系既受特定政治、经济、文化的影响，也受国际社会影响；既要强调金融体系转型的内生性及规律性，又要注重经济主体对金融体系的现实需求。

日本金融体系转型采用市场化路径，依靠市场力量，通过加强市场手段实现金融体系总体和各项制度安排市场化程度的提升，形成充分竞争、制度优化和有效监管的金融市场结构。运行方面，日本金融体系转型坚持市场理念。以主银行为主体的间接金融体系，对金融租金形成的超贷和市场优越地位存在路径依赖，很难产生来自体系内部的转型动力，只有市场化的转型机制和方向才能实现金融体系效率提升。日本经验在于实现了资本市场的市场化运作，包括资本获取的市场化、机构运营的市场化和金融企业治理的市场化。市场化运作使金融体系在市场中规避风险、不断创新，形成组织制度、管理、产品等一系列的创新机制，促进金融体系市场化调节。调控方面，日本政府采用市场化的间接调控对金融体系进行调整。金融机构为适应市场化调控，市场化程度进一步提高。监管方面，日本政府重在强调市场的约束机制，通过制度和规则安排实现有效的约束。一方面，减少了政府行政干预，使金融机构实现以利润为导向、以自身资本为基础的市场化运作；另一方面，通过提高市场信息披露透明度等手段，鼓励市场参与者参与监管，使金融体系具有了宽松有效的市场化制度环境及管理机制，实现金融体系转型以市场为导向和动力。

日本金融体系转型具有自身特点，也符合制度变迁的一般规律。金融体系转型是为提高金融效率，实现对经济发展的促进功能，必须符合经济发展的需求，是经济和金融本身发展的客观和必然产物，本质上为诱导性制度转型，只有经济和金融体系发展到一定阶段才能产生相应的变迁，与社会、经济、金融的完善程度关联。金融体系转型具有内生性，其内生于日本经济发展的基础上。虽然金融体系转型可通过外力引导，但本质上还是经济发展的内在需要。日本20世纪70年代中期的金融改革促进了间接金融体系效率的提升，也提高了间接金融体系中证券市场的效率，这是因为制度的结构变革适应了经济需要。日本金融体系转型以需求为导向，相关法律体系的完善及信息技术水平的提升都促进了效率提升。

通过金融体系转型，日本银行业和证券市场的效率都得到了提升。金融体系转型具有双重表现，包括金融总量的增加和金融体系的调整。总量增加、体系调整之间存在相互影响和促进的关系，金融总量持续增加带来量的积累，金融体系调整带来效率提升。金融总量增加是金融体系调整的基础，从金融发展角度看，金融体系应与经济水平和金融总量相适应，并随其变化而变化。在金融体系初级阶段，金融总量低，市场交易活动比较贫乏，体系相应比较简单。随着时间推移，金融总量的增长提升了金融活动的复杂性，仅靠单一而简单的金融体系无法满足市场需求，调整随之产生。经济总量和金融总量的增长意味着商品流通和服务规模膨胀、频率加速，对金融部门提出更高要求——更便捷、更多样、更适合、更复杂的金融服务。金融体系在适应经济总量和金融总量增长的同时，就会对原有金融服务和组成部分的规模进行调整，产生新的金融机构、服务类型、产品种类、交易方式，推动金融机构自我变革，从而推动金融发展。

日本金融总量增加和金融体系转型密不可分。总量增加是转型的基础，金融总量持续增加才能形成金融体系转型的条件。金融体系是金融总量在各个构成要素上的反映，金融体系的任何变化都会表现为金融总量各个构成要素同方向或反方向不同比率的增加或减少。此外，金融体系对金融总量存在作用力，合理、完善的体系结构可以促进金融总量进一步增长。若日本没有进行金融体系转型，就不会出现升级性的金融发展。金融发展、金融总量与金融体系三者不断深化、发展，是日本金融体系效率提升的关键。

制度安排在日本金融体系转型过程中具有决定性作用。决定和影响金融体系效率的金融变量包括内生变量和外生变量，内生变量与外生变量相互作用，如财政政策、货币政策、开放政策等因素对金融体系的形成具有重大影响。利率规制、主银行制度等日本战后实行的金融制度，在赶超期是非常有效的，但是在金融体系多元化方面存在不足，从而使金融体系无法适应金融总量膨胀后的日本经济需求，难以有效促进金融体系功能强化和效率提升。金融体系转型应抓住适应性和市场性两个特点，完善市场化的金融体系结构，通过金融体系自身的功能完善和结构调整这一内生机制实现效率提高。

二、市场机制与系统功能提升

伴随金融市场繁荣、金融机构数量增加、金融产品种类变多，日本金融体系的作用也随之增强。微观上，金融能够提供丰富的金融产品及服务，不断创新交易和融资方式，降低成本，满足不同市场参与者的需求，是金融体系效率提高的微观基础；宏观上，金融调控能够及时发现问题并做出反应，存在有效的政策传导机制，是金融体系效率提高的宏观保证。

金融市场主要由主体金融机构和客体金融工具组成。金融体系转型过程中，金融机构与金融基础设施的发达程度，新技术手段的使用，是金融市场运作效率提升的因素。金融机构复杂化和多元化有利于合理价格的形成。金融机构通过自身融资手段，在全社会范围实现闲置资本的集中和配置，不同类型金融市场和金融机构的融资存在此消彼长的动态调整。由于金融部门与社会中的企业、居民保持着广泛的经济联系，能够积聚并运用数倍于自有资本的金融资源，对实体经济的资源配置产生影响。金融机构多元化和复杂化使金融市场容量和交易规模扩大，增加了金融产品和服务的提供者，由于金融产品的内在同质性，金融市场多方博弈使各类金融商品价格趋于相对稳定和均衡，市场价格形成机制朝着更充分竞争方向发展。

微观金融运作中，金融市场和金融机构是最基本载体，经济主体间的金融活动都是通过金融市场和金融机构完成的。金融体系转型主要是通过金融市场运行效率和金融机构经营效率的提升实现。随着日本金融机构的增多，金融商品和金融服务的供给主体增加，金融商品与金融服务的种类和数量随之增加，更好满足经济对金融产品和服务的差异化需求。金融体系转型过程中，金融机构多元化发展实现合理市场竞争，金融微观主体竞争力的提升带来整个金融体系业务范围扩大、收入来源多样化、资产增加，金融机构运作效率提高。金融体系运行中，资金转移——从储蓄向投资转化，从盈余部门向赤字部门转移——是通过金融市场和金融机构进行的。假如金融市场和金融机构效率较低，资金转移会受到相应约束，意味着社会资金没有得到充分运用。金融市场发达程度、金融机构运作效率决定着资金转移的数量和质量，从而制约经济发展。

日本金融体系在转型中实现了系统功能提升，市场组织制度及交易规则越来越成熟，达到控制各方参与者违约风险和兼顾利益的作用。新技术手段的运用使金融市场运作时空超越以往，整体效率提升。日本金融机构不断采用新技术手段改善金融基础设施，新技术手段和交易方式能够提高市场交易和组织的有效性。一方面，金融市场价格的决定依赖于市场对价格影响因素变动情况的获取能力，金融部门积极提升信息技术设备和手段，能够更快捷获取价格信息。投资者可借助信息技术更及时和准确地接收、处理市场行情数据，做出价格走势判断。另一方面，高效运行的金融体系可使投资者通过投资组合减少个别风险，使市场减少系统风险。高效率金融体系的投资收益率曲线变动平缓；低效率金融体系的投资收益率曲线波动较大。

日本金融体系转型提供了更多种类的新工具、新服务和新交易，增加了投资者选择余地，使投资收益相对上升。高效率金融体系中，参与者众多，成交相对容易，交易量较大且比较稳定，可以通过现代化管理或改变竞争机制和供求关系降低交易成本。同时，各种金融商品间的替代性增强、转换性加大，商品成交率上升，交易成本进一步下降。交易成本下降使投资收益相对上升，吸引更多投资者入场，通过规模效应更进一步降低了交易成本。作为金融市场交易对象，金融工具不断推陈出新，从客观上使金融工具的投融资特性得到细化，为微观市场的参与者增加了可供选择的对象，不同投资者在众多可供选择且各具特性的金融工具面前，比较容易实现各自的收益组合，同时又满足了实体经济的金融新需求。基础金融工具种类增加，使衍生金融工具及基于基础金融工具组合的投资组合增加，推动并深化了金融市场投融资功能。

通过竞争机制和规范机制，日本金融部门使开放结构作用于金融机构运行。金融体系转型过程中，金融部门对外开放的进程及格局都会对金融机构的运行产生较大影响。新竞争者的引入增加了微观竞争主体，改变了市场集中度和市场份额，增加了市场对国际结算等业务的争夺；强有力的新竞争者对原有金融市场竞争格局产生"鲶鱼效应"，增加了市场活跃度，使市场效率得到提高；新竞争者迫使国内金融机构转变经营理念，改变内部运行机制，进一步适应市场需求，逐步走向市场化、规范化。

宏观金融效率包括两部分：一是微观金融效率在国民经济上的体现；二是宏观金融调控效率，具体可表现为货币作用效率。金融对经济的作用主要以货币为中介，为整个社会提供了大量价格更低的货币。货币周转速度越快，货币作用效率越高，货币总量和经济总量的比率越低。货币根据流动性不同具有不同层次划分，形成一国货币结构。日本的金融市场发展和金融机构多元化，使监管当局从直接控制逐步转向间接的货币政策工具，这得益于各种类型金融工具的采用及货币市场的发展。

日本金融业发展初期，商业银行在货币政策传导中充当着非常重要的中介角色，金融政策主要通过商业银行传递到社会各个方面。金融体系转型使金融创新不断产生，非银行金融机构数量增加，地位迅速抬升，降低了商业银行在金融部门中的地位和作用。为生存和发展，商业银行加大了证券业务、表外业务、服务业务等的比重，向非中介化方向发展，从以存贷款为主的经营转向多种业务并重。商业银行地位下降及业务范围变化，削弱了银行作为货币政策传导主体的功能。随着日本银行通过公开市场业务进行货币政策操作，非银行金融机构在货币政策传导中的地位日益加强。

日本金融体系转型对监管框架调整起决定性作用，从一元化监管转变为多元化监管。货币政策传导机制在金融体系转型后呈现多元化趋势。利率、货币供应量、汇率、通胀率等都成为货币政策传导渠道，共同发挥作用。这也增加了货币政策的操作难度，加大了货币政策效果的不确定性。金融体系快速调整期，也是金融监管快速调整期，前者调整越多，后者调整幅度越大，使金融监管制度和结构发生改变。随着日本证券、保险、信托等金融部门逐步壮大，金融监管架构从一元化走向多元化。由于官方监管的局限性，日本越来越重视市场约束、行业自律、内部控制在维护金融体系稳定等方面的补充作用。某种意义上，金融体系转型趋势直接决定了金融监管结构的调整路径。

基于放松规制、多元化的日本金融体系转型，促进了银行业和证券市场发展，增强了金融市场吸引力和活力，扩大了直接融资渠道，发展了信用证券化，提高了资金转移效率，推动了金融体系效率的整体进步。

参考文献

01. [美] 道格拉斯·C. 诺思著，杭行译：《制度、制度变迁与经济绩效》，格致出版社、上海三联书店、上海人民出版社 2008 年版。

02. [美] 凡勃仑著，蔡受百译：《有闲阶级论——关于制度的经济研究》，商务印书馆 1964 年版。

03. 柯武刚、史漫飞：《制度经济学：社会秩序与公共政策》，商务印书馆 2000 年版。

04. [美] 雷蒙德·W. 戈德史密斯著，周朔、郝金城、肖远企、谢德麟译：《金融结构与金融发展》，上海三联书店、上海人民出版社 1994 年版。

05. 李健：《金融创新与发展》，中国经济出版社 1998 年版。

06. 彭兴韵：《金融发展的路径依赖与金融自由化》，上海三联书店、上海人民出版社 2002 年版。

07. 钱小安：《中国货币政策的形成与发展》，上海三联书店、上海人民出版社

2000 年版。

08. 施兵超：《经济发展中的货币与金融——若干金融发展模型研究》，上海财经大学出版社 1997 年版。

09. 王广谦：《经济发展中金融的贡献与效率》，中国人民大学出版社 1997 年版。

10. 王兆星：《中国金融结构论》，中国金融出版社 1991 年版。

11. 谢清河：《金融结构与金融效率》，经济管理出版社 2008 年版。

12. 张杰：《中国金融成长的经济分析》，中国经济出版社 1995 年版。

13. 巴曙松：《中国债券市场的发展及对利率政策、银行风险管理的影响》，《金融研究》2000 年第 2 期。

14. 巴曙松：《资本市场发展与金融结构调整——兼评银行业与证券业的分离与融合》，《当代经济科学》1998 年第 1 期。

15. 黄少安：《关于制度变迁的三个假说及其验证》，《中国社会科学》2000 年第 4 期。

16. 李怀：《制度生命周期与制度效率递减——一个从制度经济学文献中读出来的故事》，《管理世界》1999 年第 3 期。

17. 马瑞永：《银行主导型与市场主导型金融系统的优劣比较》，《云南财经大学学报（社会科学版）》2003 年第 4 期。

18. 钱小安：《金融开放条件下利率市场化的动力、约束与步骤》，《世界经济》2003 年第 3 期。

19. 史继红：《制度变迁与制度效率的波型特征的经济分析》，《经济研究导刊》2007 年第 9 期。

20. 王冠凤：《证券市场效率探究：基于新制度经济学的分析》，《沿海企业与科技》2007 年第 6 期。

21. 许正雄：《对中国利率市场化改革措施的认识》，《宏观经济观察》2001 年第 11 期。

22. 杨星、王琪琼：《间接金融仍是金融业的主导模式——一种新的理论分析框架》，《中央财经大学学报》2001 年第 10 期。

23. 袁庆明：《论制度的效率及其决定》，《江苏社会科学》2002 年第 4 期。

24. 张立洲：《论金融结构、金融监管与中国金融发展》，《经济学动态》2002 年第 7 期。

25. 郑蔚:《日本"传统型"向"市场型"间接金融转化的经济分析》,《现代日本经济》2010年第4期。

26. 王洪运:《金融体系的比较、内生演进与中国的选择》,中南大学2008年博士学位论文。

27. 张兴胜:《中国经济转型中的金融支持政策研究》,中国社会科学院研究生院2000年博士学位论文。

28. 苑德军:《苑德军:抓紧制定完备的金融产业政策》,http://business.sohu.com/20060622/n243877379.shtml。

29. 髙田创・柴崎健,『銀行の戦略転換:日本版市場型間接金融への道』、东洋経済新報社2004年版。

30. 蠟山昌一編,『金融システムと行政の将来ビジョン』、財経詳報社2002年版。

31. 藪下史郎,『貨幣金融制度と経済発展——貨幣と制度の政治経済学』、有斐閣2001年版。

32. 小宮隆太郎,『現代日本経済:マクロ展開と国際経済関係』、東京大学出版会1988年版。

33. 本田伸孝,「新たな金融監督行政が与える銀行経営への影響」、『年報財務管理研究』2005年第12期。

34. 大塚二郎,「転換期のアジア国際金融市場——国際金融仲介水平分業化への視点」、『日本長期信用銀行調査月報』1991年总第266期。

35. 大田英明,「資本取引・金融自由化と経済発展——新しい成長パラダイム」、国際経済学会、2006年第10期。

36. 岡本惠也,「直接金融・間接金融再考——金融仲介機能の変遷とリスク問題」、『熊本学園大学レポート』2003年。

37. 岡部光明・光安孝将,「金融部門の深化と経済発展——多国データを用いた実証分析」、『総合政策学ワーキングペーパーシリーズ』2005年第4期。

38. 黒柳雅明・浜田宏一,「内生的成長理論——経済発展、金融仲介と国際資本移動」、『大蔵省財政金融研究所フィナンシャル・レビュー』1993年第3期。

39. 加藤裕己,「戦後日本の経済発展と金融構造」、『東京経大学会誌』2009年总第267期。

40. 菊池英博,「寡占化・硬直化・脆弱化した日本の金融システム——不安定化した金融システムをどう立て直すか」、『経営論集』2005 年第 1 期。

41. 堀内昭義、「日本における金融構造の基礎：展望」、『大蔵省財政金融研究所フィナンシャル・レビュー』1999 年第 6 期。

42. 鈴木卓実、「金融制度と経済発展——多国データに基づく実証研究」、『岡部光明研究会研究報告』2003 年。

43. 鹿野嘉昭、「金融システムの進化と市場型間接金融：消費者利益向上の視点から」、同志社大学経済学会、『経済学論叢』2008 年第 1 期。

44. 前多康男、「わが国の金融市場に向ける市場規律の活用について」、日本銀行金融研究所、『金融研究』2009 年第 3 期。

45. 野村敦子、「金融制度改革の進展とこれからの銀行業」、日本総合研究所、『Business&economic Review』2007 年第 1 期。

46. 桜川昌哉・浜田宏一、「不完全情報 金融仲介 経済発展」、『理論経済学』1992 年第 5 期。

47. Allen F., D. Gale, "A Welfare Comparison of the German and U. S. Financial Systems," Working Paper of Wharton School, 1994.

48. Asli Demirguc – Kunt, Ross Levine, "Bank – Based and Market – Based Financial Systems: Cross – Country Comparisons," Development Research Group of The World Bank, Working Paper, 1999.

49. Diamond D., "Financial Inter – mediation and Delegated Monitoring," Review of Economic Studies, Vol. 51, 1984.

50. Sirri, Erik, Tufano, "Costly Search and Mutual Fund Flows," Journal of Finance, Vol. 53, 1998.

第五章 金融体系转型效率的实证分析

本章对日本金融体系的两个主要组成部分——以银行为代表的间接金融和以证券市场为代表的直接金融——进行实证检验。发达的金融结构对经济增长有促进作用，在资金一定情况下，金融效率越高，资金使用效率越高，金融体系越发达。银行业效率主要被用于衡量政府既定政策有效性，包括放松金融规制、改变市场结构、矫正市场缺陷、提高市场集中度等。银行作为提供间接金融服务的金融机构，能否最大化动员储蓄，按照收益最大化原则合理有效投资，对经济发展具有重要意义。证券市场效率涵盖信息处理效率、制度变迁对市场影响、市场自我调节和恢复能力等，不仅包括传统证券市场效率研究面临的微观问题，还包括宏观结构问题。金融体系转型效率具有多样性，最终要实现多重均衡。正如青木昌彦所指出：理解制度多样性和当代经济复杂性，需要研究经济、政治、组织、社会诸域制度间的相互依存特征，以及联结这些域的制度的性质，不仅要在正统经济学框架下思考问题，还要借鉴社会学、政治学、认知科学等邻近学科对制度问题的重要贡献。

第一节 银行业转型效率检验

日本经济在20世纪70年代中期进入低速发展。日本政府针对金融体系进行了一系列改革，期望建立"以主银行为主体、直接金融发达"的金融体系。转型有助于改善金融体系的资源配置功能。本节对日本金融体系转型是否提高了银行业效率进行实证分析。

一、银行业转型随机前沿方法检验

银行业效率前沿分析的参数分析法包括：随机前沿方法（SFA）、自由分布方法（DFA）和厚前沿方法（TFA）。参数分析法具有严格的函数形式，可综合考虑导致产出、投入、成本、利润等过高或过低的随机误差，本节采用 SFA 对日本银行业转型效率进行检验。

（一）SFA 检验模型选择

SFA 是利用随机前沿生产函数进行银行业效率评估的方法，由艾格纳、洛弗尔、施密特 & 米乌森、布洛克在 1977 年分别独立提出。模型通过分解误差项对决策单元的技术效率做出估计。误差项分解为两部分：一项表示随机误差，另一项表示技术无效。模型表示为：

$$y_i = \beta X_i + (v_i - u_i), i = 1, \cdots, N \quad （公式 5.1）$$

公式 5.1 中，y_i 为第 i 决策单元的产出，X_i 为第 i 决策单元的 $I \times 1$ 阶投入数量向量，β 为未知参数向量，v_i 服从独立同一分布 $N(0, \sigma_v^2)$ 且独立于 u_i，u_i 为随机变量，用以说明生产的技术无效性，通常假设其服从独立同一分布 $N(0, \sigma_u^2)$，N 为决策单元数量，I 为第 i 个决策单元投入数量的种类。

贝泰斯、科埃利改进了 1977 年随机前沿生产函数模型的非平衡面板数据。非平衡面板数据与各决策单元自身状况有关，存在决策单元效应。假定其服从截断的正态随机变量分布，且允许随时间系统的变化而变化，模型表示为：

$$y_{it} = \beta X_{it} + (v_{it} - u_{it}), i = 1, \cdots, N; t = 1, \cdots, T$$

（公式 5.2）

公式 5.2 中，y_{it} 为第 i 决策单元第 t 期的产出，X_{it} 为第 i 决策单元第 t 期的 $I \times 1$ 阶投入数量向量，v_{it} 为随机变量，假设其服从独立同一分布 $N(0, \sigma_v^2)$ 且独立于 u_{it}；$u_{it} = (u_i \exp(-\eta(t-T)))$，$u_i$ 为非负随机变量，用以说明生产的技术无效，通常假设其服从在 0 处截断的正态分布 $N(\mu, \sigma_u^2)$，η 为待估参数。对公式 5.2 生产函数进行极大似然估计，设定并计算 $\sigma^2 = \sigma_v^2 + \sigma_u^2$ 和 $\gamma = \sigma_u^2 / (\sigma_v^2, \sigma_u^2)$ 以验证估计结果的显著性。$\gamma \in [0, 1]$ 为迭代过程提供了很好的起始值范围。

进一步对技术无效项进行估计——二阶段估计。库姆巴卡尔、高希、麦古金、雷夫施奈德与史蒂文森分别独立提出无效效应 u_i 可表示为具体决策单元变量向量和随机误差的显性函数。贝泰斯、科埃利在此基础上加上配置效率，去掉利润最大化一阶条件，得到如下模型：

$$y_{it} = \beta X_{it} + (v_{it} - u_{it}), \quad i = 1, \cdots, N; \quad t = 1, \cdots, T$$

（公式5.3）

公式5.3中，u_{it} 服从在0处截断的正态分布 $N(m_{it}, \sigma_u^2)$，$m_{it} = z_{it}\delta$；z_{it} 为可能影响决策单元效率变量的 $P \times 1$ 阶向量，δ 为 $1 \times P$ 阶待估参数向量。对公式5.3生产函数进行最大似然估计，如果投入和产出取对数形式，则第 i 决策单元的技术效率为 $\exp(-u_i)$；如果投入和产出是原单位，则第 i 决策单元的技术效率为 $(\beta X_i - u_i)/\beta X_i$。技术效率取值范围为 $[0, 1]$，值越接近于1表明决策单元的技术效率越高、技术无效程度越低。

以上模型均以生产函数形式表示，u_i 被解释为技术无效效应，使决策单元在随机生产前沿以下运行。如果要设定随机前沿成本函数，只需将误差项 $v_i - u_i$ 变为 $v_i + u_i$。相对基本函数模型，成本函数模型为：

$$y_i = \beta X_i + (v_i + u_i), \quad i = 1, \cdots, N \quad （公式5.4）$$

公式5.4中，y 为成本变量，X_i 为第 i 决策单元的 $I \times 1$ 阶投入数量向量，β 为未知参数向量，v_i 服从独立同一分布 $N(0, \sigma_v^2)$ 且独立于 u_i，N 为决策单元数量，I 为第 i 个决策单元投入数量的种类，u_i 为随机变量，用以说明生产的技术无效性，通常假设其服从独立同一分布 $N(0, \sigma_u^2)$，u_i 为随机变量，定义了决策单元在成本前沿之上多远距离运行。如果对资源配置效率做出假设，u_i 与技术无效的成本最接近，运用成本函数衡量的效率被称为成本效率。对成本效率函数模型进行最大似然估计，如果投入和产出取对数形式，则第 i 决策单元的成本效率为 $(\beta X_i - u_i)/\beta X_i$。成本效率取值范围为 $[1, \infty]$，值越接近于1表明决策单元成本效率越高。

（二）SFA 检验数据选取和研究方法设计

经历多次合并重组，日本银行业形成了规模大、业务多元化的大型银行集团。本书选取日本全国银行业协会统计的 1962—2009 年全国银行财务指标进行分析，采用面板数据实证分析方法比较日本银行业效率逐年变化情况，从总体上把握日本银行业的投入产出效率。

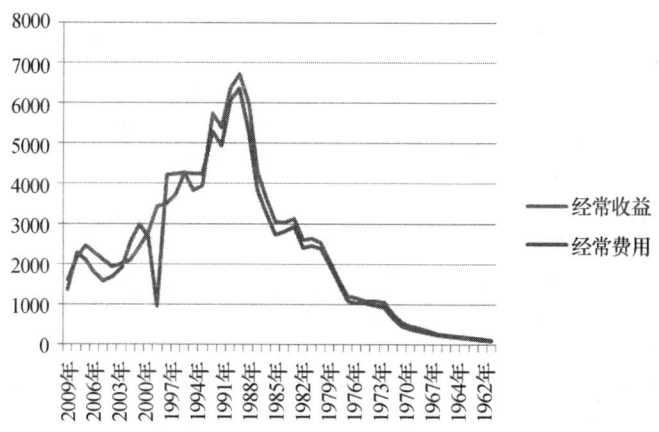

图 5-1　1962—2009 年日本银行业的收益与费用（单位：万日元）

银行业效率的影响因素众多，包括经济周期、利率、物价等宏观因素，也包括市场结构、行业监管、产业政策等行业因素，还包括市场规制等政策性因素。此外，以商业银行为核心的金融部门的信息技术应用越来越深入，对银行业效率也产生了巨大影响。总之，各类因素对银行业效率的影响非常复杂。

基于 SFA 的投入产出衡量模型需合理选择投入和产出变量。把银行业作为一个提供服务并获取收益的整体，效率必然体现在资源配置效率和投入产出收益上。由于历史数据统计的调整变动，本书在 1962—1988 年数据中选定的投入变量包括：经常费用，经营费用，融资、服务和业务支出，其他经常费用；在 1989—2009 年后数据中选定的投入变量包括：经常费用、融资费用、交易费用、其他业务费用、经营费用和其他经常费用。

本书采用贝泰斯、科埃利 SFA 一般模型，具体如下：

$$y_t = \beta_0 + \beta_1 x_{1t} + \beta_2 x_{2t} + \beta_3 x_{3t} + \beta_4 x_{4t} + (v_t - u_t); \quad u_t = \delta_0 + \delta_1 t$$

（公式 5.5）

公式 5.5 中，y_t 为经常收益，x_{1t}、x_{2t}、x_{3t}、x_{4t} 为投入变量（经常费用，经营费用，融资、服务和业务支出，其他经常费用），t 为时间序列。

对 1989 年后的数据进行更详细的分析，模型如下：公式

$$y_t = \beta_0 + \beta_1 x_{1t} + \beta_2 x_{2t} + \beta_3 x_{3t} + \beta_4 x_{4t} + \beta_5 x_{5t} + \beta_6 x_{6t} + (v_t - u_t);$$
$$u_t = \delta_0 + \delta_1 t$$

（公式 5.6）

公式 5.6 中，x_{1t}、x_{2t}、x_{3t}、x_{4t}、x_{5t}、x_{6t} 为投入变量（经常费用、融资费用、交易费用、其他业务费用、经营费用和其他经常费用），t 为时间序列。

依据公式 5.5 和公式 5.6，采用科埃利设计的前沿 4.1（Frontier 4.1）软件对日本银行业财务情况面板数据进行最大似然比参数估计。

（三）SFA 检验分析

用前沿 4.1 软件对日本银行业 1962—2009 年财务情况面板数据的对数值进行最大似然比参数估计，得到表 5 - 1：

表 5 - 1　1962—2009 年日本银行业效率最大似然比参数估计

参数	数值	标准差	t 检验值
β_0	0.7231	0.3923	1.8432
β_1	2.2554	0.1420	1.5883
β_2	-1.0064	0.1023	-0.9833
β_3	-0.3382	0.0568	-0.5956
β_4	0.0110	0.0076	1.4498

续表

参数	数值	标准差	t 检验值
σ_2	0.0153	0.0027	2.7886
γ	1.0000	0.0234	42.6837
对数似然函数	64.3721		
似然比检验（LR）	15.5775		

从表 5-1 可以看出，1962—2009 年 SFA 最大似然比参数估计生产函数的各项估计值基本显著，变差率 γ 估计值为 1.0000，表示无效率因素 u_t 随机分布。图 5-2 为 1962—2009 年基于 SFA 的日本银行业综合技术效率得分值趋势。

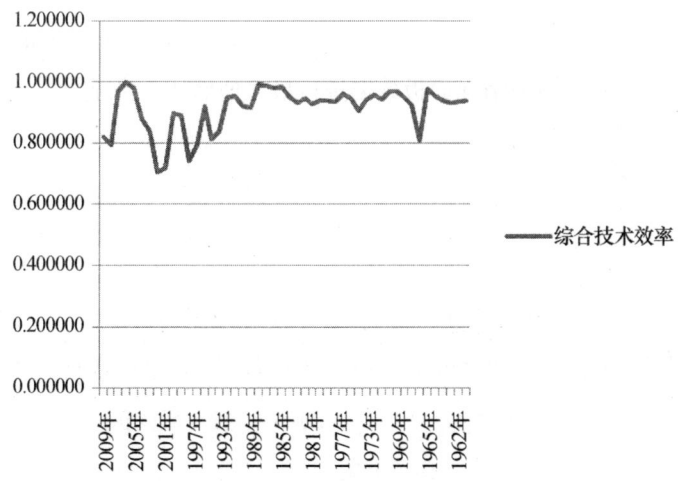

图 5-2 1962—2009 年基于 SFA 检验的日本银行业综合技术效率变动

SFA 检验显示，日本银行业的综合技术效率水平较高，投入产出效率也较高，日本在战后选择主银行制度是符合经济发展要求的，银行业长期以相对高效率运行。20 世纪 70 年代中期，日本银行业的综合技术效率水平受冲击，随着利率自由化等措施落实，日本银行业的综合技术效率水平有所提升。从这一点来说，利率自由化等金融转型措施改善了金融体系的效率。进入20世纪90年代，零利率政策使日本银行业的综合技术效率剧烈波动，呈下降趋势。这与经验观察基本一致，即日本陷入零利率陷阱。

对1989—2009年日本银行业的综合技术效率进行分析，得到表5-2：

表 5-2　1989—2009 年日本银行业效率最大似然比参数估计

参数	数值	标准差	t 检验值
β_0	2.1548	0.6728	1.2028
β_1	-0.2974	0.1346	-2.2092
β_2	0.4746	0.0806	1.8870
β_3	-0.3165	0.1985	-1.5944
β_4	0.0983	0.1011	0.9715
β_5	-0.2902	0.5377	-0.5397
β_6	0.0428	0.0608	0.7036
σ^2	0.0109	0.0035	1.1368
γ	0.9103	0.0345	0.0007
对数似然函数	17.6643		

从表 5-2 可以看出，1989—2009 年 SFA 最大似然比参数估计生产函数的各项估计值基本显著，变差率 γ 估计值为 0.9103，表示无效率因素 u_t 随机分布。图 5-3 为 1989—2009 年基于 SFA 检验的日本银行业综合技术效率得分值趋势，1989—2009 年日本银行业的综合技术效率虽然仍大幅波动，但整体趋势向好。

基于 SFA 检验可得出以下结论：一是日本战后银行业的综合技术效率水平较高，与经济快速增长吻合；二是 20 世纪 70 年代后金融体系转型取得一定效果，促进了银行业的综合技术效率水平提高；三是 20 世纪 90 年代后，虽然零利率政策造成银行业的综合技术效率波动，但是整体趋势向好。

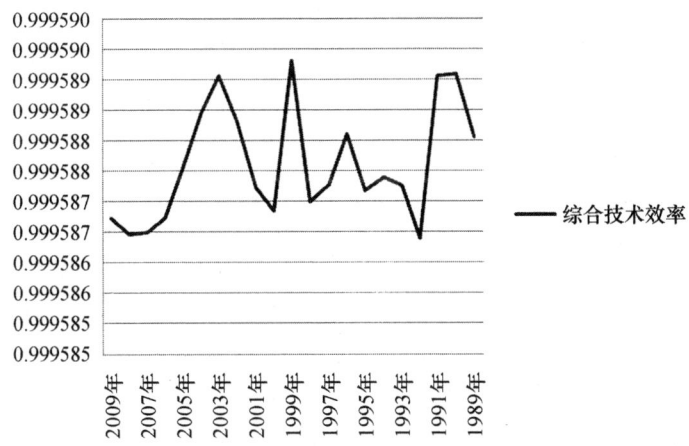

图 5-3　1989—2009 年基于 SFA 检验的日本银行业综合技术效率变动

二、银行业转型的数据包络分析检验

著名运筹学家查恩斯、库珀、罗兹于 1978 年首先提出数据包络分析（DEA），以评价部门间相对有效性——DEA 有效，他们 1978 年使用的模型被称为 CCR 模型。从生产函数角度，CCR 模型被用于研究具有多个输入和输出的生产部门是否规模有效和技术有效。班克、查恩斯、库珀于 1984 年提出 DEA 的 BCC 模型，查恩斯、库珀、戈拉尼、塞福德、斯图茨于 1985 年提出 DEA 的 CCGSS 模型，这两个模型被用于研究生产部门间的技术有效性。为进一步估计有效生产前沿面，查恩斯、库珀、魏权龄在查恩斯、库珀、科坦尼克 1962 年提出的半无限规划理论基础上，研究了无穷决策单元的情况，于 1986 年提出 DEA 的 CCWH 模型。CCWH 模型可用于处理具有过多输入和输出的生产部门，锥的选取可以体现决策者偏好——模型应用更灵活，还可将有效决策单元分类或排队。本书运用 DEA 对日本银行业转型效率做出更详细的分解与分析。

（一）DEA 检验模型选择

银行业效率前沿分析的非参数检验方法包括：DEA、自由处置壳方法（FDH）。伯杰、汉弗莱 1997 年提出非参数检验结果比参数检验更离散，可通过对概率分布做出假设从随机误差中分离出无效率因素。现代决策单元效率的度量越来越多地依赖非参数检验方法，其中 DEA 的大量使用和扩展尤为突出。

DEA 主要有两种思路，从不同角度考察决策单元效率前沿及其相对效率。一是从投入角度，考察给定产出情况下决策单元理论上的最小投入前沿、实际投入与前沿投入差距，被称为基于投入或投入导向的效率度量。二是从产出角度，考察给定投入情况下决策单元理论上的最大产出前沿、实际产出与前沿产出差距，被称为基于产出或产出导向的效率度量。

基于投入或投入导向的效率度量，起源于法雷利对德布雷厄、库普曼研究的深化。法雷利定义了多种投入决策单元效率的度量方法，提出决策单元经济效率——技术效率（TE）和配置效率（AE）。之后，发勒、格罗斯克普夫、洛弗尔对此思路进行了详细介绍。技术效率反映给定投入集情况下获取最大产出的能力，配置效率反映给定价格情况下按照最优比例使用投入的能力，两者共同构成对决策单元经济效率或综合技术效率的完整度量。考虑最简单情况：假设规模收益不变，决策单元有两种投入（x_1，x_2），生产一种产出（y），如图 5-4 所示，SS'完全有效率决策单元的单位等产量线，CC'为投入价格比例线。

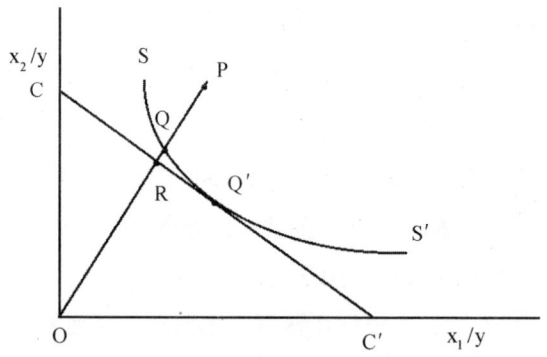

图 5-4 规模收益不变情况下的决策单元经济效率

对运行于 P 点的决策单元而言：技术效率为 $TE_1 = OQ/OP = 1 - QP/OP$，配置效率为 $AE_1 = OR/OQ$，经济效率为 $EE_1 = OR/OP = OQ/OP \times OR/OQ = TE_1 AE_1$，则有 TE_1，AE_1，$EE_1 \in [0, 1]$，下标代表基于投入的效率度量。法雷利建议采取以下两种方法进行样本数据估计：一是 DEA，构造非参数分段线性凸等产量线，所有观察值点均不在其左边或下边，如图 5-5 所示；二是参数检验方法，如柯布－道格拉斯生产函数形式，用计量经济学方法拟合数据，所有观察值点均不在其左边或下边。

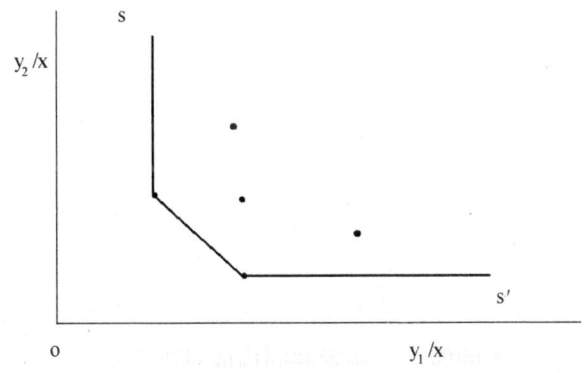

图 5-5 非参数分阶段线性凸等产量线

进一步考虑一种投入（x）、两种产出（y_1，y_2）的效率度量，假设规模收益不变。如图 5-6，ZZ' 为生产可能性曲线，DD' 为给定产出价格情况下的等收益曲线。对运行于 A 点的无效率决策单元来说：技术效率为 $TE_0 = OA/OB = 1 - AB/OB$，配置效率为 $AE_0 = OB/OC$，经济效率为 $EE_0 = OA/OC = OA/OB \times OB/OC = TE_0 \times AE_0$，则有 TE_0，AE_0，$EE_0 \in [0, 1]$。

查恩斯、库珀、罗兹利用 DEA 构造包含所有观察数据点的非参数包络前沿，提出在规模收益不变情况下基于投入对样本决策单元相对效率的度量模型。随后，班克、查恩斯、库珀将其拓展为规模收益可变情况下的投入效率模型。

1. 规模收益不变情况下的投入效率模型

假设存在 N 个决策单元，每个决策单元 n 使用 I 种投入、生产 O 种

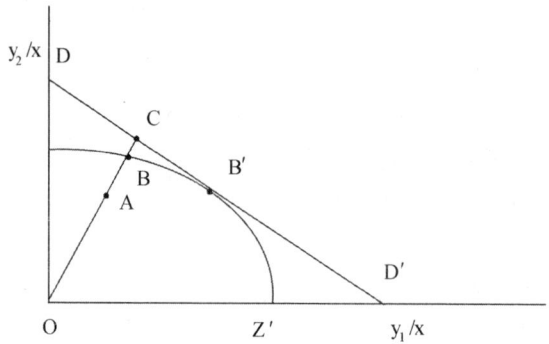

图 5-6 规模收益不变情况下单投入双产出的效率度量

产出。第 i 个决策单元的投入向量和产出向量分别为 x_i 和 y_i，所有决策单元的投入矩阵 X 和产出矩阵 Y 分别为 I×N 和 O×N 阶。假设规模收益不变，第 i 个决策单元相对效率度量的表示如下：

$$\max_{\mu,\nu}\ (u'y_i/v'x_i),\ u'y_i\ |\ v'x_i \leq 1,$$
$$i = 1, 2, \cdots, N;\ u, v \geq 0 \quad\quad (公式 5.7)$$

公式 5.7 中，u 和 v 分别为 O×1 阶产出权重向量和 I×1 阶投入权重向量，上标表示矩阵转置。为避免公式 5.7 出现无穷多解，增加约束条件 $v'x_i = 1$，得到：

$$\max_{\mu,\nu}\ (\mu'y_i),\ v'x_i = 1;\ \mu'y_i - v'x_i \leq 0,$$
$$i = 1, 2, \cdots, N;\ \mu, v \geq 0 \quad\quad (公式 5.8)$$

公式 5.8 的对偶形式可表示为：

$$\max_\theta \theta,\ -y_i + Y\lambda \geq 0;\ \Theta x_i - X\lambda \geq 0;\ \lambda \geq 0 \quad (公式 5.9)$$

公式 5.9 中，Θ 为纯量，满足 $\Theta \leq 1$，$\Theta = 1$ 表示位于生产前沿的技术上最有效率的决策单元，λ 为 N×1 阶常数向量。

采用分段线性估计可能得到错误解。为消除错误解，引入松弛变量：

$$\max_{\lambda, S_0 S_1}\ -\ (01's_0 + 11's_1),\ -y_i + Y\lambda - S_0 = 0;$$
$$\Theta x_i - X\lambda \geq 0;\ \lambda \geq 0;\ S_0 \geq 0;\ S_1 \geq 0 \quad\quad (公式 5.10)$$

公式 5.10 中，S_0 和 S_I 分别为 $O×1$ 阶产出松弛向量和 $I×1$ 阶投入松弛向量，O1 和 I1 分别为 $O×1$ 阶单位向量和 $I×1$ 阶单位向量，Θ 得自于第一阶段的估计结果。

2. 规模收益可变情况下的投入效率模型

只有全部决策单元都运行于最优规模时才存在规模收益不变，但受不完全竞争、资源约束等条件限制，实际情况中决策单元并非都运行于最优规模，因此引入规模收益可变假设，从效率度量中分离出规模效率（SE）。在公式 5.8 的约束条件中加入凸性约束 $N1'\lambda = 1$，N1 为 $N×1$ 阶单位向量，构造规模收益可变情况下的投入效率模型：

$$\max_\theta \theta, \quad -y_i + Y\lambda \geq 0; \quad \Theta x_i - X\lambda \geq 0; \quad N1'\lambda = 1; \quad \lambda \geq 0$$

（公式 5.11）

规模收益可变情况下的投入效率模型是包络所有数据点相交平面的凸壳，而规模收益不变情况下的投入效率模型是锥壳。对同一决策单元，前者效率高于或等于后者，如果规模收益可变和规模收益不变两种情形下的效率得分值不一致，则存在规模上的无效率，前者可分解为规模效率和纯技术效率：

$$TE_{I,CRTS} = TE_{I,VRTS} \times SE_I \quad \text{（公式 5.12）}$$

公式 5.12 中，I 表示基于投入的效率度量，$TE_{I,CRTS}$ 为规模收益可变情况下的投入效率，$TE_{I,VRTS}$ 为规模收益可变情况下的纯技术效率，得到：

$$TE_{I,CRTS} = AP_C / AP \quad \text{（公式 5.13）}$$

$$TE_{I,VRTS} = AP_V / AP \quad \text{（公式 5.14）}$$

$$SE_I = AP_C / AP_V \quad \text{（公式 5.15）}$$

把公式 5.11 的约束条件 $N1'\lambda = 1$ 替换为规模收益非增约束条件 $N1'\lambda \leq 1$，得到：

$$\max_\theta \theta, \quad -y_i + Y\lambda \geq 0; \quad \Theta x_i - X\lambda \geq 0; \quad N1'\lambda \leq 1; \quad \lambda \geq 0$$

（公式 5.16）

判断规模收益非增（NIRTS）与规模收益可变（VRTS）两种情况下的技术效率是否相等。相等说明决策单元在规模收益递减下运行，反之说明决策单元在规模收益递增下运行。

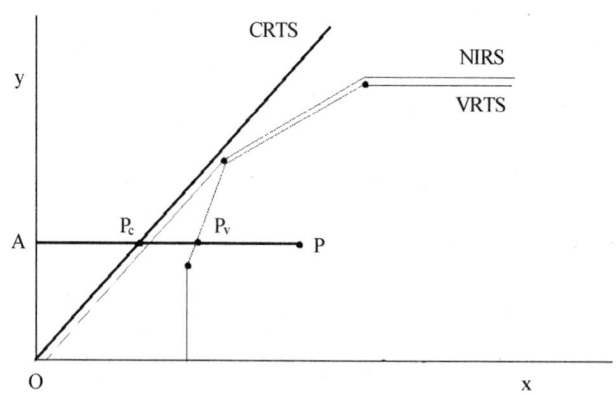

图 5-7　规模收益不变与规模收益可变情况下的规模效率

3. 基于产出的效率模型与基于投入价格信息的配置效率模型

基于投入的效率度量考察了给定产出数量情况下，投入数量按比例减少的可能程度，而基于产出的效率度量考察的是给定投入数量情况下，产出数量按比例增加的可能程度，模型表示如下：

$$\max_{\Phi,\lambda} = \Phi, \ -\Phi y_i + Y\lambda \geq 0; \ x_i - X\lambda \geq 0; \ N1'\lambda \leq 1; \ \lambda \geq 0 \quad （公式5.17）$$

公式 5.17 得到 $\Phi \in [1, +\infty]$，$\Phi - 1$ 为决策单元在投入数量不变情况下可增加的产出比例。当投入以实物量计量、相应价格信息可知情况下，进一步构造模型度量投入资源的配置效率：

$$\min_{x_i^*} \lambda P_i' X_i^*, \ -y_i + Y\lambda \geq 0; \ x_i^* - x\lambda \geq 0; \ N_1'\lambda \leq 0; \ \lambda \geq 0$$

$$（公式5.18）$$

公式 5.18 中，P_i 为决策单元的投入价格向量，x_i^* 为第 i 决策单元给定产出水平 y_i 和投入价格水平 P_i 情况下成本最小时的投入数量向量，此处第 i 个决策单元的经济效率为总成本效率（TCE）：

$$TCE = p_i'x_i'^*/p_i'x_i \quad （公式5.19）$$

配置效率为：

$$AE = TE_{VRTS}/TCE \quad （公式5.20）$$

4. 面板数据分析

DEA 有一个重要假设前提,即决策单元具有相同前沿面——生产可能性集合。同一时间横截面上的同一部门的决策单元可被认为满足这一假设前提,但是不同时间横截面上的决策单元很难满足这一假设前提。技术进步随时间推移出现正向变化,决策单元可用较少投入生产一定产出或用一定投入生产更多产出,前沿面会发生变化,基于原假设的决策单元效率度量可能会低估效率结果。用 SFA 对面板数据进行计量估计得出的决策单元各年效率得分,也忽略了前沿面随时间的变化。发勒、格罗斯克普夫、洛弗尔针对面板数据样本,提出构造全要素生产率(TFP)指数度量决策单元全要素生产率的变化,将技术进步变化和技术效率变化分离,技术效率变化进一步分解为规模效率变化和纯技术效率变化。基于产出的全要素生产率指数模型如下:

$$m_o(y_{t+1}, x_{t+1}, y_t, x_t) = \left[\frac{d_o^t(x_{t+1}, y_{t+1})}{d_o^t(x_t, y_t)} \times \frac{d_o^{t+1}(x_{t+1}, y_{t+1})}{d_o^{t+1}(x_t, y_t)} \right]^{1/2} \quad (公式 5.21)$$

公式 5.21 表示生产点 (x_{t+1}, y_{t+1}) 相对于生产点 (x_t, y_t) 的生产率变化,值大于 1 表明从时期 t 到 t+1 存在正的全要素生产率增长。公式 5.22 中,d(·) 表示距离函数,下标 O 表示基于产出。在规模收益不变假设下,构造线性规划模型,分别计算 4 个距离函数分量:

$$[d_o^t(x_t, y_t)]^{-1} = \max_{\Phi, \lambda} \Phi - \Phi y_{it} + Y_t\lambda \geq 0;\ x_{it} - X_t\lambda \geq 0;\ \lambda \geq 0 \quad (公式 5.22)$$

$$[d_o^{t+1}(x_{t+1}, y_{t+1})]^{-1} = \max_{\Phi, \lambda} \Phi - \Phi y_{it+1} + Y_{t+1}\lambda \geq 0;\ x_{it+1} - X_{t+1}\lambda \geq 0;\ \lambda \geq 0 \quad (公式 5.23)$$

$$[d_o^t(x_{t+1}, y_{t+1})]^{-1} = \max_{\Phi, \lambda} \Phi - \Phi y_{it+1} + Y_t\lambda \geq 0;\ x_{it+1} - X_t\lambda \geq 0;\ \lambda \geq 0 \quad (公式 5.24)$$

$$[d_o^{t+1}(x_t, y_t)]^{-1} = \max_{\Phi, \lambda} \Phi, -\Phi y_{it} + Y_{t+1}\lambda \geq 0;\ x_{it} - X_{t+1}\lambda \geq 0;\ \lambda \geq 0 \quad (公式 5.25)$$

参考大卫、保罗1999年的研究，公式5.22可进一步表述为：

$$m_o(y_{t+1}, x_{t+1}, y_t, x_t) = \left[\frac{d_o^t(x_{t+1}, y_{t+1})}{d_o^t(x_t, y_t)} \times \frac{d_o^{t+1}(x_{t+1}, y_{t+1})}{d_o^{t+1}(x_t, y_t)}\right]^2$$

$$= \left[\frac{d_{o,c}^{t+1}(x_{t+1}, y_{t+1})}{d_{o,c}^t(x_t, y_t)}\right]$$

$$\times \left[\frac{d_{o,c}^t(x_{t+1}, y_{t+1})}{d_{o,c}^{t+1}(x_{t+1}, y_{t+1})} \times \frac{d_{o,c}^t(x_t, y_t)}{d_{o,c}^{t+1}(x_t, y_t)}\right]^{1/2}$$

（公式5.26）

$$\left[\frac{d_{o,c}^{t+1}(x_{t+1}, y_{t+1})}{d_{o,c}^t(x_t, y_t)}\right] = \left[\frac{d_{o,v}^{t+1}(x_{t+1}, y_{t+1})}{d_{o,v}^t(x_t, y_t)}\right]$$

$$\times \left[\frac{d_{o,c}^{t+1}(x_{t+1}, y_{t+1})/d_{o,v}^{t+1}(x_{t+1}, y_{t+1})}{d_{o,c}^t(x_t, y_t)/d_{o,v}^t(x_t, y_t)}\right]$$

（公式5.27）

$$\left[\frac{d_{o,c}^t(x_{t+1}, y_{t+1})}{d_{o,c}^{t+1}(x_{t+1}, y_{t+1})} \times \frac{d_{o,c}^t(x_t, y_t)}{d_{o,c}^{t+1}(x_t, y_t)}\right]^{1/2} = \left[\frac{d_{o,v}^t(x_{t+1}, y_{t+1})}{d_{o,v}^{t+1}(x_{t+1}, y_{t+1})} \times \frac{d_{o,v}^t(x_t, y_t)}{d_{o,v}^{t+1}(x_t, y_t)}\right]^{1/2}$$

$$\times \left[\frac{d_{o,c}^t(x_{t+1}, y_{t+1})/d_{o,v}^t(x_{t+1}, y_{t+1})}{d_{o,c}^{t+1}(x_{t+1}, y_{t+1})/d_{o,v}^{t+1}(x_{t+1}, y_{t+1})}\right.$$

$$\left.\times \frac{d_{o,c}^t(x_t, y_t)/d_{o,v}^t(x_t, y_t)}{d_{o,c}^{t+1}(x_t, y_t)/d_{o,v}^{t+1}(x_t, y_t)}\right]^{1/2}$$

（公式5.28）

公式5.26、公式5.27和公式5.28中，下标C和V分别代表规模收益不变和规模收益可变，$\left[\frac{d_{o,c}^{t+1}(x_{t+1}, y_{t+1})}{d_{o,c}^t(x_t, y_t)}\right]$度量了综合技术效率变化，$\left[\frac{d_{o,c}^t(x_{t+1}, y_{t+1})}{d_{o,c}^{t+1}(x_{t+1}, y_{t+1})} \times \frac{d_{o,c}^t(x_t, y_t)}{d_{o,c}^{t+1}(x_t, y_t)}\right]^{1/2}$度量了技术变化。

综合技术变化可进一步分解为 $\left[\dfrac{d_{o,v}^{t+1}(x_{t+1}, y_{t+1})}{d_{o,v}^{t}(x_t, y_t)}\right]$ 和

$\left[\dfrac{d_{o,c}^{t+1}(x_{t+1}, y_{t+1})/d_{o,v}^{t+1}(x_{t+1}, y_{t+1})}{d_{o,c}^{t}(x_t, y_t)/d_{o,v}^{t}(x_t, y_t)}\right]$，分别代表纯技术效率变化和规

模效率变化；技术变化可进一步分解为 $\left[\dfrac{d_{o,v}^{t}(x_{t+1}, y_{t+1})}{d_{o,v}^{t+1}(x_{t+1}, y_{t+1})} \times \dfrac{d_{o,v}^{t}(x_t, y_t)}{d_{o,v}^{t+1}(x_t, y_t)}\right]^{1/2}$

和 $\left[\dfrac{d_{o,c}^{t}(x_{t+1}, y_{t+1})/d_{o,v}^{t}(x_{t+1}, y_{t+1})}{d_{o,c}^{t+1}(x_{t+1}, y_{t+1})/d_{o,v}^{t+1}(x_{t+1}, y_{t+1})} \times \dfrac{d_{o,c}^{t}(x_t, y_t)/d_{o,v}^{t}(x_t, y_t)}{d_{o,v}^{t+1}(x_t, y_t)/d_{o,v}^{t}(x_t, y_t)}\right]^{1/2}$，

分别代表纯技术变化和规模变化。

（二）DEA 检验数据选取和研究方法设计

在日本银行业效率 SFA 检验基础上，采用 DEA 检验从技术效率和规模效率两个方面进一步深化银行业效率分析。同样，为能从总体上把握日本银行业的投入产出效率，DEA 检验还选取日本全国银行业协会统计的 1962—2009 年全国银行财务指标进行分析，结合面板数据实证分析和 DEA 检验，有效比较日本银行业效率逐年变化情况及具体变化内容。

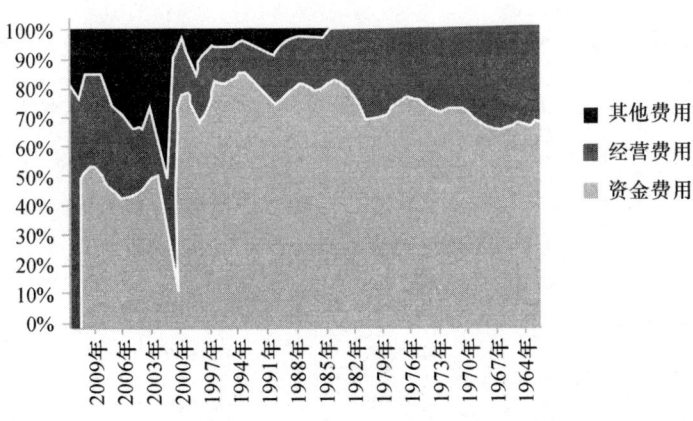

图 5-8　1962—2009 年日本银行业各项费用占比变动

从图 5-8 中可以看出，1964—1991 年，日本银行业的资金费用占比呈上升趋势，20 世纪 90 年代后开始下降，经营费用占比呈下降趋势，2000 年后回升，其他费用占比逐年扩大。

本书采用基于 DEA 的多阶（multi-stage）检验方法。该方法既可考察银行技术效率的动态变化，还可将技术效率进一步分解为纯技术效率和规模效率。由于历史数据统计的调整变动，本书在 1962—1988 年数据中选定的投入变量包括：经常费用，经营费用，融资、服务和业务支出，其他经常费用；在 1989—2009 年数据中，将融资费用、交易费用、其他业务费用纳入考核范围。

本书采用 DEA 模型，数据不需取对数。DEA 模型如下：

$$crste_t = vrste_t \times scale_t \qquad (公式 5.29)$$

其中，crste 为技术效率，vrste 为纯技术效率，scale 为规模效率，t 为时间。

（三）数据包络分析检验分析

运用科埃利设计的迪普 2.1（DEAP 2.1）软件对日本银行业 1962—2009 年财务数据进行多阶检验，得到表 5-3 中技术效率变化、纯技术效率变化、规模效率变化的数值。

表 5-3　1962—2009 年日本银行业技术效率、纯技术效率和规模效率的变化

年份	技术效率变化	纯技术效率变化	规模效率变化
1962 年	1.0000	1.0000	1.0000
1963 年	1.0000	1.0000	1.0000
1964 年	0.9680	0.9740	0.9930
1965 年	0.9920	1.0000	0.9920
1966 年	0.9890	1.0000	0.9890
1967 年	0.9880	1.0000	0.9880
1968 年	0.8720	0.8760	0.9960

续表

年份	技术效率变化	纯技术效率变化	规模效率变化
1969 年	0.9850	0.9870	0.9980
1970 年	1.0000	1.0000	1.0000
1971 年	1.0000	1.0000	1.0000
1972 年	0.9930	1.0000	0.9930
1973 年	0.9720	0.9840	0.9880
1974 年	0.9870	1.0000	0.9870
1975 年	0.9190	0.9800	0.9380
1976 年	0.8660	0.9340	0.9270
1977 年	0.9120	0.9840	0.9270
1978 年	0.9270	1.0000	0.9270
1979 年	0.9140	0.9710	0.9420
1980 年	0.9700	1.0000	0.9700
1981 年	1.0000	1.0000	1.0000
1982 年	0.9260	0.9460	0.9790
1983 年	0.9370	0.9660	0.9700
1984 年	0.9620	0.9710	0.9900
1985 年	0.9430	0.9800	0.9630
1986 年	0.9260	0.9640	0.9600
1987 年	0.8870	0.8880	0.9990
1988 年	0.9300	0.9330	0.9970
1989 年	1.0000	1.0000	1.0000
1990 年	1.0000	1.0000	1.0000
1991 年	0.9310	0.9550	0.9760
1992 年	0.9460	0.9470	0.9990
1993 年	0.9540	0.9550	0.9990
1994 年	0.7190	0.7330	0.9810

续表

年份	技术效率变化	纯技术效率变化	规模效率变化
1995 年	0.6610	0.6630	0.9970
1996 年	0.8550	0.9910	0.8630
1997 年	0.6820	0.6890	0.9890
1998 年	0.5910	0.5930	0.9960
1999 年	1.0000	1.0000	1.0000
2000 年	0.5970	0.6000	0.9940
2001 年	0.5050	0.5090	0.9910
2002 年	0.4680	0.4730	0.9890
2003 年	0.5160	0.5170	0.9990
2004 年	0.5750	0.5840	0.9860
2005 年	0.9060	1.0000	0.9060
2006 年	0.8270	0.9400	0.8790
2007 年	0.7300	0.8380	0.8710
2008 年	0.5230	0.5230	1.0000
2009 年	0.7920	0.8310	0.9530

1962—2009 年，日本银行业技术效率变化均值为 0.866，纯技术效率变化均值为 0.889，规模效率变化均值为 0.975。日本银行业每年的规模效率变化接近 1，表明银行业规模效率每年都有一定提高。可以看到，战后到 20 世纪 70 年代中期，日本银行业的规模效率变化一直保持较高水平，70 年代中期到 80 年代出现明显下降，后随日本金融体系转型逐步恢复到较高水平，这主要与银行合并、更加重视风险管理、追求规模效益等有关。纯技术效率变化的波动大于规模效率变化。同样，日本银行业的纯技术效率变化在 70 年代中期后也出现明显下降，后随日本金融体系转型逐步改善。

对 1989—2009 年财务数据进一步详细检验，得到表 5-4。

第五章 金融体系转型效率的实证分析 ◇ 191

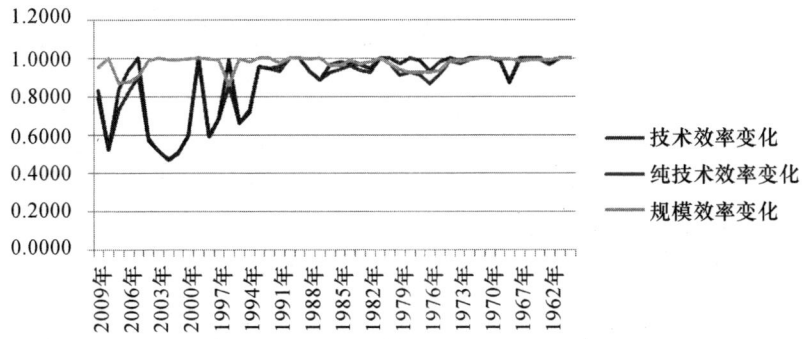

图 5-9 1962—2009 年基于 DEA 检验的日本银行业效率变化

表 5-4 1989—2009 年日本银行业技术效率、纯技术效率和规模效率的变化

年份	技术效率变化	纯技术效率变化	规模效率变化
1989 年	1.0000	1.0000	1.0000
1990 年	1.0000	1.0000	1.0000
1991 年	0.9870	1.0000	0.9870
1992 年	1.0000	1.0000	1.0000
1993 年	1.0000	1.0000	1.0000
1994 年	0.9400	0.9490	0.9900
1995 年	0.8970	0.9000	0.9960
1996 年	1.0000	1.0000	1.0000
1997 年	0.9210	0.9680	0.9510
1998 年	0.7970	0.8960	0.8890
1999 年	1.0000	1.0000	1.0000
2000 年	0.9770	1.0000	0.9770
2001 年	0.8850	1.0000	0.8850
2002 年	0.8680	1.0000	0.8680
2003 年	1.0000	1.0000	1.0000

续表

年份	技术效率变化	纯技术效率变化	规模效率变化
2004年	1.0000	1.0000	1.0000
2005年	1.0000	1.0000	1.0000
2006年	0.9950	0.9960	1.0000
2007年	0.9160	0.9550	0.9590
2008年	0.7000	0.9260	0.7570
2009年	1.0000	1.0000	1.0000

表5-4中，1989年后规模效率变化的情况与表5-3的结果一致。纯技术效率变化更接近于1，考虑到1989年后的数据更准确、分类更细，其结果更具可信性，可以认为20世纪90年代日本银行业的纯技术效率也在不断提高，波动小于20世纪70年代中期。

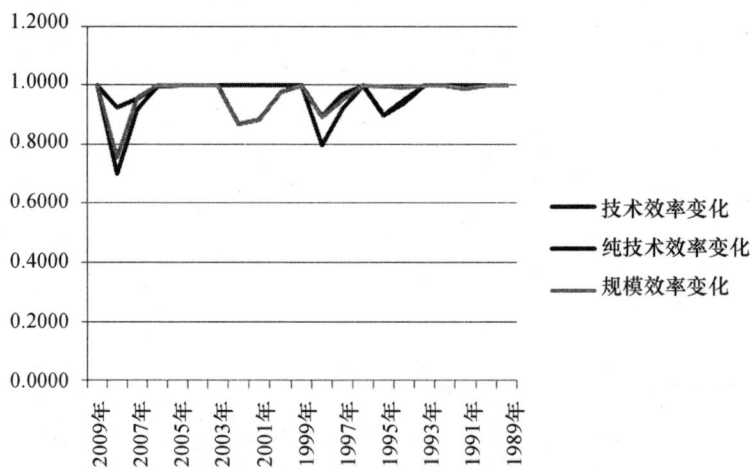

图5-10　1989—2009年基于DEA检验的日本银行业效率变化

基于DEA检验可得出以下结论：一是日本战后银行业的规模经济水平和技术效率水平都在不断提高；二是经过20世纪70年代中期的下

降，金融体系转型促使日本银行业规模经济水平和技术效率水平有一定回升。

三、银行业的制度与效率

银行业效率包括两个方面：宏观角度为银行业对整个经济增长的作用，即从整个银行部门考察投入与产出；微观角度为各家银行实现最优金融资源配置的程度，即考察各家银行投入与产出或成本与收益。以上对日本金融体系的投入与产出进行了实证分析，从宏观角度考察了日本金融体系转型效率。

金融统制容易使银行产生"软预算约束"，银行财务目标需要服从政府信贷计划，与银行经营目标——流动性、安全性、盈利性存在一定偏离。银行是商业机构，出于盈利目的，必须确定资本结构、明确价格定位、向股东提供最好回报。银行还是中介机构，为资金盈余方和短缺方调剂缺口。为实现价值最大化，银行需投入资源生产产品和服务，按一定价格销售产品和服务。这一过程中，银行通过风险管理、负债管理、资产管理等节省投入和扩大产出，实现银行价值最大化和利润最大化。但是，最小化投入和最大化产出不一定能实现，效率度量就是为衡量最小化投入和最大化产出的实现程度。间接金融体系效率就是为衡量银行业投入与产出或成本与收益的关系，体现了间接金融体系在投入产出、可持续发展等方面的整体能力。

产权结构对间接金融体系具有显著影响，合理的产权治理机制可激励银行提高效率。日本金融规制导致金融资源配置机制扭曲，降低了金融体系运行效率。同时，日本的主银行被赋予了金融支持和利润最大化的双重目标，增加了金融体系的代理人风险。产权结构把契约关系作为基本分析工具，把"契约关系"作为逻辑起点，分析银行产权结构、激励机制和绩效的关系，银行业效率的关键之处就是能否优化配置。双重目标约束给资金需求方采取机会主义行为提供了便利，也为银行经营者采取机会主义行为提供了更大空间，扩大了代理人风险。防范代理人风险可建立一个约束机制——明晰和持续的规则和激励。市场充分竞争可提高银行业效率。市场结构中主银行垄断的市场份额越多，就越有可能产生资源配置低效率及社会福利下降；市场结构中存在大量竞争性关系的银行，市场就更接近完全竞争状态，实现较高金融体系效率和稳定。中小金融机构的发展塑造了竞争机制，使间接金融体系竞争水平得到提高，实现了金融多样化、多层次的多元微观主体需求。

机械的市场竞争并不是最优解，残酷市场竞争最终导致银行业低效率，因此需要发挥政府作用，创造公平的竞争环境和合理的治理机制。银行具有一个重要特征，大部分债务由分散且不统一的小额存款者持有，对银行进行监督的能力不足。在信息不对称的委托代理关系下，银行业难以实现存款人治理，会出现道德风险，仅仅取消利率规制和信贷配给制度难以刺激金融深化和改善储蓄分配。创建多元化的治理结构，能够有效减少代理成本和降低金融脆弱性。

按照银行业转型 SFA 和 DEA 检验，日本金融体系转型取得一定成绩，银行业的规模经济及技术效率水平都有所提高。这得益于间接金融体系治理结构完善，也得益于金融市场发展。

第二节　证券市场转型效率检验

证券市场由法律法规、监管组织等宏观结构与投资者行为、基础产品等微观结构共同组成，是一个复杂的自运作体系，效率有多个层次，不是孤立存在。结合托宾对资本市场效率的划分[1]，本书把证券市场效率分为三个层次：第一层次为价值效率，包括托宾分类中的信息效率和

---

[1] 托宾依据阿罗－德布鲁均衡存在定理，将资本市场效率分为：运作效率，即能否在最短时间以最低成本为投资者执行交易；信息效率，即资本相关的全部信息能被投资者迅速、完整、准确获知的程度；定价效率，即证券价格无偏定价——基于未来现金流量的理性预期；保险效率，即有效证券种类大于未来商品的物质特征和按时间确定的状态，可为未来各种状态下交付商品提供保险；功能效率，即为经济运行提供筹集和融通资金、有效配置经济资源、决定资本风险价格、提供资本流动性等服务的效率。运作效率是信息效率和定价效率的微观基础，信息效率是资本市场能否达到定价效率的前提条件，定价效率与保险效率是资本市场达到制度效用最大化的必要条件。

定价效率。按照萨缪尔森对证券市场效率的定义——市场对股价无偏估计，价值效率指证券市场交易的股票、债券等金融产品能充分反映全部市场信息，使金融产品能正确反映内在投资价值。这一层次主要从微观产品与信息传播、分布的关系，微观产品价格对信息的反映角度考察证券市场效率。第二层次为功能效率，包括外在效率和内在效率。外在效率是证券市场价格能否根据相关信息及时快速反应，体现了证券市场能否充分披露信息、能够快速调整价格的能力；内在效率是金融机构能够以最小成本实现资金从储蓄者转移至生产者，并收取公平费用，体现了证券市场调节和分配资金的效率。第三层次为制度效率，以整个证券市场为统一系统来考虑，包括法律法规、监管体系、交易系统等上层结构构建。具体研究证券市场效率时，往往通过流动性高低、波动性大小等进行实证考察。

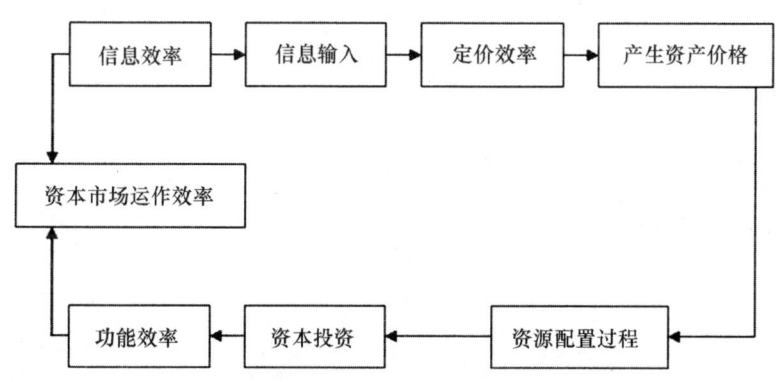

图 5-11　证券市场效率的传导机制

一、证券市场转型的有效性检验

如果一个市场的证券价格总能充分反映所有可得到信息，该市场就是有效的。证券市场有效性理论是现代金融学理论的奠基石，是理性预期学派理论的重要组成部分，奠定了现代资本市场理论基础，被广泛应用于证券市场分析。市场有效性假说是该理论的最重要内涵，最大价值在于为判断证券市场转型效率提供了一种检验标准。信息有效反馈的证券市场，源源不断的市场信息会快速影响资产价格，资产价格变化完全反映变化的市场信息，针对一组信息进行交易不能赚取超额利润。有效市场理论主要研究证券市场外在效率，反映了证券市场调节资金和分配资金的效率，是证券市场内部制度结构的外在表现。如果证券市场价格对过去、现在和预期等信息反应滞后，说明信息传播低效和交易者反应迟钝，进而证明资源配置低效。该部分使用随机游走检验对日本证券市场进行弱式有效性检验，考察金融体系转型是否促进证券市场有效性改善。

（一）有效性检验模型选择

弱式有效市场研究是对证券市场价格历史变化趋势进行分析。通过分析股价历史数据，莫里斯·乔治·肯德尔提出股价随机游走理论：股价变动是随机不可预测的，时间序列上的价格变化相互独立和随机，当期价格变动与以前任意一期价格变动没有关系，且对未来任意一期价格变动无任何影响，不存在任何预测股价的方法。股价随机游走理论可用以下公式表示：

$$f(\Delta P_j, t+1/\emptyset t) = f(\Delta P_j, t+1) \quad （公式5.30）$$

公式5.30中，f 为股票价格变化的概率密度函数，$\emptyset t$ 为 t 时刻股票相关的所有历史信息，$\Delta P_j, t+1$ 为股票 j 在 t 至 $t+1$ 时刻发生的价格变化。股票价格反映所有已公布信息，变化相互独立，变化的概率密度与时间无关。

法玛对随机行走进行了如下假设：连续性的股价变化相互独立，价格变量必须是具有相同分布的随机变量，可通过价格收益率变化是否独立验证证券市场是否达到弱式有效。在具体研究中使用的检验方法包括：随机游走的序列相关检验、游程检验、柯尔莫哥洛夫非参量检验、过滤检验等。该部分分析使用了序列相关检验和游程检验。

序列相关检验是通过计算股价变动的时间序列的自相关系数进行检验。时间序列可选取以交易日、周、月等为周期长度的数据。周期内股价变动实际上就是股票的周期收益率。按此检验方法,证券市场是否达到弱式有效市场,判断标准是周期收益率的自相关系数是否接近于零或等于零,若显著不为零,则还未达到弱式有效。序列相关检验方法包括:回归法、自相关系数法、LBQ（Ljung – Box Q）统计量法等。

1. 回归法

一般通过估计以下自回归模型进行:

$$R_t = \theta_0 + \theta_i R_{t-i} + \varepsilon_t \ (i=1,2,\ldots,n) \quad （公式5.31）$$

公式5.31中,R_t表示第t周期股票的收益率,$R_t = (P_t - P_{t-1})/P_{t-1}$,P为股价或股指;$\theta_0$为常数项,一般为正;$\theta_i$表示第t周期与第t-i周期收益率的自相关系数;$\varepsilon_t$为随机误差项,表示实际收益率与期望收益率的差额。

如果市场弱式有效,收益率不存在滞后效应,随机误差项不相关,ε_t为白噪声序列,$E(\varepsilon_t) = 0, Var(\varepsilon_t) = \sigma^2$。

根据实际数据拟合的回归方程,相关系数（拟合优度）r^2已部分程度表明当期收益率与其他期收益率的相关性。若r^2值很小——接近零,不存在相关性;若r^2值较大,在一定显著性水平下,可判断存在相关性。进一步,若θ_i接近零,且在一定显著性水平下杜宾-瓦特森检验（DW检验）值的残差序列不相关——为白噪声序列,则可接受证券市场达到弱式有效市场假设,否则拒绝假设。

对于有k个解释变量（包括常数项）的回归方程,若样本容量为n,在显著水平α下,当$r^2 > 1 - \dfrac{n-1}{n-k-1+k \cdot F_\alpha}$时,方程可通过显著性检验,$F_\alpha$为联合假设检验（F检验）临界值$F_\alpha(k, n-k-1)$。

判定DW检验值序列相关性的标准如下:根据样本容量n和解释变量（包括常数项）数目k,查DW分布表,得到临界值d_l和d_u（$d_l < d_u$）,若$d_u < D \cdot W < 4 - d_u$,则不存在自相关;若$0 < D \cdot W < d_l$,存在正自相关;若$4 - d_l < D \cdot W < 4$,存在负自相关。其他情形不能确定是否存在自相关。

为研究股价波动是否更具连续性，使用对数差分收益率代替简单收益率。以 R'_t 表示对数差分收益率：

$$R'_t = \ln P_t - \ln P_{t-1} \quad （公式5.32）$$

显然有：

$$e^{R'_t} = e^{\ln P_t - \ln P_{t-1}} = \frac{P_t}{p_{t-1}} = 1 + R_t \quad （公式5.33）$$

$$e^{R'_t} = \lim_{n \to \infty} (1 + R'_t \frac{1}{n})^n \quad （公式5.34）$$

得到：

$$1 + R_t = \lim_{n \to \infty} (1 + R'_t \frac{1}{n})^n \quad （公式5.35）$$

公式5.35表明对数差分收益率 R'_t 表示的是连续时间收益率。

在市场实施涨跌停板制度约束下，$R'_t \in [-0.1, 0.1]$，简单收益率近似等于对数差分收益率，故也可用前者代替后者。

2. 自相关系数法

自相关系数法是通过计算两个交易日——某交易日与滞后若干交易日——收益率的相关系数，判定股价变动相关性。

某交易日与滞后 k 个交易日的自相关系数 ρ_k 定义为：

$$\rho_k = \frac{\sum_{t=k+1}^{n}(R_t - \bar{R})(R_{t-k} - \bar{R})}{\sum_{t=1}^{n}(R_i - \bar{R})^2} \quad （公式5.36）$$

公式5.36中，R_t 为第 t 期的收益率，$\bar{R}$ 为 n 期的平均收益率，$\rho_k \in [-1, +1]$，ρ_k 绝对值越接近1说明两期收益率的线性关系越密切，当 ρ_k 为正时称为正相关，ρ_k 为负时称为负相关，ρ_k 越接近0说明两期收益率越不具有线性相关性，股价存在随机游走的可能性越大。

当 n 足够大时，如果收益率为白噪声序列，其自相关系数应以95%的概率落入区间 $(-\frac{2}{\sqrt{n}}, \frac{2}{\sqrt{n}})$ 内。利用这一原理可以判定序列自相关性。

3. LBQ 统计量法

LBQ 统计量法是采用游程检验方法，在计算各阶自相关系数基础上进一步计算 LBQ 统计量，根据一定判别准则判定序列相关性。

LBQ 统计量为：

$$Q = \frac{n(n+2)}{n-i} \sum_{i=1}^{k} \rho_i^2(\hat{\varepsilon}_t^2) \quad （公式5.37）$$

公式 5.37 中，n 为序列总期数，$\rho_i^2(\hat{\varepsilon}_t^2)$ 为 $\{\hat{\varepsilon}_t^2\}$ 序列 i 阶（滞后 i 期）自相关系数的平方，$\hat{\varepsilon}_t^2$ 为中心化的收益率 $\hat{\varepsilon}_t(\hat{\varepsilon} = R_t - \bar{R})$ 的平方。LBQ 统计量服从自由度为 k 的 χ^2 分布。在显著性水平 α 下，若 $Q < \chi^2_{1-\alpha}(k)$，可认为序列是白噪声，序列是完全随机的。

游程检验是一种非参数检验，可用来消除极端值等不正常观测数据的影响。游程检验只考虑价格涨跌，价格上升用加号表示，下降用减号表示。如果价格变化正相关，在一个加号后很可能接着另一个加号，或一个减号后很可能接着另一个减号；如果价格变化负相关，基本上加号和减号交替出现。同一符号的一个序列为一个游程。

若样本周期数为 N，股价上升周期数为 N_u，股价下降周期数为 N_d，序列总游程数为 r，均值 E（r）可表示为：

$$E(r) = \frac{2N_u N_d + N}{N} \quad （公式5.38）$$

标准差 σ_r 为：

$$\sigma_r = \sqrt{\frac{2N_u N_d (2N_u N_d) - N}{N^2(N-1)}} \quad （公式5.39）$$

构造统计量 Z 为：

$$Z = \frac{r - E(r)}{\sigma_r} \quad （公式5.40）$$

当样本足够大时，Z 趋于正态分布。如果证券市场弱式有效，在一定显著性水平下，Z 服从标准正态分布 N（0，1）；如果 Z 的绝对值大于临界值，拒绝假设，Z 不服从 N（0，1）分布，证券市场达不到弱式有效。

对股价或股指的随机游走进行游程检验,存在两方面问题:一是证券市场早期的游程数较少,不符合标准正态分布,不同基期选择会产生不同游程检验统计量;二是大样本情况下会夸大统计量值,无法通过游程检验。针对以上问题采用动态游程检验,计算固定长度的动态数据段,区分股市的长期、中期和短期有效性。按 1 年 240 个交易日、5 年 1200 个交易日,短期检验取 T = 240,中期检验取 T = 1200,长期检验为包含证券市场初值的整个时间序列。

考虑 t 个交易日情况,股价上升天数为 N_{tu},下降天数为 N_{td}。当 $t \leq T$ 时,N_{tu} 和 N_{td} 的意义与公式 5.38、公式 5.39 中的 N_u 和 N_d 完全一样;当 $t > T$ 时,N_{tu} 和 N_{td} 实际上是最近 T 个交易日内股价的上升天数和下降天数。于是有:

$$E(r) = \begin{cases} \dfrac{2N_{tu}N_{td} + t}{t}, & (t \leq T) \\ \dfrac{2N_{tu}N_{td} + T}{T}, & (t > T) \end{cases} \quad (\text{公式 5.41})$$

$$\sigma_r = \begin{cases} \sqrt{\dfrac{2N_{tu}N_{td}(2N_{tu}N_{td} - t)}{t^2(t-1)}}, & (t \leq T) \\ \sqrt{\dfrac{2N_{tu}N_{td}(2N_{tu}N_{td} - T)}{T^2(T-1)}}, & (t > T) \end{cases} \quad (\text{公式 5.42})$$

构造统计量 Z,在假设检验 $H_0: Z \sim N(0,1)$ 下,取置信度 $\alpha = 0.01$,当 $|Z| \geq 2.33$ 时,拒绝假设 H_0;否则接收假设 H_0,市场达到弱式有效。

(二) 有效性检验数据选取和研究方法设计

证券市场弱式有效的本质是股价波动完全反映过去信息,研究日本证券市场有效性需从宏观把握样本数据。样本数据选取:一是具有广泛性,涵盖行业较多,能够综合反映市场特征,不能以个别股价序列和收益率作为研究对象;二是具有代表性,能够代表日本证券市场实际情况;三是具有一定时间跨度,时间跨度太短降低了实证研究的意义和解释效果。综合考虑以上因素,本书选取 1957—2009 年东京证券交易所一部指数与二部指数①作为日本证券市场有效性检验样本,同时以2000年为转折点研究制度变迁对证券市场有效性的影响。

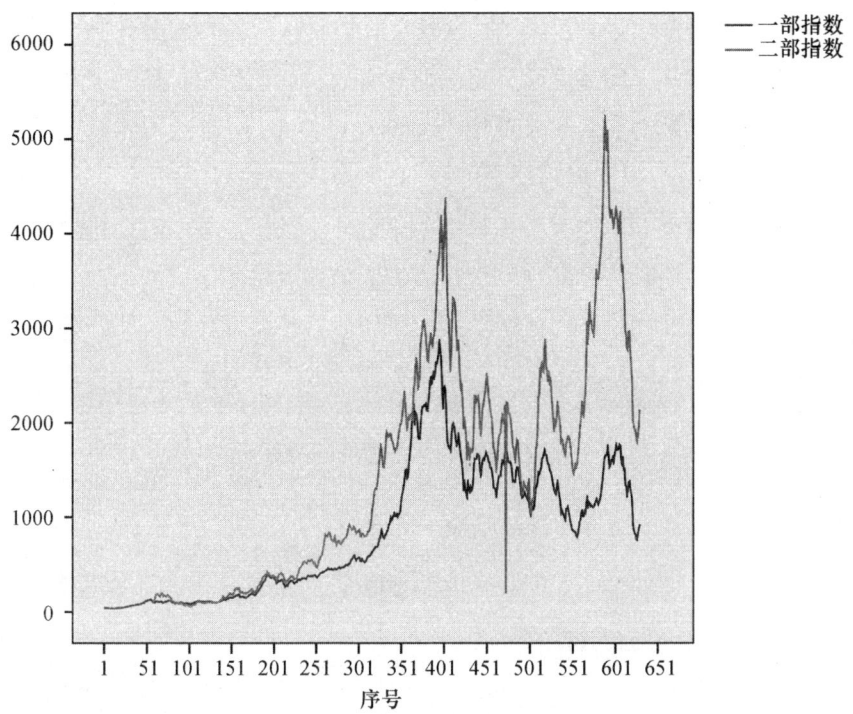

图 5-12　东京证券交易所一部指数和二部指数的时间序列

参考序列自相关模型,本书采用自回归模型:

$$P_t = \alpha + \beta_1 P_{t-1} + \beta_2 P_{t-2} + \cdots + \beta_i P_{t-i} + \varepsilon_t \quad （公式5.43）$$

公式5.43中,β_i滞后期的数值通过对自相关系数和偏自相关系数的分析得到。考虑到东京证券交易所一部指数与二部指数趋势基本一致,本书仅对东京证券交易所一部指数进行检验分析。公式5.43中,P_t为东京证券交易所一部在 t 期的指数,α 和 β_i 为各个变量的待估参数,ε_t 为

---

① 《东京证券交易所统计月报》1968年12月之前的数据为"旧东证股价平均指数",经调整转化为"东证股价指数"。

随机干扰项，β_i 表示该期价格对 t 期价格 P_t 的滞后影响。如果证券市场的信息不对称程度较强，说明该市场未达到弱式有效。根据弱式有效市场假设，市场未达到弱式有效，股票未来价格与历史价格存在相关性，表明历史价格影响未来价格，β_i 参数及股票收盘价的自相关系数与零相比具有统计意义上的显著性；市场弱式有效，股票历史价格及股票收盘价的自相关系数与股票未来价格之间没有相关性，β_i 参数与零相比无统计意义上的显著性，市场达到中等信息不对称的程度。

本书采用收益率作为游程检验的基础样本数据。某个时期内股票现期价格延续前期趋势，即现期价格表现为前期价格的递增或递减。为克服现期价格对前期价格的依赖关系，采用收益率指标代替价格指标。由此，将检验股票价格是否随机，转化为检验股票收益率是否存在序列自相关。

进行游程检验时需用到日本证券市场的收益率序列，收益率采用对数一阶差分形式，设第 t 日的收益率为 R_t：

$$R_t = \ln P_t - \ln P_{t-1} \qquad (公式5.44)$$

收益率的序列相关性表示为：

$$R_t = R_{t-1} + \varepsilon_t \qquad (公式5.45)$$

公式 5.45 中，ε_t 是随机误差项，$E(\varepsilon_t) = 0$，$VAR(\varepsilon_t) = \sigma^2$。

在对证券市场进行实际检验时，经常会出现弱式有效性检验无法通过的现象。虽然无法通过有效性检验，但是市场的有效性得到相对改善，也被视为金融体系转型效率改善。

(三) 有效性检验分析

本部分采用回归分析检验与游程检验相结合的方法检验日本证券市场有效性。

对 1957—2009 年东京证券交易所一部指数的 656 个月度平均数据进行自相关检验，滞后 16 期的自相关系数分别为 0.996、0.991、0.984、0.978、0.972、0.965、0.959、0.952、0.946、0.938、0.931、0.923、0.915、0.908、0.901、0.894，接近 1，可认为东京证券交易所一部当

期指数与滞后16期指数存在比较强的正相关,即东京证券交易所一部指数不是随机的。采用BLQ检验方法,滞后16期的BLQ统计量分别为628.180、1250.262、1865.688、2474.580、3076.410、3670.765、4257.972、4838.113、5411.308、5976.836、6534.121、7082.969、7623.664、8156.747、8682.210、9200.169,在自由度656和显著性水平0.05下,BLQ统计量大于$\chi^2_{0.95}(656)$,不能认为序列是白噪声过程,序列不是完全随机。

表5-5 1957—2009年东京证券交易所一部指数的自相关性

滞后期数	自相关性	标准误差	BLQ统计量 值	df	Sig.
1	0.996	0.040	628.180	1	0.000
2	0.991	0.040	1250.262	2	0.000
3	0.984	0.040	1865.688	3	0.000
4	0.978	0.040	2474.580	4	0.000
5	0.972	0.040	3076.410	5	0.000
6	0.965	0.040	3670.765	6	0.000
7	0.959	0.040	4257.972	7	0.000
8	0.952	0.040	4838.113	8	0.000
9	0.946	0.039	5411.308	9	0.000
10	0.938	0.039	5976.836	10	0.000
11	0.931	0.039	6534.121	11	0.000
12	0.923	0.039	7082.969	12	0.000
13	0.915	0.039	7623.664	13	0.000
14	0.908	0.039	8156.747	14	0.000
15	0.901	0.039	8682.210	15	0.000
16	0.894	0.039	9200.169	16	0.000

注:1. 标准误差假定基础过程是白噪音过程;

2. Sig. 基于渐近卡方近似。

对 2000—2009 年东京证券交易所一部指数的 114 个月度平均数据进行自相关检验，滞后 16 期的自相关系数分别为 0.964、0.913、0.854、0.788、0.722、0.658、0.596、0.539、0.485、0.437、0.390、0.341、0.297、0.250、0.192、0.127，当期指数与滞后 16 期指数正相关性随滞后期延长不断降低。采用 BLQ 检验方法，滞后 16 期的 BLQ 统计量分别为 108.733、207.047、293.912、368.528、431.850、484.913、528.866、565.127、594.734、619.031、638.527、653.626、665.138、673.377、678.301、680.473，在自由度 114 和显著性水平 0.05 下，BLQ 统计量大于 $\chi^2_{0.95}(114)$，不能认为序列是白噪声过程，序列不是完全随机。

表 5-6 2000—2009 年东京证券交易所一部指数的自相关性

滞后期数	自相关性	标准误差	BLQ 统计量 值	df	Sig.
1	0.964	0.092	108.733	1	0.000
2	0.913	0.092	207.047	2	0.000
3	0.854	0.092	293.912	3	0.000
4	0.788	0.091	368.528	4	0.000
5	0.722	0.091	431.850	5	0.000
6	0.658	0.090	484.913	6	0.000
7	0.596	0.090	528.866	7	0.000
8	0.539	0.090	565.127	8	0.000
9	0.485	0.089	594.734	9	0.000
10	0.437	0.089	619.031	10	0.000
11	0.390	0.088	638.527	11	0.000
12	0.341	0.088	653.626	12	0.000
13	0.297	0.087	665.138	13	0.000
14	0.250	0.087	673.377	14	0.000
15	0.192	0.087	678.301	15	0.000
16	0.127	0.086	680.473	16	0.000

注：1. 标准误差假定基础过程是白噪音过程；
　　2. Sig. 基于渐近卡方近似。

对表 5-5 和表 5-6 进行比较，2000 年后日本证券市场的自相关性明显得到改善。2000 年后，日本证券市场自相关系数随滞后期延长明显降低，各滞后期 BLQ 统计量的值也明显降低。从自相关性角度考虑，虽然 2000 年后日本证券市场未通过弱式有效检验，但是市场有效性水平得到一定提高。

在表 5-5 和表 5-6 基础上得到图 5-13，可清晰看到东京证券交易所一部指数自相关系数递减，呈拖尾趋势，可得出 2000 年后市场有效性水平得到相对改善。

分别对 1957—2009 年东京证券交易所一部指数的 656 个月度平均数据和 2000—2009 年东京证券交易所一部指数的 114 个月度平均数据进行偏自相关检验，得到表 5-7 和表 5-8。

表 5-7　1957—2009 年东京证券交易所一部指数的偏自相关性

滞后期数	偏自相关性	标准误差	滞后期数	偏自相关性	标准误差
1	0.996	0.040	9	0.007	0.040
2	-0.240	0.040	10	-0.087	0.040
3	-0.007	0.040	11	-0.040	0.040
4	0.024	0.040	12	-0.003	0.040
5	-0.074	0.040	13	0.029	0.040
6	-0.024	0.040	14	0.046	0.040
7	0.052	0.040	15	-0.025	0.040
8	-0.020	0.040	16	0.007	0.040

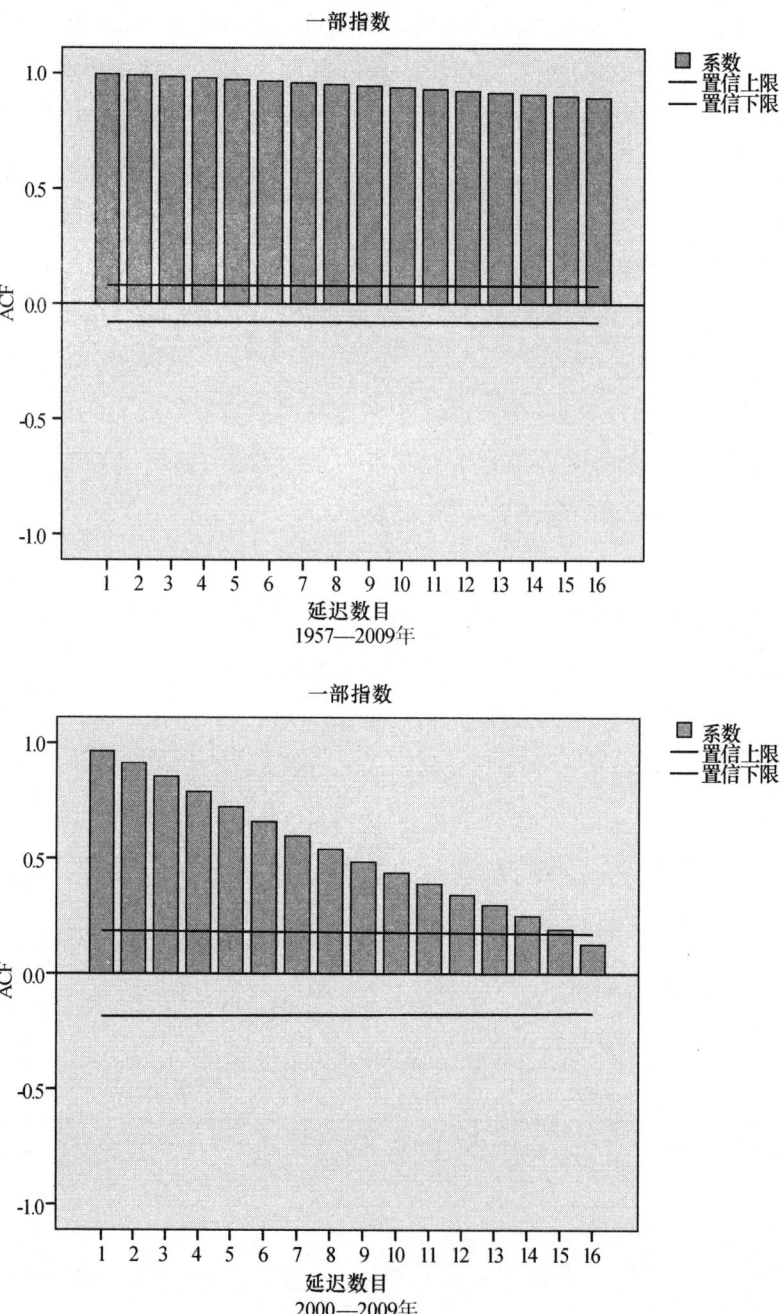

图5-13 东京证券交易所一部指数的自相关系数

表 5-8　2000—2009 年东京证券交易所一部指数的偏自相关性

滞后期数	偏自相关性	标准误差	滞后期数	偏自相关性	标准误差
1	0.964	0.094	9	-0.021	0.094
2	-0.235	0.094	10	0.040	0.094
3	-0.088	0.094	11	-0.075	0.094
4	-0.111	0.094	12	-0.054	0.094
5	0.014	0.094	13	0.016	0.094
6	-0.019	0.094	14	-0.076	0.094
7	-0.009	0.094	15	-0.188	0.094
8	0.013	0.094	16	-0.115	0.094

对东京证券交易所一部指数的自相关性和偏自相关性进行分析，可认为东京证券交易所一部指数符合 AR（2）模型，为二阶自回归模型。根据公式 5.44 定义日本证券市场自回归模型为：

$$P_t = \alpha + \beta_1 P_{t-1} + \beta_2 P_{t-2} + \varepsilon_t \qquad （公式 5.46）$$

对 1957—2009 年东京证券交易所一部指数进行二阶回归检验，得到 $R = 0.998$，$R^2 = 0.995$，说明该模型对 1957—2009 年样本观测值拟合情况良好。对 β_1 和 β_2 进行 t 检验，在自由度 627 和显著水平 0.05 下，β_1 的 t 值大于 1.965，具有显著性，β_2 的 t 值小于 1.965，不具有显著性，说明当期价格与滞后一期有关，证券市场没有达到弱式有效。

表 5-9　1957—2009 年东京证券交易所一部指数的二阶回归检验

模型		非标准化系数		标准系数	t 检验值	Sig.
		β	标准误差			
1	常量	4.610	3.037	—	1.518	0.130
	P_{t-1}	1.328	0.038	1.329	35.190	0.000
	P_{t-2}	-0.332	0.038	-0.333	-8.817	0.000

注：因变量为 P_t。

对 2000—2009 年东京证券交易所一部指数进行二阶回归检验，得到 R = 0.98，R^2 = 0.961，说明该模型对 2000 年后样本观测值拟合情况也非常良好。对 β_1 和 β_2 进行 t 检验，在自由度 114 和显著水平 0.05 下，β_1 的 t 值大于 1.984，具有显著性，β_2 的 t 值小于 1.984，不具有显著性，说明当期价格与滞后一期有关，证券市场没有达到弱式有效。

表 5 - 10　2000—2009 年东京证券交易所一部指数的二阶回归检验

模型		非标准化系数		标准系数	t 检验值	Sig.
		β	标准误差			
1	常量	32.734	24.569	—	1.332	0.185
	Pt - 1	1.252	0.090	1.252	13.963	0.000
	Pt - 2	- 0.281	0.090	- 0.280	- 3.122	0.002

注：因变量为 P_t。

对表 5 - 9 和表 5 - 10 进行比较，2000 年后数据滞后一期的 t 值明显降低。得到的结论与直接进行自相关检验一致，在二阶回归检验中，2000 年后数据滞后一期的 t 值明显降低。这得到了与直接进行自相关检验相同的结论，从回归检验考虑，虽然 2000 年后日本证券市场还没有达到弱式有效，但市场有效水平得到一定提高。

游程检验是非参数检验，不需考虑样本分布特征，主要用于判断序列一阶自相关性，无法解释序列多阶自相关程度，假设的严格程度远比序列相关检验弱。根据公式 5.44 选取中位值作为检验值，分别对 1957—2009 年和 2000—2009 年东京证券交易所一部收益率序列和二部收益率序列进行游程检验，得到表 5 - 11 和表 5 - 12。

表5-11 1957—2009年东京证券交易所收益率序列的游程检验

类别	一部收益率	二部收益率
中位值	0.005871272182	0.003849413302
案例＜中位值	315	287
案例≥中位值	315	287
案例总数	630	574
游程数	229	188
Z	-6.938	-8.355
渐近显著性（双侧）	0.000	0.000

表5-11中，1957—2009年东京证券交易所一部收益率和二部收益率样本个数分别为630和574，以1为分界点算出的游程数分别为229和188，Z检验值分别为-6.938和-8.355，绝对值大于显著水平0.05下的Z临界值，拒绝原假设，认为收益率序列不是随机的，没有达到弱式有效。

表5-12 2000—2009年东京证券交易所收益率序列的游程检验

类别	一部收益率	二部收益率
中位值	0.00	-0.01
案例＜中位值	117	117
案例≥中位值	117	117
案例总数	234	234
游程数	85	86
Z	-4.324	-4.193
渐近显著性（双侧）	0.000	0.000

表5-12中，2000—2009年东京证券交易所一部收益率和二部收益

率样本个数均为234,以1为分界点算出的游程数分别为85和86,Z检验值分别为-4.324和-4.193,绝对值大于显著水平0.05下的Z临界值,拒绝原假设,认为收益率序列不是随机的,没有达到弱式有效。

虽然2000年后日本证券市场没有达到弱式有效,但是与自相关检验结论一致,其Z检验值绝对值变小,市场有效性水平得到一定提高。

综合自相关检验和游程检验,可得到如下结论:一是日本证券市场没有达到弱式有效;二是2000年后市场有效性得到一定改善。

二、证券市场转型的流动性检验

证券市场流动性很大程度上影响着价格发现功能的实现,流动性与市场有效性和稳定性密切相关。流动性与价格发现是证券市场两大基本功能,证券市场区别于以往其他类型市场的最重要特征就是流动性。机能完善的证券市场中,市场参与者可通过快速有效的交易机制完成金融资产流动。证券市场正常运转得益于合理的市场流动性,对流动性的追求带来不同行为主体的趋利避害行为,客观上促进了证券市场组织结构自我完善。流动性水平体现证券市场完善程度,也标志着经济发展水平。

(一)流动性检验模型选择

根据证券市场流动性定义,流动性涉及以下因素:交易成本、交易时间、交易对价格的冲击。凯尔、加尔巴德、哈里斯、施瓦茨先后定义了证券市场流动性的基本特征[1],本书采用加尔巴德定义的宽度、弹性和深度三个维度特征考察交易成本、交易时间、交易对价格的冲击。

对日本证券市场流动性进行实证检验,需选取能够真实反映市场流动性的度量指标模型。比较经典的度量流动性的指标模型包括:衡量宽度的买卖价差,衡量弹性的成交概率,衡量深度的凯尔市场深度模型、阿米胡德指标计算等。阿米胡德在研究非流动性溢酬问题时,提出用资

---

[1] 凯尔1985年定义证券市场流动性特征为密度、深度和弹性;加尔巴德1985年定义证券市场流动性特征为宽度、深度和弹性;哈里斯1990年定义证券市场流动性特征为即时性、宽度、深度和弹性;施瓦茨1991年定义证券市场流动性特征为深度、广度和弹性。

产收益率绝对值与成交额比率综合度量流动性的三个特征,但是,该指标用当日收盘价的自然对数减去前日收盘价的自然对数计算成交量引起的价格变化,不能排除新信息对价格波动的影响,包含了一部分非交易引起的价格变化。本书采用在阿米胡德指标基础上修正过的流动性比率模型,能更好地度量流动性水平。

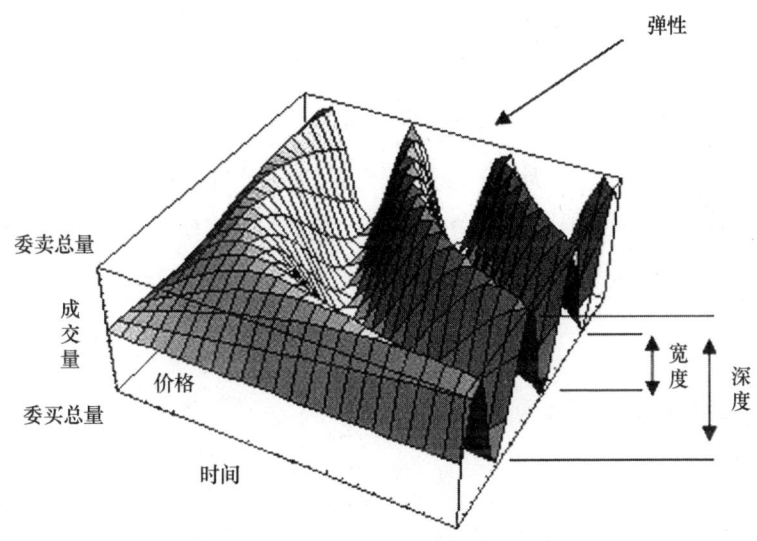

图 5-14 证券市场流动性的宽度、弹性和深度

流动性用 L 表示,流动性价格、交易量、时间三个特征分别为 P、V、T。虽然 P、V 在时间上连续,但受技术处理限制,人为记录的数据存在不连续特征。数据被记录次序为 n,ΔT_n 是相邻 V 的时间距离,市场中间价与实际成交价的差额为 ΔP_n,n 次交易前发生的总成交量为 V_n,得到如下模型:

$$L = f(\Delta P_n, V_n, \Delta T_n), \frac{\partial L}{\partial V_n} > 0, \frac{\partial L}{\partial \Delta P_n} < 0, \frac{\partial L}{\partial \Delta T_n} < 0$$

(公式 5.47)

把 n 作为内生函数变量,得到流动性一般模型:

$$L = f(\Delta P, V, \Delta T, n), \frac{\partial L}{\partial V} > 0, \frac{\partial L}{\partial \Delta P} < 0, \frac{\partial L}{\partial \Delta T} < 0$$

（公式 5.48）

进一步简化模型，把时间设为单位时间，考察单位时间成交量及该成交量造成的价格冲击，得到：

$$L_t = f(V_t, \Delta P_t) \quad \text{（公式 5.49）}$$

根据流动性定义——单位时间内单位价格变化承受的成交额，用以下模型表示流动性：

$$L_t \triangleq \left| \frac{V_t}{\Delta P_t} \right| \quad \text{（公式 5.50）}$$

公式 5.50 中，L_t 为第 t 期流动性，V_t 为第 t 期成交额，ΔP_t 为第 t 期价格变化。若单位时间内单位价格变化承受的成交额越大，流动性就越好。用 X_t 表示从期初至第 t 期累计完成的成交量，得到：

$$L_t \triangleq \left| \frac{X_t - X_{t-1}}{\Delta P_t} \right| \quad \text{（公式 5.51）}$$

t 时刻瞬时流动性为：

$$L_t \triangleq \left| \frac{dX_t}{dP_t} \right| \quad \text{（公式 5.52）}$$

证券市场上，成交量冲击引发证券价格变化，一次成交构成一次冲击。从期初至第 t 期，完成 N（t）次成交，构成 N（t）次冲击，N（t）是强度为 λ 的泊松分布，第 i 次冲击的价格变化为 D_i，D_i 与 {N（t），t≥0} 独立。假设成交量冲击引发的证券价格变化随时间指数递减，冲击初始值为 D，第 t 期后价格变化为 D_e^{-at}，a 为正常数，表示市场弹性——价格恢复至原水平的强度。假设价格变化可加，0—t 期总价格变化为：

$$\Delta P(t) = \sum_{i=1}^{N(t)} D_i e^{-a(t-si)} \quad \text{（公式 5.53）}$$

公式 5.53 中，si 表示第 i 次冲击的到达时间。

$$E[\Delta P(t)/N(t) = n] = E[N(t)\sum_{i=1}^{N(t)} D_i e^{-a(t-si)}/N(t) = n]$$

$$= E[\sum_{i=1}^{n} D_i e^{-a(t-si)}/N(t) = n]$$

$$= \sum_{i=1}^{n} \{E[D_i/N(t) = n] \cdot E[e^{-a(t-si)}/N(t) = n]\}$$

$$= E[D_i]e^{-at}E[\sum_{i=1}^{n} e^{a\ si}/N(t) = n]$$

（公式 5.54）

设 $U1, U2, \cdots U(n)$ 为相互独立的 $[0, t]$ 上的均匀分布随机变量，得到：

$$E[\sum_{i=1}^{n} e^{a\ si}/N(t) = n] = E[\sum_{i=1}^{n} e^{a\ U(i)}]$$

$$= nE[e^{a\ U(i)}] = n \cdot \frac{1}{t}\int_0^t e^{a\ x}dx \quad \text{（公式 5.55）}$$

$$= \frac{n}{at}(e^{a\ t} - 1), a > 0$$

所以：

$$E[\Delta P(t)/N(t) = n] = E[D_i]e^{-at}\frac{n}{at}(e^{a\ t} - 1)$$

$$= \frac{n}{at}(1 - e^{a\ t})E[D_i], a > 0$$

（公式 5.56）

公式 5.56 两边求数学期望，得到：

$$E[\Delta P(t)] = \frac{E[N(t)]}{at}(1 - e^{-a\ t})E[D_i]$$

$$= \frac{\lambda E[D_i]}{at}(1 - e^{-a\ t}), a > 0$$

（公式 5.57）

考虑一个单位时间的价格变化，t = 1，得到：

$$E[\Delta P(t)] = \frac{\lambda E[D_i]}{a}(1 - e^{-a}), a > 0 \quad \text{（公式 5.58）}$$

公式 5.58 中，D_i 为第 i 次成交对价格的初始冲击，初始冲击的大小受市场深度、成交额等因素影响，设 D_i 与这些因素呈线性关系：

$$D_i = \frac{1}{k} \cdot vi \qquad （公式 5.59）$$

公式 5.59 中，k 为正常数，表示成交量对价格的冲击系数，其倒数为凯尔的市场深度，vi 可正可负，分别表示买方发起交易量和卖方发起交易量。本部分采用李、雷迪 1991 年提出的标记检验（Tick Test）方法：若该时刻成交价格高于前一笔买卖报价的中点，则认为该笔交易为买方发起，该笔成交量计为买单量；若低于前一笔买卖报价的中点，该笔成交量计为卖单量；若等于前一笔买卖报价的中点，上一笔为买单时成交量计为买单量，上一笔为卖单时成交量计为卖单量。

$$E[\Delta P(t)] = \frac{\lambda E[D_i]}{a}(1-e^{-a}) = \frac{\lambda Evi}{k \cdot a}(1-e^{-a}),\ a > 0$$

$$L = \left|\frac{\lambda Evi}{E[\Delta P(t)]}\right| = \left|\frac{\lambda V}{E[\Delta P(t)]}\right| = \frac{ka}{1-e^{-a}},$$

$$\frac{dL}{dk} = \frac{a}{1-e^{-a}} > 0 ;$$

$$\frac{dL}{da} = \frac{ke^a(e^a - a - 1)}{(e^a - 1)^2} > 0 \qquad （公式 5.60）$$

可以看出，公式 5.60 反映了证券市场的深度和弹性，能更全面和综合度量流动性。考虑到个股绝对价位高低影响，把价格变化调整为单位时间收益率 R_t，得到：

$$当价格变化\ L \triangleq \left|\frac{V_t}{R_t}\right| \qquad （公式 5.61）$$

为避免 $R_t = 0$ 时流动性指标值无穷大，采用非流动性概念，R_t 用收益率对数表示，即 $R_t = \ln P_{tc} - \ln P_{to}$，t 时刻非流动性为：

$$IL_t = \left|\frac{\ln P_{tc} - \ln P_{to}}{V_t}\right| \qquad （公式 5.62）$$

公式 5.62 中，P_{tc} 为第 t 期的收盘价格，P_{to} 为第 t 期的开盘价格。n 天平均非流动性为：

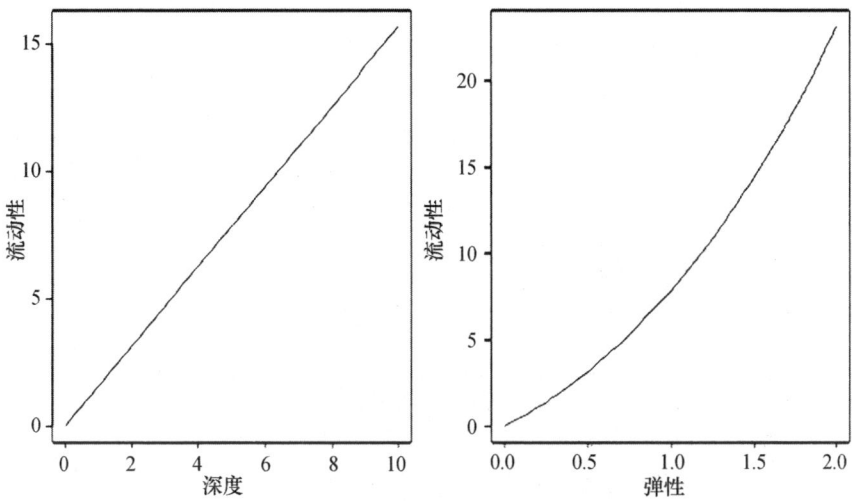

图 5-15　证券市场流动性的微观结构属性

$$IL_i = \frac{1}{n} \cdot \sum_{t=1}^{n} \left| \frac{\ln P_{itc} - \ln P_{ito}}{V_{it}} \right| \quad （公式5.63）$$

公式 5.62 和公式 5.63 即为修正过的流动性比率模型。该模型与宽度、弹性、深度等流动性微观结构有较强相关性，是一个较为综合的度量指标，反映了一定时间内成交额对平均价格的冲击影响。该模型主要用于以日为单位的非流动性度量，在计算以月为单位的非流动性时，公式 5.63 可进一步修正为：

$$IL_m = \left| \frac{\ln P_m - \ln P_{m-1}}{Vm} \right| \quad （公式5.64）$$

公式 5.64 中，P_m 为 m 月的平均收盘价格，V_m 为 m 月的交易额。假设市场半强式有效，公式 5.64 能有效排除新信息造成的开盘价格上涨或下跌的影响，优点是使用事后数据，与具体交易机制无关，可用于比较同一市场不同时间的流动性高低。

（二）流动性检验数据选取和研究方法设计

日本证券市场主要由东京证券交易所、大阪证券交易所、名古屋证券交易所等构成。由于东京证券交易所交易量占全国80%以上，本书选取东京证券交易所数据为研究对象，包括1957—2009年东京证券交易所一部、东京证券交易所二部、保姆板的月度数据，数据全部来源于《东京证券交易所统计月报》。其中，用月度平均股指①表示公式5.64中的P_m，以调整后的月度交易额V_m^*②表示V_m。

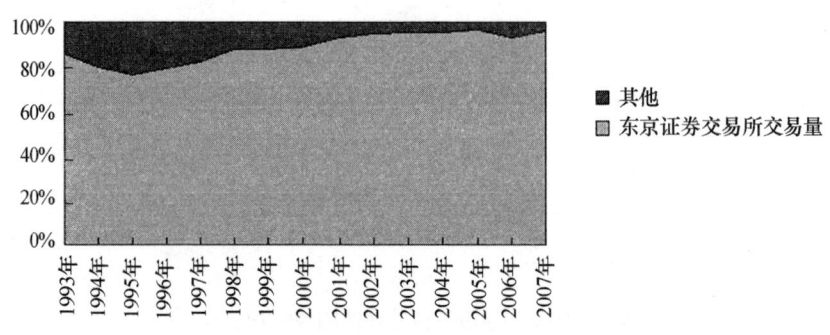

图5-16　1993—2007年东京证券交易所交易量全国占比

本书用月度数据对东京证券交易所流动性水平进行分析，研究历年流动性与制度变迁的联系，用单独立样本的K-S拟合优度检验进行流动性指标检验。单独立样本的K-S拟合优度检验是利用样本数据推断总体是否服从某一理论分布，零假设H_0为样本总体与指定理论分布无显著差异。根据样本数据构造理论分布，查分布表得到相应理论累计概率分布函数$F_0(x)$，计算各样本数据点的累计概率，得到经验累计概率分布函数$F_n(x)$，计算$F_n(x)$与$F_0(x)$在相同变量值点 x 上的差值 D (x)，得到差值序列：

$$D = \max|Fn(x) - F0(x)| \quad\quad (公式5.65)$$

---

① 《东京证券交易所统计月报》1968年12月之前的数据为"旧东证股价平均指数"，经调整转化为"东证股价指数"。

② 由于每月交易天数不同，月交易额计算单位不统一。假设每月26个交易日，得到调整后的月度交易额V_m^* = (V_m/当月实际交易天数) ×26。

单独立样本的 K-S 拟合优度检验主要用于研究差值序列。使用统计产品与服务解决方案（SPSS）软件计算 K-S 拟合优度，依据 K-S 分布表（小样本）或正态分布表（大样本）给出对应的相伴概率值。如果相伴概率值小于或等于给定显著性水平 α，则拒绝 H_0，认为样本总体与指定理论分布有显著差异；如果相伴概率值大于给定显著性水平 α，则不能拒绝 H_0，认为样本总体与指定理论分布无显著差异。

（三）流动性检验分析

日本证券市场的宏观和微观结构具有自身特点，流动性不同于美欧市场，体现了日本式的制度设计特征。

东京证券交易所股价指数 1989 年达到历史最高峰 2884.80 日元，之后基本稳定在 1300 日元左右。东京证券交易所股价指数 1999 年后虽未发生历史性突破，但成交量不断放大，至 2007 年受美国次贷危机影响开始减少。从股价指数和成交量变化考虑，日本证券市场的效率得到了有效改善。

表 5-13 东京证券交易所一部和二部 K-S 拟合优度检验

类别	一部	二部
均值	0.35706799632131	1.09382744878601E1
标准差	0.884653253357567	3.248800149518714E1
正态分布 K-S 拟合优度	8.609	8.807
均匀分布 K-S 拟合优度	20.465	20.231
泊松分布 K-S 拟合优度	—	—
指数分布 K-S 拟合优度	10.254	8.631

用 SPSS 软件对东京证券交易所一部和二部非流动性分布进行单样本 K-S 拟合优度检验，拒绝服从正态分布、均匀分布、指数分布、泊松分布这四种常见分布状态。从生成的直方图可以看出，东京证券交易所一部和二部非流动性呈现尖峰现象且正偏。

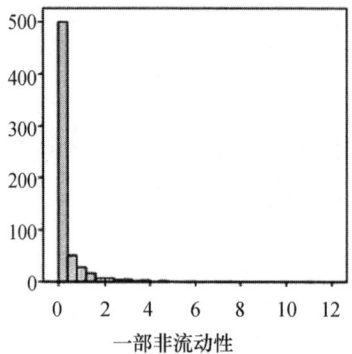
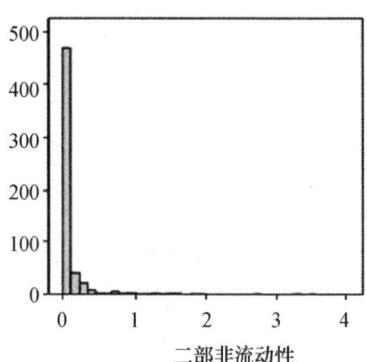

图 5-17　东京证券交易所一部和二部非流动性指标直方图

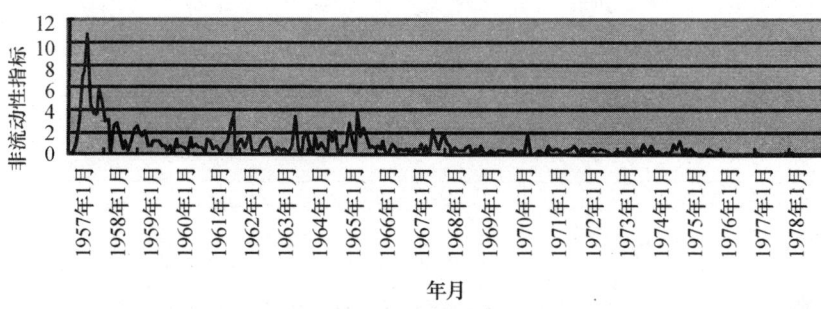
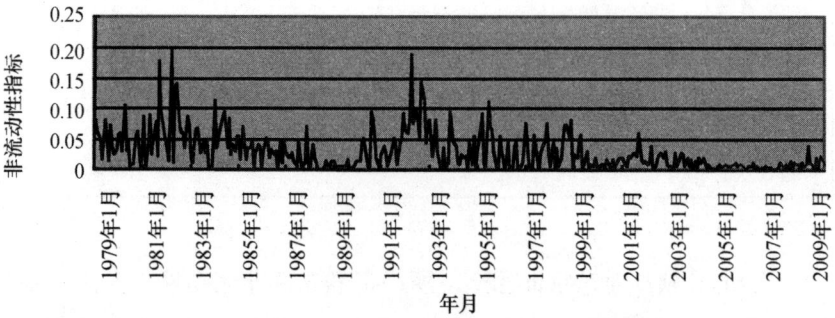

图 5-18　1957—2009 年东京证券交易所一部非流动性

图 5-18 中，1957 年开始东京证券交易所一部非流动性总体趋势不断降低，波动幅度也大大降低。也就是说，东京证券交易所一部流动性随证券市场发展不断改善。局部中，东京证券交易所一部非流动性指标波动具有周期性，峰值出现在经济不景气、股市泡沫破灭等时刻。

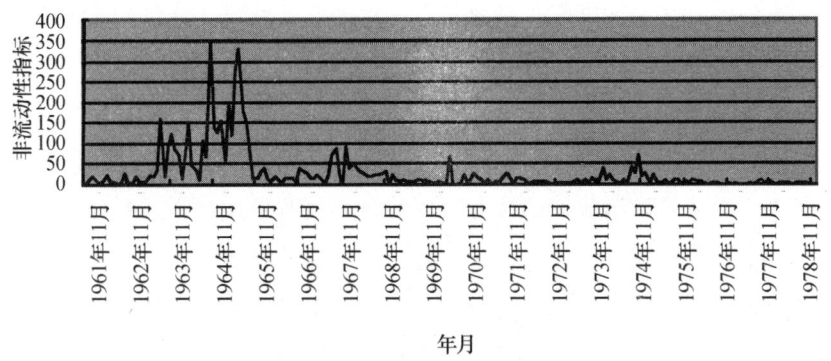

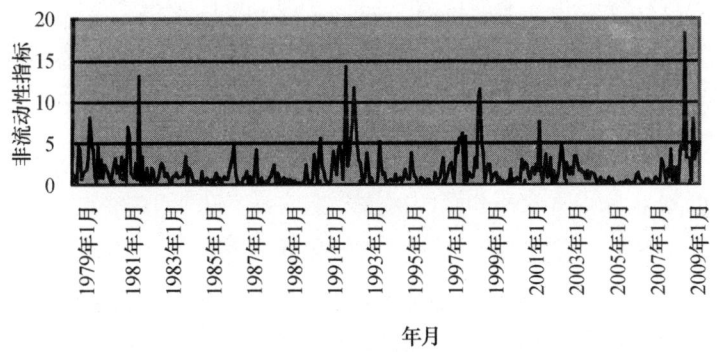

图 5-19　1961—2009 年东京证券交易所二部非流动性

图 5-19 中，东京证券交易所二部非流动性波动幅度大于东京证券交易所一部，总体趋势也是不断降低。

综合东京证券交易所一部和二部非流动性检验，得出以下结论：一是日本证券市场流动性指标呈现向好的整体趋势，市场效率不断提高；二是金融体系转型促进了证券市场效率提升，1990 年金融改革后，市场流动性明显改善，活跃度显著提高，这得益于交易量的大幅提高。

三、证券市场的制度与效率

20世纪60年代后期,以玛法为首的西方经济学家逐渐形成有效市场假说(EMH),把证券市场分为弱式有效、半强式有效、强式有效。EMH基础是经济、金融等各方面影响市场定价的全部信息是否能够得到有效利用,其定义证券市场有效性为:如果证券市场在价格形成中充分而准确反映全部相关信息,每一种证券价格永远等于投资价值,该证券市场是有效的,若证券价格不受向全部交易参与者公布信息影响,该证券市场对信息是有效率的。EMH提出后,引发学界进行实证研究,大多数检验结果表明成熟的证券市场符合弱式有效或半强式有效。

信息有效性意味着证券市场在微观层面能够有效利用所有信息,以信息有效性为基础的实证检验只是证券市场效率检验的一个方面。在经济学一般意义上,效率是生产活动的投入产出比,相应地,证券市场效率可以体现在证券市场资源配置、信息处理、资产定价、交易运行、市场监管等多个环节的收益与成本比,是一个多侧面的多种子效率的综合体。证券市场效率按照不同划分标准可分为多种相互联系且彼此相互作用的子效率体系,如可从影响范围角度划分为宏观效率和微观效率,从功能角度划分为运营效率和资源配置效率。证券市场效率既包括作为证券市场效率核心的信息效率,也包括以最低成本为资金需求者提供融通的融资效率,还包括使市场投资者高效交换信息、开展交易的运行效率。证券市场效率高低就是其功能发挥程度的高低,界定证券市场效率,应从证券市场功能入手,研究证券市场效率的构成及影响因素,该功能就是证券市场制度安排。

制度有效性指制度能否有效促进市场运行效率提高,是一个静态概念,EMH也包括在这一范畴内,不能动态反映制度变迁对市场运行状态的影响,制度在某一时点的有效性不能代表之后任一时点都是有效的。制度效率则是一个动态概念,制度本身具有自我演化属性,不同制度具有不同演化效率。从动态角度,不断变化的知识具有过程依赖和特定时空依赖,给定知识框架下的配置效率不足以评价某一经济体系,帕累托最优也只是静态评价市场过程的规范标准。日本证券市场作为一个具有自我演化功能的制度体系，其效率既包括静态的制度有效性，也包括动态的制度演化效率。动态效率导向的市场过程允许并鼓励创新、试验新产品和尝试新组织，对不确定性和商业波动做出灵活反应、快速纠正过去投资错误，能够对扰乱及时加以反应和调整，这样的制度安排就是合适的和有效率的。

对于日本证券市场，体现市场微观结构的流动性在制度设计和运行质量度量中具有重要意义：第一，流动性是考察证券市场制度设计有效性的重要指标。在衡量证券市场制度设计水平重要指标——波动性、流动性、透明性中，流动性体现了市场稳定属性和抗风险属性。金融资产流动性还决定了金融产品价格，是证券市场价格发现机制的基础。从日本证券市场历史看，流动性稳定背后是有效的制度设计，流动性水平过高和缺失与市场泡沫和崩溃紧密相关。第二，流动性是证券市场实现资源配置的根本。证券市场核心功能是资源配置，实现资金快速、低成本融通。适当流动性可降低交易成本，减少不确定性对价格的影响，提高市场效率，优化资源配置，控制风险水平。流动性过低意味着市场缺乏活跃度，投资者可能无法完成交易；流动性过高意味着过度投机，使资产价格脱离合理市盈率，投资者不得不付出额外成本完成刚性交易。第三，流动性是监管机构完善市场组织构建的重要依据。流动性是证券市场微观结构的核心，与市场结构、价格形成机制、交易机制等的选择有密切联系。监管机构通过调控证券市场流动性，可更好发挥证券市场功效，提高运行效率。第四，流动性关系到宏观经济稳定。证券市场流动性增强会对储蓄率提高和经济增长产生双重影响。一方面，降低交易成本，提升储蓄均衡收益率，有利于高回报长期资本持有，加快经济增长；另一方面，将投资者新增资本吸引到既有资产，阻碍新增资本形成，不利于经济增长。所以，合理的流动性制度设计关系到宏观经济稳定。

证券市场制度安排的成功与否，应依据是否具有均衡趋向予以评判。市场过程是人类有目的行动之过程，是每个经济主体不断发现和利用知识以改善自身处境的过程，这一过程产生均衡倾向。日本证券市场的制度安排主要由证券市场法律法规及市场构建决定，不断完善的金融体系结构，使日本证券市场在2008年次贷金融危机时所受影响远远小于美欧国家。证券市场趋于合理和完善，被视为日本金融体系转型的成绩。

参考文献

01. ［美］保罗·萨缪尔森、威廉·诺德豪斯著，萧琛主译：《经济学（第19版）》，商务印书馆2013年版。

02. 戴国强、吴林祥：《金融市场微观结构理论》，上海财经大学出版社1999年版。

03. 李文军等：《商业银行的效率与竞争力》，经济管理出版社2008年版。

04. ［美］米什金著，李扬、施华强、高培勇、潘功胜、刘菲、赖观荣译：《货币金融学（第四版）》，中国人民大学出版社1988年版。

05. 彭兴韵：《金融发展的路径依赖与金融自由化》，上海三联书店、上海人民出版社2002年版。

06. ［日］青木昌彦著，周黎安译：《比较制度分析》，上海远东出版社2001年版。

07. 施东辉：《中国股市微观行为：理论与实证》，上海远东出版社2001年版。

08. 苏金明等编著：《统计软件SPSS系列　应用实战篇》，电子工业出版社2002年版。

09. 魏权龄：《评价相对有效性的DEA方法——运筹学的新领域》，中国人民大学出版社1988年版。

10. ［英］约翰·伊特韦尔，［美］默里·米尔盖特、彼得·纽曼编：《新帕尔格雷夫经济学大辞典》（第一卷至第四卷），经济科学出版社1992年版。

11. 张兴胜：《渐进改革与金融转轨》，中国金融出版社2007年版。

12. 贾权、陈章武：《中国股市有效性的实证分析》，《金融研究》2003年第7期。

13. 刘军红：《美国次贷危机下的日本经济走向》，《亚非纵横》2008年第2期。

14. 王延惠：《制度功能、演化与有效制度标准：市场过程理论的理解》，《制度经济学研究》2005 年第 4 期。

15. 张宗新：《中国证券市场低效率的制度分析》，《经济管理》2001 年第 19 期。

16. 刘钊：《基于积累线性模型的证券市场流动性度量模型》，中国科技大学 2006 年博士学位论文。

17. 张志鹏：《我国证券市场流动性综合测度及其影响因素分析》，上海交通大学 2007 年博士学位论文。

18. 《中国股票市场有效性实证研究》，http：//finance.haloso.com/si/uploads/200705/23_125921_.doc。

19. 《证券市场效率评价问题的探讨》，http：//syue.com/Paper/Economic/Securities/2009/0520/283759_2.html。

20. 岡崎哲二等、『銀行統合と金融システムの安定性——歴史的パースペクティブ——社会経済史学』、有斐閣 2003 年版。

21. 播磨谷浩三、「わが国銀行業の費用効率性の計測——単体決算と連結決算との比較」、『会計検査研究』2003 年第 9 期。

22. 村本孜、「金融情報技術革新の理論的整理と展望―銀行統合，銀行業の在り方，中小企業金融への影響―」、成城大学経済学会、『成城大学経済研究』2000 年。

23. 村永淳、「本邦株式市場の流動性に関する動学的考察」、日本銀行金融研究所、『金融研究』2001 年第 3 期。

24. 高田太久吉、「大規模銀行合併と Too–big–to–fail 問題?」、『立命館経済学』2000 年第 5 期。

25. 堀内昭義、「日本の金融システムは効率的であったか?」、『開発金融研究所報』2000 年第 4 期。

26. 木下正俊、「資産流動化、証券化の基本的機能をめぐる近年の動向について」、『広島法科大学院論集』2008 年第 4 期。

27. 田渕進、「中小企業の金融環境——ドイツと日本の比較」、『大阪経大論集』2004 年第 1 期。

28. 藤原裕之、「日米銀行業の効率性格差とその要因―わが国金融システムの強化に向けて―」、日本リサーチ総合研究所、『金融・経済レポート』2002 年第 8 期。

29. 塩谷雅弘、「銀行業におけるコスト効率性の要因に関する実証的研究」、『国際公共政策研究』2000 年第 2 期。

30. Aigner, D. J., Lovell, C. A. K. and Schmidt, P., "Formulation and Estimation of Stochastic Frontier Production Function Models," Journal of Econometrics, Vol. 6, 1977.

31. Amihud, Yakov, Haim Mendelson, "Liquidity, Volatility and Exchange Automation," Journal of Accounting Auditing and Finance, Vol. 3, 1988.

32. Battese G. E., Coelli T. J., "A Model for Technical Inefficiency Effects in a Stochastic Frontier Production Function for Panel Data," Empirical Economics, Vol. 20, 1995.

33. Battese G. E., Coelli T. J., "Frontier Production Functions, Technical Efficiency and Panel Data: With Application To Paddy Farmers in India," Journal of Productivity Analysis, Vol. 3, 1992.

34. David C. Wheelock, Paul W. Wilson, "Technical Progress, Inefficiency, and Productivity Change in U. S. Banking, 1984–1993," Journal of Money Credit and Banking, Vol. 31, 1999.

35. Leigh Drake, Maximilian J. B. Hall, "Efficiency in Japanese banking: An Empirical Analysis," Journal of Banking & Finance, Vol. 27, 2003.

36. Marie Joe, Bou Said, Philippe Saucier, "Liquidity, Solvency, and Efficiency? An Empirical Analysis of the Japanese Banks' Distress," Université d'Orléans, University of Birmingham, 20th Symposium on Banking and Monetary Economics Birmingham, Vol. 6, 2003.

37. Meeusen W., van den Broeck J, "Efficiency Estimation from Cobb-Douglas Production Functions with Composed error," International Economic Review, Vol. 18, 1977.

38. O'Driscoll G. P., Rizzo M. J., "The Economics of Time and Ignorance," Oxford: Basil Blackwell, 1985.

39. Yener Altunbas, Ming-Hau Liu, Philip Molyneux, Rama Sethd, "Efficiency and Risk in Japanese Banking," Journal of Banking & Finance, Vol. 24, 2000.

图书在版编目（CIP）数据

日本金融体系转型研究／刘云著．—北京：时事出版社，2023.9
ISBN 978-7-5195-0544-8

Ⅰ.①日… Ⅱ.①刘… Ⅲ.①金融体系—研究—日本 Ⅳ.①F833.131

中国国家版本馆 CIP 数据核字（2023）第 146621 号

出 版 发 行：时事出版社
地　　　　址：北京市海淀区彰化路 138 号西荣阁 B 座 G2 层
邮　　　　编：100097
发 行 热 线：(010) 88869831　88869832
传　　　　真：(010) 88869875
电 子 邮 箱：shishichubanshe@sina.com
网　　　　址：www.shishishe.com
印　　　　刷：北京良义印刷科技有限公司

开本：787×1092　1/16　印张：14.5　字数：216 千字
2023 年 9 月第 1 版　2023 年 9 月第 1 次印刷
定价：90.00 元

（如有印装质量问题，请与本社发行部联系调换）